MICE 会展策划与管理专业系列教材

专家指导委员会主任/韩玉灵 总主编/康年

会展财务管理

陈萍 王琳艳 张慧娟 ◎ 主编

数字资源总码

◆ 推进校企"双元"合作开发
◆ 瞄准行业数字化发展趋势
◆ 匹配专业教学标准核心课程
◆ 贯穿国际通行活动管理理念
◆ 引领职业教材形式创新需求

旅游教育出版社
·北京·

图书在版编目（CIP）数据

会展财务管理 / 陈萍，王琳艳，张慧娟主编.
北京：旅游教育出版社，2025. 1. -- （会展策划与管理专业系列教材）. -- ISBN 978-7-5637-4795-5

Ⅰ. G245

中国国家版本馆 CIP 数据核字第 2025D0Y008 号

会展策划与管理专业系列教材

会展财务管理

陈萍　王琳艳　张慧娟　主编

总　策　划	丁海秀
执行策划	赖春梅
责任编辑	李姝彦
出版单位	旅游教育出版社
地　　址	北京市朝阳区定福庄南里 1 号
邮　　编	100024
发行电话	（010）65778403　65728372　65767462（传真）
本社网址	www.tepcb.com
E - mail	tepfx@163.com
排版单位	北京佳捷真科技发展有限公司
印刷单位	天津雅泽印刷有限公司
经销单位	新华书店
开　　本	787 毫米 × 1092 毫米　1/16
印　　张	15.5
字　　数	229 千字
版　　次	2025 年 1 月第 1 版
印　　次	2025 年 1 月第 1 次印刷
定　　价	59.80 元

（图书如有装订差错请与发行部联系）

会展策划与管理专业系列教材
专家指导委员会、编委会

专家指导委员会

主 任：

韩玉灵（北京第二外国语学院教授，曾担任教育部全国旅游职业教育教学指导委员会秘书长）

副主任：

杜兰晓（浙江旅游职业学院校长、教授，中国职业技术教育学会智慧文旅职业教育专业委员会执行主任）

瞿立新（无锡城市职业学院校长、教授，全国旅游职业教育教学指导委员会会展专业类专业委员会副主任委员）

丁海秀（中国职业技术教育学会智慧文旅职业教育专业委员会副秘书长，旅游教育出版社副社长）

编委会

总主编：

康　年（上海师范大学副校长、上海旅游高等专科学校校长，全国旅游职业教育教学指导委员会会展专业类专业委员会主任委员）

执行总主编：

宋　波（上海师范大学教授，上海旅游高等专科学校旅游研究院常务副院长，全国旅游职业教育教学指导委员会会展专业类专业委员会秘书长）

编委（排名以姓名拼音为序）：

安小霞	仓 俊	陈 超	陈 萍	陈 姝	陈彬彬	陈翊霖
程致远	褚玉静	丁 旭	段玉敏	葛 菲	宫 博	关庆飞
哈丽旦·巴克	韩 健	郝俊谦	洪伟鑫	黄可筠	贾巧云	
蒋天骎	雷 敏	李 健	李 杨	李荣艳	李小蓉	李悦玫
林海榕	刘 硕	刘 文	刘 臻	刘馥馨	刘淼晶	罗绮琦
彭慧翔	钱红阳	任子荣	宋慧娟	孙景然	唐新安	田明舸
田志武	万 涛	王 菱	王琳艳	王姗姗	邬 燕	吴 桦
吴杰楠	吴舒姗	武 君	向 军	谢予馨	徐敏钰	徐若然
徐永君	闫 敏	杨 洁	杨 欣	杨 正	姚 歆	叶大海
余音梅	袁 丽	张 磊	张 素	张 媛	张慧娟	张立英
张素霞	张岩岩	张颖真	张芝敏	赵 建	赵慧娟	赵中华
郑 伟	郑晓星	钟梦婷	周春旺			

《会展财务管理》
编委会

主　编：

陈　萍　上海旅游高等专科学校

王琳艳　上海旅游高等专科学校

张慧娟　上海旅游高等专科学校

总序 PREFACE

会展业以多维度、深层次的经济与社会功能，不仅为现代服务业的发展注入了强劲动力，更在推动城市经济繁荣、促进全球经济一体化等方面扮演着举足轻重的角色。近年来，全球会展业步入了持续且高速发展的轨道，其市场规模以前所未有的速度扩张，到2028年，全球会展活动市场规模将达到15 529亿美元（ResearchAndMarkets.com）。国内会展业更是迎来了蓬勃发展的春天，市场规模连年攀升，已跃升为全球会展版图中不可忽视的重要力量。从被誉为"中国第一展"的中国进出口商品交易会（广交会），到世界上首个以进口为主题的中国国际进口博览会（进博会）等国家级展会，均具有高度的国际影响力和重要性，它们不仅促进了国内外经济交流与合作，更展示了国家的发展成就和未来趋势。2023年，国内会展经济的直接产值约为5 820.6亿元，全国线下展览总数为7 852个，展览总面积为14 345万平方米，展览城市由2011年的83个增至197个（《中国展览数据统计报告》）。

伴随着经济社会和数字技术的发展，会展行业发展不断升级，对相关人才培养提出了新的要求。自2018年起，上海旅游高等专科学校作为牵头单位，顺利完成了教育部和全国旅游职业教育教学指导委员会委托的《会展行业人才需求与职业院校专业设置指导报告》《高职会展策划与管理专业教学标准修订》等工作，准确分析把握会展行业人才需求与会展专业人才培养的匹配性。为适应会展行业优化升级需要，本系列教材对接会展产业数字化、网络化、智能化发展新趋势，对接新产业、新业态、新模式下的会议、展览、节庆、会奖旅游等职业群的新要求，满足会展行业高质量发展对高素质技术技能人才的需求，推动职业教育专业升级和数字化改造，提高人才培养质量，遵循推进现代职业教育高质量发展的总体要求。

2023年底，经过前期与旅游教育出版社的沟通酝酿，上海旅游高等专科学校牵头，组织了"会展策划与管理专业系列教材"核心课程设置暨系列教材编写研讨会，联合浙江旅游职业学院、无锡城市职业技术学院、成都职业技术学院等院校共同组成本系列教材牵头编撰团队，确定了《会展概论》《会展策划》《会展项目管理》《会展营销》《会展沟通与商务礼仪》《会展展示设计与搭建》《会展文案写作》《会展财务管理》《会展运营与执行管理》《会展数字化应用》整套10本教材。本套教材面向会展行业着力培养具有会展策划能力、营销能力、运营能力和服务能力等素养的高素质服务型人才，注重培育学生的创新精神和实践能力，使学生既能够熟悉会展的相关政策和理论知识，又能从事会展企业经营管理和服务运作等方面的工作。

本套教材主要特点体现在：一是匹配专业核心课程体系。系列教材与高职会展策划与管理专业核心课程高度匹配，可直接服务专业核心课程建设与教学。二是贯穿活动管理理念和过程。系列教材贯穿活动管理理念，教材内容和主题，与会展活动管理（Event Management）知识框架保持一致。三是瞄准行业数字化发展趋势。系列教材对接新兴职业岗位需求，满足数字化服务技能的需要，结合数字化新技术应用，助力会展新业态发展。四是迎合职业教材形式创新需求。推行项目—任务结构式教材，并配套开发数字化资源，保证后续教材内容及时动态更新，积极与行业共建产教融合教材。

本套教材既可作为中高职职业教育会展类专业教学用书，也可作为职业本科会展类专业教育的参考用书，同时可作为工具书供从事会展策划与管理的企事业单位专业人员借鉴与参考。

作为全国首套会展策划与管理专业系列教材，难免存在缺陷与不足，恳请读者朋友指正，我们将在再版过程中予以完善与修正。

总主编：上海旅游高等专科学校

前言 FOREWORD

  本书是新时代旅游职业教育新形态系列教材"会展策划与管理专业系列教材"之一，遵循校企"双元"合作开发教材的原则，联合会展企业的财务管理专家，充分借鉴会展行业企业财务管理领域的新鲜实践案例，以会展企业财务管理活动为主线，采取"项目导向、任务驱动"的编写模式，旨在财务管理岗位职业能力与职业素质的训练与培养。全书共分为9个工作项目，29个工作任务。

  每个项目包括"思维导图""学习目标""复习与思考""职业能力测试"，考虑到职业教育的特点，尽量做到易懂、易学、易用。以"拓展阅读""业界实践""做中学"等栏目形式，对重点概念和知识难点予以提示，有利于对教学内容理解和把握，增强了可读性，方便开展不同形式的实践教学需要。

  每个学习任务均按照"任务引入—知识准备—任务解析"的方式编排教学内容，针对任务引入中的问题，设计了知识准备模块，并按照业务实际操作步骤，给出详细的任务解析，努力将职业能力所需的基础知识、基本技能与素质有机结合，使教学内容更具有针对性和适用性，进而体现"以学生为主体，以教师为主导"的职业教育教学思路，增强了可操作性。

  本书适用于会展专业的学生、会展行业的从业者，也适用于各种形式的职业培训，同时对会展财务管理感兴趣的人士也可学习参考。

  本书由长期从事财务管理教学与科研的骨干教师和行业实务专家共同完成，由陈萍、王琳艳、张慧娟担任主编，叶大海负责对全书进行技术指导。在编写过程中，我们借鉴和参考了大量国内外相关书籍和教材。在此，谨向所有相关作者表示诚挚感谢。虽然我们对本书的编写做了很多努力，但由于作者水平有限，书中难免存在纰漏或有不当之处，恳请广大读者批评指正。

视频微课堂资源

企业筹资、投资、存货管理和偿债能力分析是财务管理中的难点，配套视频资源以直观的方式提供了知识讲解，为学生自主学习和交流提供了平台。读者扫码识别后可使用免费资源。

企业筹资的动机

企业筹资管理的主要内容

营业期现金净流量计算

存货规划与控制

企业存货管理水平的评价

存货的数字化管理

偿债能力分析

目录 CONTENTS

项目 1
会展财务管理基本知识　　/ 1

任务1.1　会展财务管理概述 …………………………………………………… 2

任务1.2　会展财务管理的目标 ………………………………………………… 11

任务1.3　会展财务管理环境 …………………………………………………… 18

项目 2
会展资金时间价值　　/ 25

任务2.1　资金时间价值认知与计算 …………………………………………… 26

任务2.2　投资风险价值认知与计量 …………………………………………… 40

项目 3
会展预算管理　　/ 51

任务3.1　会展预算概述 ………………………………………………………… 52

任务3.2　编制会展预算的方法 ………………………………………………… 57

任务3.3　会展全面预算的编制 ………………………………………………… 62

项目 4
会展筹资管理 / 73

任务 4.1　会展资金筹集的渠道和方式……………………………………… 74

任务 4.2　会展资金需要量的预测…………………………………………… 79

任务 4.3　会展资金成本管理………………………………………………… 84

任务 4.4　会展资金结构决策………………………………………………… 91

任务 4.5　会展杠杆效应……………………………………………………… 99

项目 5
会展投资管理 / 109

任务 5.1　会展项目投资概述………………………………………………… 110

任务 5.2　项目投资现金流量估算…………………………………………… 114

任务 5.3　项目投资决策评价指标…………………………………………… 119

任务 5.4　项目投资决策评价指标的运用…………………………………… 130

项目 6
会展营运资金管理 / 139

任务 6.1　会展现金管理……………………………………………………… 140

任务 6.2　会展应收账款管理………………………………………………… 147

任务 6.3　会展存货管理……………………………………………………… 156

项目 7
会展成本管理　/ 165

任务7.1　会展成本管理的内容 ································· 166

任务7.2　会展成本管理的体系 ································· 172

任务7.3　会展项目成本管理 ····································· 176

项目 8
会展收入及分配管理　/ 193

任务8.1　会展收入管理 ·· 194

任务8.2　会展利润及利润分配 ································· 200

任务8.3　会展目标利润管理 ····································· 203

项目 9
会展财务分析　/ 209

任务9.1　会展财务分析概述 ····································· 210

任务9.2　会展财务报表结构分析 ······························ 213

任务9.3　会展财务指标分析 ····································· 220

附录
资金时间价值系数表　/ 234

项目 1

会展财务管理基本知识

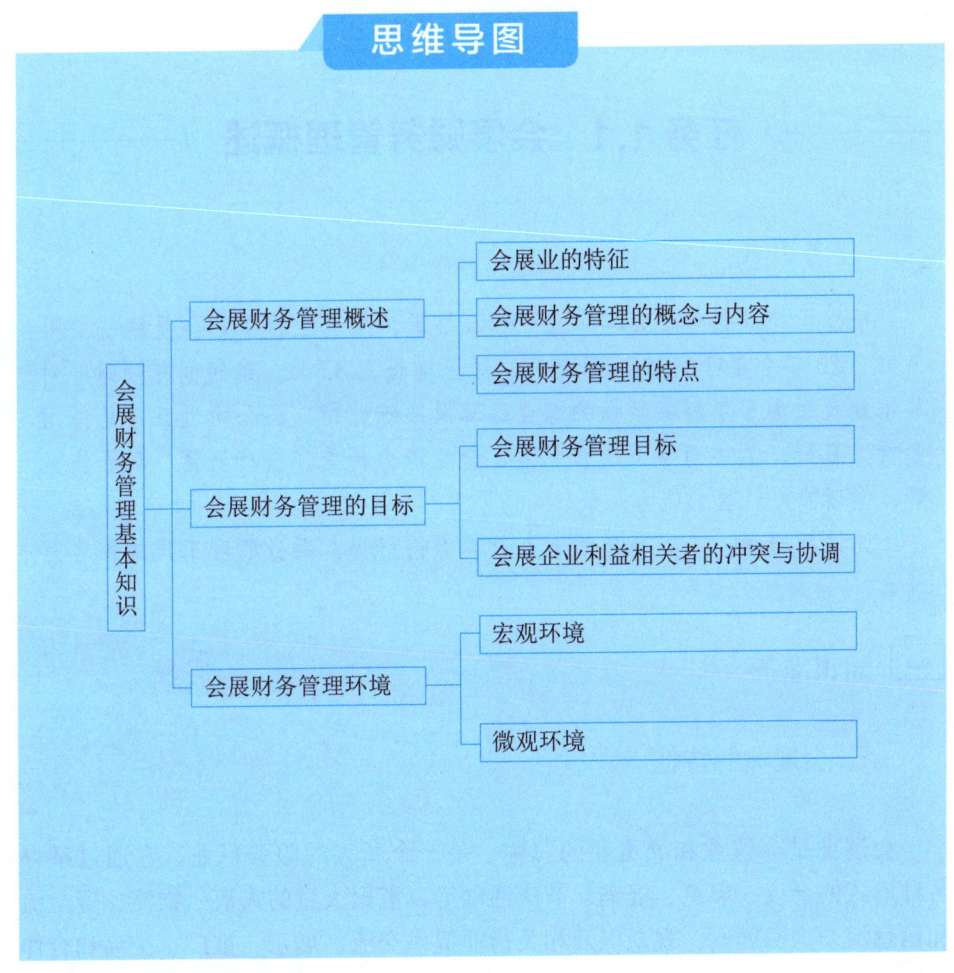

> 🎯 **学习目标**
>
> 1. 了解会展企业经营管理特点。
> 2. 掌握会展财务管理的概念和内容。
> 3. 掌握酒店资金运动的各种状态。
> 4. 了解会展财务管理的目标
> 5. 了解会展财务管理环境。

任务 1.1　会展财务管理概述

任务引入

根据同花顺财经 2024 年 3 月 26 日报道,米奥兰特商务会展股份有限公司 2023 年全年净利润 1.88 亿元,同比增长 273.54%。通过同花顺财经对其本期及过去 5 年财务数据的综合运算及跟踪分析,该公司近五年总体财务状况良好,具体而言,成长能力、营运能力优秀,资产质量、现金流良好,偿债能力、盈利能力一般。

讨论与思考:米奥会展的财务管理做得好吗?财务管理工作的内容是什么?

 知识准备

一、会展业的特征

会展业是会议业和展览业的总称,是一个新兴的服务行业。它通过举办各种形式的会议、展览、展销、节庆活动等,汇聚大量的人流、物流、资金流和信息流,为参展商、观众以及相关行业提供交流、展示、推广、交易和合作的平台。

会展业不仅能够促进贸易、推动技术交流和创新,还能带动相关产业如旅游、餐饮、住宿、交通等的发展,对于提升城市知名度、促进经济增长、增加就业机会等方面具有重要作用。会展业作为资本密集型和劳动密集型行业,在经营中表现出以下特征：

服务性：以提供服务为核心，包括为参展商提供展位搭建、展品运输、住宿安排等服务，为观众提供便利的参观环境和信息咨询等服务。

综合性：涉及多个领域和行业，包括展览策划、设计搭建、物流运输、住宿餐饮、旅游娱乐、广告宣传等，需要各方面协同合作。

集聚性：在短时间内将大量的人流、物流、信息流和资金流汇聚在特定的空间和时间内，形成高度集中的资源聚集效应。

时效性：通常具有明确的举办时间和周期，筹备和举办过程都需要严格按照时间节点进行，以确保活动顺利开展。

高风险性：受多种因素影响，如市场变化、政策调整、自然灾害、突发事件等，可能导致参展商数量、观众流量、收入等方面的不确定性。

产业带动性：能够带动相关产业发展，如交通、住宿、餐饮、旅游等，产生明显的经济效益和社会效益。

国际化程度高：随着经济全球化发展，越来越多的会展活动具有国际性质，吸引来自世界各地的参展商和观众，促进国际经济交流与合作。

二、会展财务管理的概念与内容

（一）会展财务活动存在的客观必然性

企业财务活动存在的客观必然性是由市场经济的特性所决定的。市场经济条件下，企业的生产经营过程表现为商品的生产和交换过程，由于商品具有使用价值和价值双重属性，企业的再生产过程一方面表现为使用价值的生产和交换过程，另一方面也表现为价值的形成和实现过程。商品的价值是借助于货币进行计量的，以货币表现的商品的价值和价值运动过程称为资金或资金运动，企业的资金及其运动过程称为企业的财务。企业财务以价值的形式综合反映企业的生产经营过程。企业财务管理是对生产经营过程中的价值所进行的规划与控制，其目的是通过财务决策等手段，实现企业经济价值的增长。

会展业是一个特殊的行业，它所生产的产品除了一部分是有形产品以外，更主要的是无形产品——服务，这就引出服务这种特殊的商品是否具有两重性的问题。只有服务这种特殊的"商品"具有两重性，才可以利用价值形式对其生产经营过程进行综合管理。为此，有必要研究服务的使用价值和价值。

会展的使用价值包括为参展商和观众提供了一个集中交流的平台，使新的技术、产品、理念和市场趋势等信息能够高效传播；帮助企业拓展市场，参展企业能够展示自身形象和产品，提升品牌知名度和美誉度，塑造良好的品牌形象，寻找新客户、合作伙伴和经销商，增加销售渠道和订单，促进商业合作、交易与行业内的经验分享、技术交流和知识传播，使企业能够学习借鉴同行的先进经验和做法，推动行业整体发展等。

从价值角度来看，服务性劳动既然是人类一般劳动的变现，而服务又是劳动的产物，那么服务就和商品一样具有价值。当然，服务与商品不同，它不是一种"凝固"了的物体，而是一种"无形产品"。但应该明白，商品之所以成为商品，并不是因为它们都有一个可见可及的形态，而在于它是用来交换的并对人们有用的劳动产品。价值之所以成为价值，也不在于它凝固成什么形态，而在于它是一般人类劳动的耗费。

由此可见，会展商品同样是使用价值和价值的统一体，其再生产过程同样也具有两重性，它既是使用价值的生产和交换过程，又是价值的形成和实现过程。在这个过程中，劳动者将生产中消耗掉的生产资料的价值转移到产品上，并且创造出新的价值，通过销售来实现会展商品的价值。

（二）会展财务管理的概念及资金的循环运动

1. 会展财务管理的概念

会展财务管理是指在会展活动的策划、组织、实施和结束等全过程中，对资金的筹集、使用、分配、控制和监督等一系列财务活动进行的管理工作。也就是说，从资金运动的角度来计划和控制会展的生产经营活动，并评估和分析其合理性，以尽可能少的资金取得最大的经济效益，提高会展的经营管理水平。

2. 会展资金的循环运动

会展资金的循环过程，其实质是资金从被占用到以货币形态被重新回收的循环过程。首先，通过各种渠道，如自有资金、银行贷款、股权融资、赞助合作等方式，筹集开展会展活动所需的初始资金。其次，将筹集到的资金用于会展项目的前期筹备，包括场地租赁、展位搭建、设备采购、宣传推广、人员招聘与培训等方面的支出。在会展活动举办期间，资金用于支付各项运营成本，如展品运输、现场服务、安保费用等，同时通过展位销售、门票销售、广告收入等方式获取资金流入。会展活动结束后，对参展商的款项进行结算，回收未结清的款项，同时对赞助合作的收益进行清算。最后，在资金分配阶段，根据会展的盈利情况，对资金进行分配，一部分用于偿还债务、支付利息，一部分作为利润留存用于企业的发展，或者分配给股东。

在整个资金循环运动过程中，需要对资金进行有效的管理和监控，确保资金合理使用、安全流转和效益最大化。同时，要对可能出现的风险进行预测和防范，以保障会展活动的顺利进行和财务目标的实现。

（三）会展财务管理的内容

会展的财务活动表现为会展再生产过程中周而复始、循环往复的资金运动。会展资金运动从经济内容上观察，可划分为筹资活动、投资活动和股利分配活动等环节，因此，会展财务管理的基本内容包括筹资活动、投资活动、营运活动、股利分配活动等。

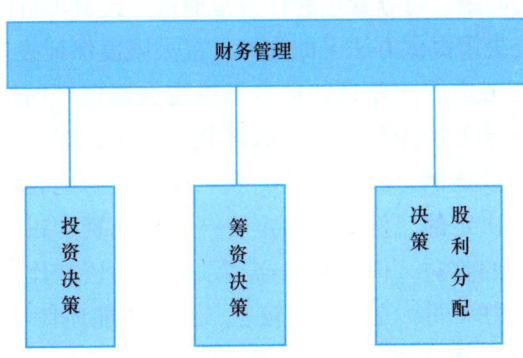

图 1.1　会展财务管理内容

1．筹资活动

筹资是为了满足会展对于资金的需要而筹措和集中资金的经济行为。筹资活动表现为对会展资金需要量的确定、对筹资方式的选择、对会展权益资本与长期负债比例的规划等方面。

筹资活动的核心问题是确定会展的资本结构。资本结构是指长期负债与权益资本二者之间的比例关系。由于资本来源中的短期负债属于会展财务管理的日常营运资本的管理范畴，不对会展形成长期影响，所以资本结构不含短期债务资本。资本结构中的长期债务资本以及权益资本均属会展的长期资本，在未来一定时期内其比例关系相对稳定，对会展未来的发展具有重要的、长期的、战略意义的影响。因此，资本结构决策对于会展行业意义重大。

筹资方式的选择是筹资活动的一个重要问题。不同的筹资方式具有不同的特点，对会展企业的影响也不一样。通常在筹集资本时，会面临多种筹资方式选择，不同的筹资方式对会展的财务风险程度、资本成本水平等多方面产生不同影响。因此，财务管理人员必须在明晰不同筹资方式特点的基础上，结合会展自身的特点做出合理抉择，以使会展获得资金成本最低的资本来源。

2．投资活动

投资是会展为了获取经济资源增值而将其货币投放于各种资产形态上的经济行为。依据投资形式，投资可划分为实物投资与金融投资。实物投资是对会展生产经营实际应用的实物资产进行的投资，如购置与更新设备、兼并企业进行生产经营规模扩充、对新的投资项目进行投资、由于会展经营规模扩充对营运资本进行投资等;金融投资是对金融性资产所进行的投资,如购买股票、债券等。由于经济金融化是现代经济发展的趋势,因此,同传统经济中会展主要采用实物投资的形式不同,现代经济中大部分投资都属于金融投资。

由于会展拥有的经济资源具有稀缺性,提高投资效率,就成为会展投资决策首先应解决的问题。财务管理的任务是通过对投资项目的财务进行可行性评价,为会展投资决策提供方法上的支持,最大限度保证投资决策的科学性。

投资活动首要考虑的问题是如何合理确定会展资产的结构,即会展资产负债表的左方所显示的货币资金、应收账款、存货、固定资产等构成比例以及各投资项目的构成比例。会展经营的获利能力及与此相伴的风险程度是由会展的投资结构所决定的。例如,固定资产等长期资产占较大构成比例的企业可能会获取较高的收益,但同时也必须承担流动资产比例较小所导致的资产转化为现金的能力较弱、支付能力较差、到期不能还债等较高的财务风险。会展投资结构应该是能够创造最大经济价值的资产结构,要么在既定风险下带来最大收益,要么在既定收益水平下承担最小的风险。收益与风险相均衡,是进行投资决策所必须遵循的一项原则。

投资项目财务可行性的评价是投资决策的主要内容。衡量一个投资项目财务可行性的重要标志是看投资项目是否拥有正的净现值,只有投资项目能够带来正的净现值,才能够增加会展的经济价值,才具备财务上的可行性。会展对实物资产和金融资产的投资可行性的评价原则都是以净现值为依据的。

3. 营运活动

会展企业在正常的营运活动中,会发生一系列的资金收支。主要包括以下几个方面:

资金流入方面包括会展展位销售、门票销售、广告及宣传收入和赞助收入。向参展商收取展位费用,需要制定合理的价格策略。门票价格的制定要考虑会展的规模、内容、目标受众等因素,提高售票效率和准确性。在会展现场、宣传资料、官方网站等渠道为企业提供广告位,收取广告费用。开展宣传推广活动,如新闻发布会、社交媒体推广等,可以与媒体合作,获取宣传收入,与企业、机构等合作,争取赞助资金。

资金流出方面包括场地租赁及布置费用、展品运输及仓储费用、人员费用和宣传推广费用等。租赁会展场地要根据会展的规模和需求,选择合适的场地,需要投入一定的资金。同时要进行合理的规划和设计,确保场地布置既符合会展主题和要求,又控制成本。展品运输要选择可靠的运输和仓储服务提供商,确保展品安全、及时送达,并控制运输和仓储费用。合理配置工作人员,提高工作效率，控制人员费用。

营运管理中需要制定详细的会展预算，包括收入预算和支出预算。预算要根据会展的规模、目标、市场情况等因素进行合理编制，并严格执行。识别和评估资金营运中的风险，如收款风险、汇率风险、市场风险等，采取相应的风险防范措施。同时，根据会展的资金需求，合理调度资金，确保资金的流动性和充足性。优化资金结构，降低资金成本。

4. 股利分配活动

股利分配活动是确定会展当年实现的税后净利在股东股利和会展留存收益之间的分配比例，即制定会展的股利政策。由于留存收益是会展的筹资渠道，因此股利分配决策实质上是筹资决策的延伸。股利分配决策通常涉及下列问题：采取怎样的股利分配政策才是会展的最佳选择？会展应采取怎样的股利分配形式？是派发股票股利还是现金股利、负债股利或财产股利？会展能否进行股票分割或股票回购？会展应对股东分配现金得到比例有多大？对于这些问题，理财人员应根据会展的实际情况，以增加会展价值为出发点做出合理的选择。

（四）会展企业的财务关系

会展企业的财务关系，就是会展在资金活动中与各有关方面发生的经济关系。

1. 会展与投资者和受资者之间的财务关系

会展从不同的投资者那里筹集资金，进行生产经营活动，并将所实现的利润按各投资者的出资比例进行分配。会展还可以将自身的法人财产向其他单位投资，这些被投资单位即受资者，受资者应向会展分配投资收益。会展与投资者、受资者的关系，即投资同分享投资收益的关系，在性质上属于所有权关系。处理这种财务关系必须维护投资、受资各方的合法权益。

2. 会展企业与债权人、债务人与往来客户之间的财务关系

会展企业由于购买材料、销售产品，要与购销客户发生贷款收支结算关系，在购销活动中由于延期收付款项要与有关单位发生商业信用——应收账款和应付账款，当会展资金不足或资金闲置时，则要向银行借款、发行债券或购买其他单位债券。业务往来中的收支结算，要及时收付货款，相互占用资金。无论出于何种原因，一旦形成债权债务关系，则债务人不仅要还本，还要付息。会展企业与债权人、债务人、购销客户的关系，在性质上属于债权关系、合同义务关系。处理这种财务关系，也必须根据有关各方的权利和义务，保障有关各方的权益。

3. 会展企业与税务机关之间的财务关系

会展企业应按照国家税法和规定缴纳各种税款,包括所得税、流转税和计入成本的税金。及时、足额纳税,是生产经营者应尽的义务,会展企业必须认真履行。

4. 会展内部各部门之间的财务关系

一般来说,会展内部各部门与会展财务部门之间都要发生领款、报销、代收、代付的收支结算关系。处理这种财务关系,要严格分清各有关部门的经济责任,以便有效地发挥激励机制和约束机制的作用。

图 1.2　财务核算中心

5. 会展企业与员工之间的财务关系

会展企业要用自身的营业收入,依据员工提供的劳动数量和质量向员工支付工资、津贴、奖金等。这种会展企业与员工之间的结算关系,体现着员工个人和集体在劳动成果上的分配关系。处理这种财务关系,要正确地执行有关分配政策。

 做中学

1. 以游戏的形式随机组合或按照自由组合方式将班级学生分成若干小组(5~6人为一组),不同的小组分别扮演财务预测、财务决策、财务预算、财务控制、财务分析和业绩评价等工作岗位角色。

2. 组织讨论,分析各自小组所面临的财务活动和财务关系,以及如何履行本工作岗位的职责,每位同学都要参与。

3. 每个小组推荐一位学生代表汇报本组讨论情况,并说明解决相关问题的思路和方法,班级其他同学对其汇报情况进行评分。

4. 角色互换,完成上述工作。

（五）会展财务管理的基本职能

1. 决策与分析职能

对会展项目中的重大投资进行评估和决策，如场地购置或租赁、设备投资等。分析投资项目的回报率、回收期和风险，优化投资组合。确定资金需求，评估不同筹资渠道的成本和风险。选择合适的筹资方式，如股权融资、债务融资、内部积累等，以保障资金的充足供应。定期对财务数据进行分析，评估企业的财务状况和经营成果，为决策提供依据。

2. 财务规划职能

制定会展项目的长期和短期财务战略，明确财务目标。基于项目规模、市场需求和预期收益，进行财务预测和规划。综合考虑各项成本和收入，编制详细、准确的预算方案。对预算执行情况进行监控和调整，确保项目在预算范围内运作。

3. 成本控制职能

核算会展活动的各项成本，包括直接成本和间接成本。采取有效的成本控制措施，降低成本，提高资金使用效率。

4. 利润分配职能

合理确定利润分配方案，兼顾企业发展和股东利益。留存适当的利润用于企业的再投资和扩大再生产。

5. 风险管理职能

识别和评估财务风险，如市场风险、信用风险、流动性风险等。制定并实施风险应对策略，保障企业财务安全。

三、会展财务管理的特点

作为会展价值管理的财务管理，其基本原理和方法与其他行业的财务管理没有本质上的差别。但是，作为综合性服务企业的会展企业本身所具有的与其他行业企业不同的经营特点，决定了会展财务管理又有其自身的特点。会展财务管理的特点主要表现在以下几个方面。

（一）服务与销售的同一性

会展所提供的产品与制造业、金融业、商贸流通业不同，是服务和销售合一的特殊产品。由于会展经营的这一特点，要求会展管理者不仅要关注会展收入、成本的高低，同时要注意生产服务时的质量、标准与效益。

(二)项目周期性和阶段性

会展项目通常具有明确的开始和结束时间,财务活动也相应呈现阶段性特点。在筹备期有大量的资金投入,活动期间主要是资金的运营和控制,活动的成本受到多种因素影响,如场地租赁价格的波动、参展商数量的变化、服务需求的调整等,导致成本预测和控制具有一定难度,成本的不确定性较大。会展结束后则是结算和评估。

(三)销量的不确定性

会展的销售量受政治、经济形势、季节的影响,可能面临参展商违约、天气等不可抗力因素。由于会展产品具有不可储存性,需要会展企业平衡各方资源,不断开拓市场,优化产品组合,提高经济效益和投资回报率。同时通过保险、合同条款等方式进行风险防范和应对,相应的财务预算中要考虑风险准备金。

(四)营运资金周转快,需要量大

会展作为综合性服务行业,客流多样、交易频繁,需要一定的营运资金保证客人消费与结算的进行。在筹备阶段需要大量资金用于场地预订、设备租赁、宣传推广等,而在会展期间则要迅速回收资金以保障资金链的稳定。所以,会展企业必须建立严格的收入审计制度,杜绝漏账、错账、呆账、坏账的发生,保证营业收入及时、准确地得以实现;同时要建立严密的物品领购、入库、领料、发料、生产、销售制度,合理用料和生产,减少浪费和损失,保证会展利润的实现。

(五)涉外业务的风险性

与规模相当的其他行业内公司相比,大部分涉外会展的经营活动更容易受到外汇汇率变化的影响。因此,能否有效地管理汇率风险,将直接关系到会展的盈利水平。任何一个涉外会展,要想提高其盈利水平,就必须对外汇汇率变动所带来的风险有正确的认识,并适当地对其进行管理。如果对未来的汇率变动能够准确预测,那么可以使风险降到最低,但是要做到这一点并不容易。尽管很多会展企业,尤其是小型会展企业常常忽略这种风险的存在,但仍应该谨慎管理这些风险。

任务解析

财务管理具有筹资、调节、分配和监督职能，它是对资金运动中的筹资、投资、分配营运等财务活动及其体现的财务关系进行组织、协调、控制和监督，它通过价值形式这个纽带，把企业各项管理工作有机地协调起来，从财务的角度保证企业目标的实现。

"财务管理做得好"的评价可能因多种因素而异，而且公司的财务状况也可能随时间变化而有所不同。在评估一家会展公司的财务管理时，可以考虑查看其财务报告、了解其资金管理、成本控制、预算规划等方面的情况，同时也可以关注该公司的市场声誉、行业地位以及客户评价等。如果想了解更多具体的会展公司，可以通过行业报告、专业媒体、展会活动等途径进一步了解和比较。

任务1.2 会展财务管理的目标

任务引入

洛杉矶奥运会是1896年奥运会创办以来首次由民间承办的运动会，既无政府补贴，美国政府也禁止发行彩票，一切资金都得自行筹措。筹委会采取了以下措施以实现其财务管理目标：

企业赞助：吸引企业提供资金支持，以减轻资金压力。

出售电视转播权：通过向电视台出售转播权获得可观的收入。

售卖门票：门票收入是奥运会的重要收入来源之一。

不修建新场馆、不新建奥林匹克村：尽量利用现有设施，降低建设成本。

租借加州大学宿舍供运动员、官员住宿，节省了建设奥林匹克村的费用。

招募志愿者服务：减少了人力成本支出。

本届奥运会总支出4.5亿美元，除去各项开支后盈余1.5亿美元，实现了盈利的目标，同时也成功举办了一届具有影响力的体育盛会。

讨论与思考：会展企业财务管理的目标是什么？应该如何理解？

知识准备

一、会展财务管理目标

会展财务管理目标是企业财务活动所要达到的根本目标，决定着会展企业财务管理的基本方向。对于会展财务管理的目标，理论界有不同的观点，如产值最大化、净值最大化、经济效益最大化、资本成本最小化、相关者利益最大化、社会价值最大化等。本书着重介绍在理论和实践中具有广泛影响的4种主要观点，分别是利润最大化、股东财富最大化、企业价值最大化、相关者利益最大化。

（一）利润最大化

利润最大化曾经被认为是企业财务管理的目标。这种观点认为：利润是企业新创造的财富，利润越多，企业财富增加越多。以利润最大化作为财务管理目标，企业就必须讲求经济效益，加强管理，改进技术，提高劳动生产率，降低产品成本，提高资源利用效率。追求利润最大化反映了企业的本质动机，也为企业经营管理提供了动力。同时，利润是企业在一定期间经营收入和经营费用的差额，在实务运用中简单、直观，容易理解和计算。

但是，以利润最大化作为财务管理目标存在以下缺陷：

（1）没有考虑利润实现时间和货币的时间价值。例如，今年10万元的利润和5年以后同等数量的利润其实际价值是不同的，5年间的时间价值增加，在贴现率不变的情况下，早期年份实现的10万元利润价值要高于5年后实现的10万元利润价值。

（2）没有考虑风险问题。高风险往往伴随着高利润。如果为了利润最大化而选择高风险的投资项目，或进行过度的举债经营，将会大大增加企业的经营风险和财务风险。企业以大量的债务融资投资会展，如果运营资本管理不佳、投资决策市场调研不充分，将面临高额的固定利息支付和经营压力，风险明显大于以小额债务投资建造的会展企业。

（3）利润最大化中的利润仅仅是一个绝对数，它没有反映出企业所获利润与投入的关系。例如，A、B两个项目等额投资100万元获得不同的利润回报，A项目利润为8万元；B项目利润为15万元，很明显B项目投资回报优于A项目；但是，如果A项目投资额为50万元，B项目投资额不变，则A项目投资回报优于B项目。

（4）如果片面强调利润的增加，可能导致企业短期财务决策倾向，影响企业长远发展。

（5）利润指标的计算指向不明确，从会计核算角度看，有会计利润、经济利润，或短期长期利润，税前利润、税后利润等。在利润的核算方法上，对同一经济问题的会计处理措施的可选择性，使得利润的编报可信度降低，人为操作利润的可能性增大。

（二）股东财富最大化

股东财富最大化是指企业财务管理以实现股东财富最大化为目标。在上市公司，股价是由其所拥有的股票数量和股票市场价格两方面决定的。在股票数量一定的条件下，股票市场价格达到最高，股东财富也达到最大化。

与利润最大化相比，股东财富最大化的主要优点是：

（1）考虑到了风险因素，因为通常股价会对风险做出较为敏感的反应。

（2）在一定程度上能避免企业短期行为，因为不仅目前的利润会影响股价，未来的预期同样会对股价产生重要影响。

（3）对上市公司而言，股东财富最大化目标比较容易量化，便于考核和奖罚。

（4）反映了资本投入与收益之间的关系，因为股价是对每股股份的一个标签，市账率反映普通股账面价值投入资本的市场价格。

股东财富最大化的主要缺点是：

（1）通常只适用于上市公司，非上市公司难于应用，因为非上市公司无法像上市公司一样随时获得公司股价信息。

（2）股价受诸多因素影响，尤其是企业外部的因素，有些还可能是非正常因素（如政治因素、自然灾害因素等）。股价不能完全准确反映企业财务管理状况，如有的上市公司处于破产边缘，但由于存在某些机会，其股票价格可能还处于上升通道中。

（3）它强调更多的是股东利益，对其他相关者的利益重视度不高。

（三）企业价值最大化

企业价值最大化是指企业财务管理行为以实现企业的价值最大为目标。企业价值可理解为企业所有者权益的市场价值，或者是企业所能创造的预计未来现金流量的现值。未来现金流量概念，包含了资金的时间价值和风险价值两个方面的因素。因此，未来现金流量的预测包含了不确定性和风险因素，而现金流量的现值是以资金的时间价值为基础，对现金流量进行折现计算得出来的。

企业价值最大化要求企业通过采用最优的财务政策,充分考虑资金的时间价值和风险与报酬的关系,在保证企业长期稳定发展的基础上使企业总价值达到最大。

以企业价值最大化作为财务管理目标的优点有:

(1)考虑到了获得报酬的时间,并运用货币价值的原理进行了分析。

(2)有利于社会资源的合理配置。

(3)将企业长期、稳定的发展和持续的获利能力放在首位,因为不仅目前利润会影响企业的价值,未来的预期利润也会对企业的价值产生重大影响,反映了对资产保值增值的要求。

(4)用价值代替价格,克服了过多受到外界市场因素的干扰,有效地规避了企业的短期行为。

以企业价值最大化作为财务管理目标的缺点有:

(1)企业的价值过于理论化,不易操作。尽管对于上市公司,股票价格的变动在一定程度上揭示了企业价值的变化,但是,股价是多种因素共同作用的结果,特别是在资本市场效率低下的情况下,股票价格很难反映企业的价值。

(2)对于非上市公司,只有对企业进行专门的评估才能确定其价值,而在评估企业的资产时,由于受评估标准值和评估方式的影响,很难做到客观和准确。

近年来,随着上市公司数量的增加,以及上市公司在经济中的地位、作用的增强,企业价值最大化目标逐渐得到了广泛认可。

图1.3　上海证券交易所

(四)相关者利益最大化

现代企业是多边契约关系的总和,因此要确立科学的财务管理目标,首先要考虑哪些利益关系会对企业发展产生影响。在市场经济中，企业的理财主体更加细化和多元化。股东作为企业所有者，在企业中承担着最大的风险，但是债权人、员工、企业经营者、客户、供应商和政府也为企业承担着风险。比如：

（1）随着举债经营的企业越来越多，举债比例和规模不断扩大，使债权人的风险有所增加。

（2）在社会分工细化的今天，由于简单劳动越来越少，复杂劳动越来越多，职工的再就业风险不断增加。

（3）在现代企业制度下，企业经理人受所有者委托，作为代理人管理和经营企业，在激烈的市场竞争和复杂多变的形势下，代理人所承担的责任越来越大，风险也随之加大。

（4）随着市场竞争和经济全球化的影响，企业与客户以及企业与供应商之间不再是买卖关系，更多的情况下是长期的伙伴关系，处于一条供应链上，共同参与其他供应链的剩余价值分配，因而也与企业共同承担一部分风险。

（5）政府不管是作为出资人，还是作为监管机构，都与企业各方的利益密切相关。

综上所述，企业的利益相关者不仅包括股东，还包括债权人、企业经营者、客户、供应商和政府等。因此，在确定企业财务管理目标时，不能忽视这些相关利益群体的利益。相关者利益最大化目标的具体内容有：

（1）强调风险与报酬的均衡，将风险控制在企业可以承受的范围内。

（2）强调股东的首要地位，并强调企业与股东之间的协调关系。

（3）强调对代理人，即企业经营者的监督和控制，建立有效的激励机制以便企业实现战略。

（4）关心本企业普通职工的利益，创造优美和谐的工作环境，提供合理适当的福利待遇，使职工长期努力为企业工作。

（5）不断加强与债权人的关系，培养可靠的资金供应者。

（6）关心客户的长期利益，保持销售收入的长期稳定增长。

（7）加强与供应商的合作，共同面对市场竞争，注重企业形象宣传，遵守承诺，讲究信誉。

（8）保持与政府部门的良好关系。

以相关者利益最大化作为财务管理目标，具有以下优点：

（1）有利于企业长期稳定发展。这个目标注重企业在发展过程中，考虑并满足各利益相关者的利益关系。在追求长期稳定发展的过程中，企业应站在共同的角度进行投资研究，避免只站在自己的角度进行投资。

（2）体现了合作共赢的价值理念，有利于实现企业经济效益和社会效益的统一。由于兼顾了企业、股东、政府、客户等的利益，企业就不仅是一个单纯牟利的组织，还承担着一定的社会责任。企业在寻求其自身的发展和利益最大化的过程中，由于客户及其他利益相关者的利益，会依法经营、依法管理，正确处理各种财务关系，自觉维护和切实保障国家、集体和社会公众的合法权益。

（3）这个目标本身是一个多元化、多层次的目标体系，较好地兼顾了各利益主体的利益。这个目标可使企业各利益主体相互作用、相互协调，并在使企业利益、股东利益达到最大化的同时，使其他利益相关者的利益达到最大化。

（4）体现了前瞻性和现实性的统一。比如，企业作为利益相关者之一，有自身的评价指标，如未来企业报酬贴现值；股东的评价指标可以使用股票市价；债权人可以寻求风险最小、利息最大；工人可以确保工资福利；政府可以考虑社会效益等。不同的利益相关者有各自的指标，要合理合法、互利互惠、相互协调，就可以实现所有相关者利益最大化。

因此，相关者利益最大化是企业财务管理中最理想的目标，但鉴于该目标过于理想化且无法操作，本书后续章节仍采用企业价值最大化作为财务管理的目标。

二、会展企业利益相关者的冲突与协调

要想确立科学的财务管理目标，必须分析究竟哪些利益关系人会对会展理财产生重要影响。与会展有关的利益相关者很多，但不一定都对会展理财产生重大影响。那么，究竟哪些利益相关者对会展理财，进而对财务管理目标产生影响呢？一般而言，影响财务管理目标的利益相关者应当符合以下三条标准：①必须对会展有投入，即对会展有资金、劳动或服务方面的投入；②必须分享会展收益，即从会展取得诸如工资、奖金、利息、股利和税收等各种报酬；③必须承担会展风险，即当会展失败时，会承担一定损失。根据这三条标准，影响财务管理目标的利益相关者有四类。

（一）会展利益相关者

1. 会展所有者

所有者对会展理财的影响主要是通过股东大会和董事会来进行的。从理论上来讲，会展重大的财务决策必须经过股东大会或董事会的表决，会展经理和财务经理的任免也由董事会决定。因此，会展所有者对会展财务管理有重大影响。

2. 会展债权人

债权人把资金借给会展后，一般都会采取一定的保护措施，以便按时收取

利息，到期收回本金。因此，债权人必然要求会展按照借款合同规定的用途使用资金，并要求会展保持良好的资金结构和适当的偿债能力。债权人权利的大小在各个国家有所不同，在日本，债权人尤其是银行对企业财务决策会产生重大影响。

3．会展员工

会展员工包括一般的员工和会展管理人员，他们为会展提供了脑力和体力的劳动，必然要求取得合理报酬。员工是会展财富的创造者，他们有权分享会展收益；员工的利益与会展的利益紧密相连，当会展失败时，他们要承担重大风险，有时甚至比股东承担的风险还大。因此，在确立财务管理目标时，必须考虑员工的利益。

4．政府

政府为会展提供了各种公共方面的服务，因此要分享会展的收益，要求会展依法纳税，对会展财务决策也会产生影响。当然，在市场经济条件下，政府对会展财务管理的影响力要弱些。但是，政府可以通过政策诱导的方式影响会展财务管理的目标。

做中学

1．以游戏的形式随机或按照自由组合方式将班级学生分成若干小组（5～6人为一组），不同的小组分别扮演企业所有者、经营者和债权人等角色。

2．组织讨论，分析各自小组的利益预期以及与其他利益相关者的冲突，并从自身利益出发，确定合理的财务管理目标，每位同学都要参与。

3．每个小组推荐一位学生代表汇报本组讨论情况，并说明解决利益冲突的思路和方法，班级其他同学对其汇报情况进行评分。

4．角色互换，完成上述工作。

（二）会展利益相关者冲突的协调

1．所有者与经营者利益冲突的协调

在现代企业中，经营者一般不拥有占支配地位的股权，他们只是所有者的代理人。所有者期望经营者代表他们的利益工作，实现所有者财富最大化，而经营者有其自身的利益考虑，两者利益不一定一致。为了解决这一冲突，通常采取的方式有：①解聘。即通过所有者约束经营者的方法。所有者给经营者以监督，如果经营者绩效不佳，就解聘经营者；经营者为了不被解聘就需要努力工作，为实现财务管理目标服务。②接收。即通过市场约束经营者的方法。如果经营者决策失误，经营不力，绩效不佳，该企业就可能被其他企业强行接收或吞并，相应地，经营者也会遭解雇。同样，经营者为了避免这种接收，就会设法加强管理，提高经营效益。③激励。即将经营者的报酬与其绩效直接挂钩，使经营者自觉采取能提高所有者财富的措施，采用的激励方式有股票期权、绩效股。

2. 所有者与债权人的利益冲突的协调

所有者与债权人两者的利益会不一致，如所有者可能要求经营者改变原来的债务用途，将其投资于高风险项目，而这样做势必会加大经营风险和财务风险，债权人的预期收益值降低，引起所有者与债权人之间的冲突。另外，所有者可能在未征得债权人同意的情况下，要求经营者举债经营，因为偿债风险相应增大，从而使得原有债权人价值降低。两者利益冲突可通过限制性借债、收回借款、停止借款等方式解决。

任务解析

在这个案例中，洛杉矶奥运会的财务管理目标主要是以利润最大化为核心，通过多种方式开源节流，在没有政府投入的情况下，确保了奥运会的顺利举办，并取得了良好的经济效益。财务管理作为企业管理的重要组成部分，其目标取决于企业的基本目标和社会责任，企业的基本目标是生存、发展和获利，但同时企业还肩负着社会责任。因此，企业在生存与发展的过程中，不仅要考虑投资者自身利益即股东财富最大化（西方主流观点），还需要兼顾员工、债权人、消费者和环境保护等社会相关利益者的利益。而在社会主义市场经济条件下，企业财务管理总体目标取向应该为"企业价值最大化"，在这一总体目标指导下，进而明确筹资、投资、分配等各项财务活动的具体目标。

任务1.3 会展财务管理环境

任务引入

随着人们环保意识的不断提高，各国纷纷出台严格的环保政策，对会展行业产生了重大影响。主要影响表现在：

展览搭建材料受限，环保政策对展览搭建材料提出了更高的要求，限制了一些传统的不环保材料的使用。例如，某些国家禁止使用不可降解的塑料搭建展位，要求使用可回收、可降解的环保材料。这使得展览搭建成本上升，搭建公司需要寻找新的材料和技术解决方案。

展会废弃物处理压力增大，展会产生的大量废弃物，如宣传资料、包装材料、搭建废料等，需要按照环保要求进行妥善处理。展会组织者和参展商面临更大的废弃物处理压力，需要投入更多的资源和精力来确保废弃物的合规处理。

展会可持续发展要求提高，环保政策推动会展行业向可持续发展方向转型，展会组织者需要在展会策划、组织和执行的各个环节考虑环保因素。例如，优化展会布局，减少能源消耗；推广无纸化办公，减少纸质宣传资料的使用；鼓励参展商采用环保的展示方式和产品。

讨论与思考：上述资料说明了什么问题？给了我们什么启示？

 知识准备

财务管理环境是对会展财务活动及其管理产生影响的企业内部、外部各种条件的统称，是影响财务机制运行的各种内部因素与外部因素的总和。

财务管理环境一般可分为宏观环境和微观环境。财务管理的宏观环境是指影响会展财务活动的各种宏观因素，如经济环境、政治法律环境、社会文化环境等。宏观环境是作为会展外部的、影响会展财务活动的客观条件而存在。财务管理的微观环境是指影响会展财务活动的各种微观因素，如会展组织形式、生产状况、产品销售市场状况、资本供应情况、企业素质、管理者水平等。微观环境是作为会展内部的、影响会展财务活动的客观条件而存在。在财务管理的环境中，宏观环境决定微观环境，微观环境始终与宏观环境相适应，并随着宏观环境的变化不断得到改善；微观环境也会作用于宏观环境，甚至促进宏观环境的变化。

一、宏观环境

（一）经济环境

经济环境是指会展企业在进行财务管理活动时所面临的宏观经济状况。这里，我们将选择几种有代表性的经济环境因素做简单介绍。

经济增长和周期：经济的繁荣或衰退会直接影响会展企业的业务量和收入。在经济繁荣期，企业更愿意参加展会以拓展市场，观众的消费能力也较强；而在经济衰退期，参展商可能会减少预算，观众的参与热情也可能降低。

经济发展水平：经济发展水平越高，对企业的财务管理水平要求就越高。财务管理人员要以宏观经济发展目标为导向，与时俱进，不断学习，积极探索与经济发展水平相适应的财务管理模式，保证企业经营战略的实现。

宏观经济政策：常见宏观经济政策包括税收政策、金融政策、货币政策。不同的宏观经济政策，对企业的财务管理影响不一样。货币政策中，货币比较宽松的时候，企业筹资比较容易，但是在紧缩货币政策下，资金供应量比较紧张，企业筹资相对就会比较难，会直接影响企业的投资项目。

通货膨胀水平：通货膨胀意味着货币购买能力的下降。通货膨胀对企业财务活动的影响主要表现在几个方面。第一，导致企业资金占用量的增加，从而增加企业的资金需求。第二，引起企业利润虚增，利润分配增多，造成企业资金流失。第三，引起利润上升，同时会加大企业权益资金的成本，资金使用成本会增加。第四，通货膨胀下资金供应紧张，增加企业的筹资难度。

（二）法律环境

财务管理的法律环境是会展组织财务活动、处理会展与有关各方的经济关系所必须遵循的法律规范的总和。会展从事筹资、投资、股利分配活动，必须遵循有关法律的规定。

政策制度：政府对会展业的支持政策，如税收优惠、补贴、审批流程简化等，会促进会展企业的发展；相反，严格的监管和限制政策可能增加企业的运营成本和风险。

法律法规：包括合同法、知识产权法、消费者权益保护法等，影响着会展企业合同签订、知识产权保护和客户关系管理。

（三）社会文化环境

人口因素：人口规模、年龄结构、地域分布等影响会展的市场需求和观众构成。例如，年轻人较多的地区可能对新兴技术和时尚类展会更感兴趣。

文化传统和价值观：不同地区的文化差异会影响展会的主题选择、展示方式和营销手段。

社会公众对会展的认知和接受程度：公众对会展活动的兴趣和参与意愿，以及对会展企业社会责任的期望，对企业的形象和业务产生影响。

（四）技术环境

信息技术发展：如互联网、大数据、人工智能等，改变了会展的营销和推广方式，促进了线上展会的发展，也提高了财务管理的信息化水平。

展览展示技术创新：新的展示设备、虚拟现实技术等的应用，增加企业的技术投资和成本，但也能提升展会的吸引力和效果。

移动支付和电子票务系统：方便观众购票和交易，提高了财务结算的效率和安全性。

二、微观环境

会展企业微观环境是指存在于会展内部影响企业财务管理的主观条件和客观因素，包括企业的法人治理结构、经营战略、目标与经营决策、长远规划以及企业文化因素等。在市场经济条件下，企业的财务决策、财务方针和日常财务决策均受到财务管理环境的影响。

（一）会展组织结构

在现代公司企业的组织结构中，所有权与经营权的分离以及委托代理关系的普遍存在，使得企业治理呈现分权、分层的治理特征，即在股东大会、董事会、经理层、监事会之间的分权与分层治理。

会展财务管理组织机构的设置应考虑会展规模、行业特点、业务类型等因素。财务管理机构内部的分工要明确，职权要到位，责任要清楚，要有利于提高财务管理效率。一般来说，在小型会展中，财务管理工作是作为会计工作的一部分来进行的，重点是利用商业信用集资和收回会展的应收账款，较少涉及筹资和投资问题。一些小型会展可以不单独设置财务管理组织，只需附属于会计部门。在大中型会展中，财务管理显得较为重要，财务管理的内容包括资本筹集、资本投资、股利分配等。所以，大中型会展一般应独立设置财务管理机构，负责会展的财务管理。

（二）财务经理与财务管理

财务总裁或首席财务官（CFO），是现代会展管理中重要的高级管理职位。

在财务监督和业绩评价方面，CFO直接对董事会负责，不受CEO的制约。这是一种监督机制，可以增加CFO的独立性，从而可在一定程度上减轻股东和CEO之间的信息不对称，以及由此而产生的CEO道德风险，使股东的权益得到有效保护。

在资产经营方面，CFO要对CEO负责。这是一种效率机制，可以提高执行董事会决策的效率，避免机会的错失。CFO统一负责对董事会财务决策的执行和财务监督，可以降低代理成本。

CFO的工作职责分为两类：一是财务管理与决策；二是会计核算与控制。因此，CFO下设财务部门和会计部门。财务部门由财务主管负责，从事财务计划、资本预算、投资管理、现金管理、信用管理、利润分配等管理决策活动；会计部门由会计主管负责，从事财务会计、成本会计、税务会计、财务报告或报表等活动。

综上所述，会展企业的财务管理环境是复杂多变的，企业需要密切关注这些环境因素的变化，及时调整财务策略，以适应环境并实现可持续发展。

任务解析

这个案例充分展示了宏观环境对会展企业的重大影响，凸显了政策法规在会展行业发展中的重要作用。对于会展企业来说，在面临类似情况时，需要灵活应对，积极探索新的业务模式和发展机会，以降低风险并保持竞争力。主要有方法包括以下几个方面：

采用环保搭建材料和技术，展览搭建公司积极研发和采用环保搭建材料，如可回收的铝合金、环保木材、布料等，以及绿色搭建技术，如模块化搭建、可重复使用的搭建结构等。这些材料和技术不仅符合环保要求，还能降低搭建成本，提高搭建效率。

加强废弃物管理，展会组织者制定严格的废弃物管理计划，设置专门的废弃物分类回收区域，与专业的废弃物处理公司合作，确保展会废弃物得到妥善处理。同时，通过宣传教育等方式，提高参展商和观众的环保意识，减少废弃物的产生。

推动展会可持续发展，展会组织者将可持续发展理念融入展会的各个环节，制定可持续发展目标和指标，并定期进行评估和改进。例如，设立环保奖项，鼓励参展商展示环保产品和技术；组织环保主题的论坛和活动，提高行业对可持续发展的认识和重视程度。

复习与思考

1. 会展财务管理的内容是什么？
2. 什么是财务管理方法？请举例说明会展财务管理方法是如何运用的。
3. 比较财务管理与会计的区别与联系。请举例说明会计是如何为会展财务管理决策提供信息支持的。

4. 调研你所在城市的会展企业,与同学交流和分析该会展企业的组织机构设置。

职业能力测试

一、单项选择题

1. 所谓财务活动是指企业资金的筹集、投放、使用、收回及分配等一系列行为,其中,资金的(　　)可统称为投资。
   A. 投放、使用和收回　　　　　　B. 筹集、投放和使用
   C. 使用、收回和分配　　　　　　D. 投放、使用和分配

2. 企业以购买股票或直接投资的形式向其他企业投资所形成的经济关系属于(　　)。
   A. 企业与投资者之间的财务关系　　B. 企业与债权人之间的财务关系
   C. 企业与债务人之间的财务管理　　D. 企业与受资者之间的财务关系

二、多项选择题

1. 下列属于会展财务管理内容的是(　　)。
   A. 筹资活动　　B. 投资活动　　C. 股利分配　　D. 财务控制

2. 会展财务管理有其自身的特点,具体表现在(　　)。
   A. 财务控制多样性　　　　　　B. 服务与销售的同一性
   C. 项目周期性和阶段性　　　　D. 销售的不确定性

3. 比较流行的会展财务管理目标的观点是(　　)。
   A. 利润最大化　　　　　　　　B. 资本利润率最大化
   C. 股东财富最大化　　　　　　D. 企业价值最大化

4. 以企业价值最大化作为财务管理目标的优点有(　　)。
   A. 考虑了资金时间价值和风险价值
   B. 有利于社会资源的合理配置
   C. 有利于克服管理上的短视行为
   D. 反映了对资产保值增值的要求

参考答案

项目 2

会展资金时间价值

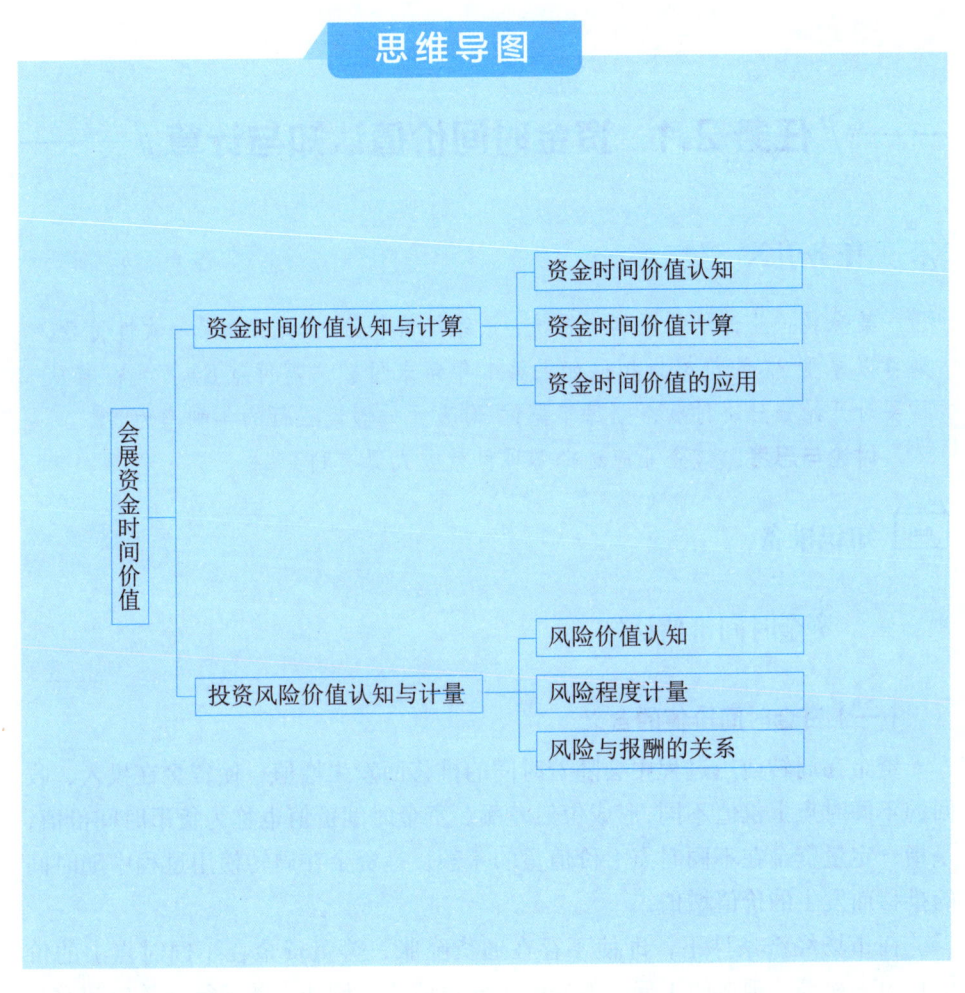

> **学习目标**
>
> 1. 熟悉货币时间价值和风险价值两个价值观念。
> 2. 了解永续年金、递延年金的计算。
> 3. 了解风险、风险报酬的概念。
> 4. 掌握复利终值和现值、普通年金终值与现值的概念和计算方法。
> 5. 掌握投资风险价值的计算。

任务 2.1　资金时间价值认知与计算

任务引入

某会展企业计划购买制冷系统，该系统价款 80 万元，如果一次性付款，则可以享受 2% 的价格折扣；如果第一年年末付款，需付款 84 万元；若从购买时开始分三次付款，则每年需付 30 万元。假设银行的年利率为 8%。

讨论与思考：该企业应选择哪种付款方式更有利？

 知识准备

一、资金时间价值认知

（一）资金时间价值的含义

资金在周转使用过程中会随着时间的推移而发生增值，使资金在投入、收回的不同时点上价值不同，形成价值差额。资金时间价值也称为货币时间价值，是指一定量资金在不同时点上价值量的差额，是资金在周转使用过程中随时间的推移而发生的价值增值。

在市场经济条件下，即使不存在通货膨胀，等量资金在不同时点上的价值量也不相等，现在的 1 元比将来的 1 元更值钱。例如，若银行存款年利率为 10%，将今天的 1 元存入银行，一年以后就会是 1.10 元。可见，经过一年的时间，这 1 元发生了 0.1 元的增值，今天的 1 元和一年后的 1.10 元等值。人们将货币在使用过程中随着时间的推移而发生增值的现象，称为货币具有时间价值的属性。

货币时间价值是货币在周转使用中产生的，是货币所有者让渡货币使用权而参与社会财富分配的一种形式。企业资金的循环是从资金货币形态开始的，经过生产过程、销售环节，最后又回到资金货币形态。经过一次循环，由于劳动创造了价值，收回的资金大于初始投入资金的数量，增加了一定的数额，并随着循环次数的增多，其增值额也就越大。因此，随着时间的延续，资金总量在不断地循环中按几何级数增长，使得资金具有时间价值。通常情况下，货币时间价值相当于没有风险和没有通货膨胀条件下的社会平均资金利润率，这是利润平均化规律作用的结果。

货币时间价值以商品经济的高度发展和借贷关系的普遍存在为前提条件或存在基础，它是一个客观存在的经济范畴，是财务管理中必须考虑的重要因素。把货币时间价值引入财务管理，在资金筹集、运用和分配等各方面考虑这一因素，是提高财务管理水平，搞好筹资、投资、分配决策的有效保证。

（二）资金时间价值的形式

从量的规定性上看，在通常情况下，资金的时间价值被认为是没有风险和没有通货膨胀的条件下的社会平均资金利润率。这是在市场经济中由于竞争而使各部门投资的利润率趋于均化（即利润平均化规律）作用的结果。由于资金时间价值的计算方法与利息的计算方法相同，因此人们常常将资金时间价值与利息混为一谈。实际上，利率不但包括时间价值，而且也包括风险价值和通货膨胀的因素。只有购买几乎没有风险的政府债券，且通货膨胀率很低的情况下，政府债券利率才可视同资金时间价值。

资金的时间价值可用绝对数（利息额）和相对数（利息率）两种形式表示，通常用相对数表示。资金时间价值是企业资金利润率的最低限度，也是使用资金的最低成本率。

二、资金时间价值计算

由于资金在不同时点上具有不同的经济价值，不同时点上的资金就不能直接比较，必须换算到相同的时点上才能比较。因此，掌握资金时间价值的计算就很重要。资金时间价值的计算包括一次性收付款项和非一次性收付款项（年金）的终值和现值计算。

一次性收付款项是指在某一特定时点上一次性的支出或收入，经过一段时间后再一次性收回或支出的款项。例如，现在将一笔10 000元的现金存入银行，5年后一次性取出本利和。

资金时间价值的计算，涉及两个重要的概念：现值和终值。现值又称本金，是指未来某一时点上的一定量现金折算到现在的价值。终值又称将来值或本利和，是指现在一定量的现金在将来某一时点上的价值。由于终值与现值的计算与利息的计算方法有关，而利息的计算有单利和复利两种，因此，终值与现值的计算也有单利和复利之分。在财务管理中，除非特别指明按单利计算，一般按复利来计算。

（一）单利终值与现值计算

单利是指只对本金计算利息，利息部分不再计息。通常用 P 表示现值，F 表示终值，i 表示利率（贴现率、折现率），n 表示计算利息的期数，I 表示利息。

1. 单利的利息

$$I = P \times i \times n$$

2. 单利的终值（即本利和）

$$F = P + I = P + P \times i \times n = P \times (1 + i \times n)$$

3. 单利的现值

$$P = F / (1 + i \times n)$$

【例2-1】某人将一笔1 000元的现金存入银行，银行一年期定期利率为5%。按单利计算存入1年和存入2年的利息、终值。

【解析】

存入1年的利息 $I_1 = P \times i \times n = 1\,000 \times 5\% \times 1 = 50$（元）

存入2年的利息 $I_2 = P \times i \times n = 1\,000 \times 5\% \times 2 = 100$（元）

存入1年的终值 $F_1 = P \times (1 + i \times n) = 1\,000 \times (1 + 5\% \times 1) = 5\,050$（元）

存入2年的终值 $F_2 = P \times (1 + i \times n) = 1\,000 \times (1 + 5\% \times 2) = 5\,100$（元）

从上面计算可以看出，第1年的利息在第2年续存时不再计息，只有本金在第2年续存时计息。此外，无特殊说明，给出的利率均为年利率。

【例2-2】某人希望5年后获得10 000元本利和，银行利率为5%。按单利计算某人现在应存入银行多少资金？

【解析】$P = F / (1 + i \times n) = 10\,000 / (1 + 5\% \times 5) = 8\,000$（元）

上面求现值的计算，也可称贴现的计算，贴现使用的利率称贴现率。

做中学

你今年过年得到了多少压岁钱呢？如果现在就把它存入银行，定期1年，那么1年后你可以拿回多少钱呢？

（二）复利终值与现值计算

复利是指不但对本金要计息，而且对本金所生的利息也要计息，即"利滚利"。

1. 复利终值的计算

复利的终值是指一定量的本金按复利计算的若干年后的本利和。

复利终值的计算公式为：

$$F = P \times (1+i)^n$$

式中，I 为利息；P 为现值；F 为终值；i 为利率（折现率）；n 为计算利息的期数。"$(1+i)^n$"称为"复利终值系数，用符号（F/P, i, n）表示。如（F/P, 10%, 5）表示利率为 10%、5 期复利终值的系数。复利终值系数可以通过查阅"复利终值系数表"（见本书附表 1）直接获得。

【例 2-3】某人现在将 1 000 元存入银行，银行利率为 5%。计算存期 1 年和存期 2 年的终值。

【解析】存期 1 年的 $F_1 = P \times (1+i)^1 = 1\,000 \times$（F/P, 5%, 1）

$= 1\,000 \times 1.05 = 1\,050$（元）

存期 2 年的 $F_2 = P \times (1+i)^2 = 5\,000 \times$（F/P, 5%, 2）

$= 1\,000 \times 1.102\,5 = 1\,102.5$（元）

式中，（F/P, 5%, 2）表示利率为 5%、期限为 2 年的复利终值系数，在复利终值系数表上，从横行中找到利率 5%，纵列中找到期数 2，纵横相交处，可查到（F/P, 5%, 2）≤ 1.102 5。该系数表明，在年利率为 5% 的条件下，现在的 1 元与 2 年后的 1.102 5 元相等。

做中学

请查找一下（F/P, 10%, 5）所代表的复利终值系数值。

2. 复利现值的计算

复利现值是指在将来某一特定时间取得或支出一定数额的资金，按复利折算到现在的价值。

复利现值的计算公式为：

$$P = F/(1+i)^n = F \times (1+i)^{-n}$$

式中，$(1+i)^{-n}$ 称为"复利现值系数"，用符号（P/F, i, n）表示，其数值可查阅"复利现值系数表"（见本书附表 2）。

【例 2-4】某人希望 5 年后获得 10 000 元本利，银行利率为 5%。计算某人现在应存入银行多少资金？

【解析】$P = F \times (1+i)^n$

$\quad\quad\quad = F \times (P/F, 5\%, 5)$

$\quad\quad\quad = 10\,000 \times 0.783\,5$

$\quad\quad\quad = 7\,835（元）$

式中，(P/F，5%，5) 表示利率为5%，期限为5年的复利现值系数。该系数表明，在年利率为5%的条件下，5年后的1元与现在的0.783 5元相等。

3．复利利息的计算

$$I = F - P$$

【例2-5】根据【例2-4】复利现值计算资料，计算5年的利息。

解析：I=F-P=10 000-7 835=2 165（元）

知识拓展

复利终值与复利现值的关系

复利终值和复利现值之间存在以下关系：①复利终值和复利现值互为逆运算；②复利终值系数$(1+i)^n$和复利现值系数$(1+i)^{-n}$互为倒数。

（三）年金的终值与现值计算

年金是指一定时期内，每隔相同的时间，收入或支出相同金额的系列款项。如折旧、租金、等额分期付款、养老金、保险费、零存整取等都属于年金问题。年金具有连续性和等额性特点。连续性要求在一定时间内，间隔相等时间就要发生一次收支业务，中间不得中断，必须形成系列。等额性要求每期收、付款项的金额必须相等。

年金根据每次收付发生的时点不同，可分为普通年金、预付年金、递延年金和永续年金四种，财务管理中年金一般指普通年金。

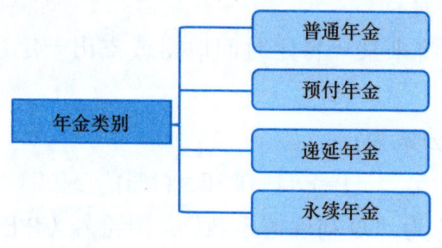

图2.1 年金分类

1．普通年金的计算

普通年金是指在一定时期内每期期末，收入或支出相等金额的系列款项。

每一间隔期，有期初和期末两个时点，由于普通年金是在期末这个时点上发生收付，故又称后付年金。

（1）普通年金终值的计算。普通年金的终值是指每期期末收入或支出的相等款项，按复利计算，在最后一期期末所得的本利和。

每期期末收入或支出的款项用 A 表示，利率用 i 表示，期数用 n 表示，那么每期期末收入或支出的款项，折算到第 n 年的终值 FA 计算如下：

$$F=A+A(1+i)+A(1+i)^2+A(1+i)^3+\cdots+A(1+i)^{n-1}$$

等式两边同乘（1+i）可得到：

$$F(1+i)=A(1+i)+A(1+i)^2+A(1+i)^3+\cdots+A(1+i)^n$$

上述两式相减：

$$F(1+i)-F=A(1+i)^n-A$$

$$F=A\cdot\frac{(1+i)^n-1}{i}$$

式中，$\frac{(1+i)^n-1}{i}$ 称为"年金终值系数"，记为（F/A，i，n），表示年金为 1 元，利率为 i，经过 n 期的年金终值是多少，通过直接查阅"年金终值系数表"（见本书附表 3）求得有关数值。上式也可写作：

$$F=A\cdot(F/A，i，n)$$

【例 2-6】某人连续 5 年每年年末存入银行 10 000 元，利率为 5%。计算第 5 年年末的本利和。

【解析】F=A×（F/A，5%，5）
　　　　 =10 000×5.525 6
　　　　 =55 256（元）

上面计算表明，每年年末存 10 000 元，连续存 5 年，到第 5 年年末可得 55 256 元。

（2）年偿债基金的计算。计算年金终值，一般是已知年金，然后求终值。有时会碰到已知年金终值，反过来求每年收付的年金数额，这是年金终值的逆运算，称作年偿债基金的计算，计算公式如下：

$$A=F\cdot\frac{i}{(1+i)^n-1}$$

式中，$\frac{i}{(1+i)^n-1}$ 称作"偿债基金系数"，记为（A/F，i，n），可查"偿债基金系数表"，也可根据"年金终值系数"计算其倒数得到。即（A/F，i，n）=

$1/(F/A, i, n)$。利用偿债基金系数可把年金终值折算为每年需要收付的年金数额。

【例2-7】 某人在5年后要偿还一笔50 000元的债务，银行利率为5%。计算为归还这笔债务，从现在开始，每年年末应存入银行多少元？

【解析】 $A = F \times (A/F, 5\%, 5)$

$= 50\,000 \times [1/(F/A, 5\%, 5)]$

$= 50\,000 \times 1/5.525\,6$

$= 9\,048.79$（元）

在银行利率为5%时，每年年末存入银行9 048.79元，5年后才能还清债务50 000元。

（3）普通年金现值的计算。普通年金现值是指一定时期内每期期末等额收付款项的复利现值之和。普通年金现值的计算公式为：

$$P = A(1+i)^{-1} + A(1+i)^{-2} + A(1+i)^{-3} + \cdots + A(1+i)^{-n}$$

等式两边同乘（1+i）可得到：

$$P(1+i) = A + A(1+i)^{-1} + A(1+i)^{-2} + A(1+i)^{-3} + \cdots + A(1+i)^{-(n-1)}$$

上述两式相减：

$$P(1+i) - P = A - A(1+i)^{-n}$$

$$P = A \cdot \frac{1-(1+i)^{-n}}{i}$$

式中，$\frac{1-(1+i)^{-n}}{i}$ 称为年金现值系数，记作（P/A, i, n），可通过查阅"年金现值系数表"（见本书附表4）求得。上式也可写作：

$$P = A \cdot (P/A, i, n)$$

【例2-8】 某会展企业租入一台设备，每年年末需要支付租金5 000元，年折现率为5%，则5年内应支付的租金总额的现值是多少？

【解析】 $P = A \times (P/A, 5\%, 5)$

$= 5\,000 \times 4.329\,5$

$= 21\,647.5$（元）

即5年内应支付的租金总额的现值是21 647.5元。

（4）年回收额的计算。上题是已知年金的条件下计算年金的现值，也可以反过来在已知年金现值的条件下求年金，这是年金现值的逆运算，可称作年回收额的计算，计算公式如下：

$$A = P \cdot \frac{i}{1-(1+i)^{-n}}$$

式中，$\dfrac{i}{1-(1+i)^{-n}}$ 称作"回收系数"，记作（A/P, i, n），是"年金现值系数"的倒数，既可查表获得，也可利用"年金现值系数"计算其倒数来求得。

【例2-9】某人购入一套商品房，须向银行按揭贷款100万元，准备20年内于每年年末等额偿还，银行贷款利率为5%。计算每年应归还多少万元？

【解析】A=P×（A/P, i, n）

=100×（A/P, 5%, 20）

=100×[1/(P/A, 5%, 20)]

=100×1/12.462 2

≈8.02（万元）

做中学

某会展中心正在招投标，即公司决定将其一处展馆使用权公开拍卖。根据竞标情况来看，目前甲公司和乙公司的投标书最具有竞争力。甲公司的投标书显示，如果甲公司取得使用权，甲公司将从获得使用权的第1年起，每年年末向会展中心缴纳10亿元的开采费，直到10年后使用结束。乙公司的投标书显示，乙公司在取得使用权时将直接向会展中心一次性支付40亿元，到10年后使用结束，再一次性付给会展中心40亿元。如果会展中心要求的年投资回报率为10%，问其应该接受哪家公司的投标？

2．预付年金的计算

预付年金是指每期期初收入或支出相等金额的系列款项，也称先付年金或即付年金。预付年金与普通年金的区别在于收付款的时点不同，普通年金是发生在每期期末的收付款项，预付年金是发生在每期期初的收付款项。

n期的预付年金与n期的普通年金，其收付款次数是一样的，只是收付款时点不一样。如果计算年金终值，预付年金要比普通年金多计一年的利息；如果计算年金现值，则预付年金要比普通年金少折现一年。因此，在普通年金的现值、终值的基础上，乘上（1+i）便可计算出预付年金的现值与终值。

（1）预付年金终值的计算。

$$F = A \cdot \dfrac{(1+i)^n - 1}{i} \cdot (1+i)$$

$$= A \cdot \left[\dfrac{(1+i)^{n+1} - 1}{i} - 1 \right]$$

式中，$\left[\dfrac{(1+i)^{n+1}-1}{i}-1\right]$ 称为"预付年金终值系数"，记作 [(F/A, i, n+1)-1]，可利用"年金终值系数表"查得 n+1 期的终值系数，然后减去 1，就可得到 1 元预付年金终值。

【例 2-10】某会展企业决定连续 8 年于每年年初存入 100 万元作为住房基金，银行存款利率为 10%，该企业在第 8 年年末能一次取出的本利和是多少？

【解析】F = A · [(F/A, i, n+1)-1]
　　　　　 = 100 × [(F/A, 10%, 8+1)-1]
　　　　　 = 100 × (13.579-1)
　　　　　 = 1 257.9（万元）

即该公司在第 8 年年末能一次取出的本利和是 1 257.9 万元。

（2）预付年金现值的计算。

$$P = A \cdot \dfrac{1-(1+i)^{-n}}{i} \cdot (1+i)$$

$$= A \cdot \left[\dfrac{1-(1+i)^{-(n-1)}}{i}+1\right]$$

式中，$\left[\dfrac{1-(1+i)^{-(n-1)}}{i}+1\right]$ 称为"预付年金现值系数"，记作 [(P/A, i, n-1)+1]，可用"年金现值系数表"查得 n-1 期的现值，然后加上 1，就可得到 1 元的预付年金现值。

【例 2-11】小李准备采用分期付款方式购买一辆汽车，付款期为 5 年，每年年初支付 60 000 元，假设利率为 8%，问该项分期付款相当于一次性支付现金购买汽车的价格是多少？

【解析】P = A · [(P/A, i, n-1)+1]
　　　　　 = 60 000 × [(P/A, 8%, 5-1)+1]
　　　　　 = 60 000 × (3.312 1+1)
　　　　　 = 258 726（元）

即该项分期付款相当于一次性支付现金的价格是 258 726 元。

做中学

某会展企业打算购买一台设备，有两种付款方式：一是一次性支付 500 万元；二是每年年初支付 200 万元，3 年付讫。由于资金不充裕，公司计划向银行借款用于支付设备款。假设银行借款年利率为5%，复利计息。请分别运用预付年金终值和现值的方法，为该公司决策应采用哪种付款方式。

3. 递延年金

普通年金和预付年金的第一次收付时间都发生在整个收付期的第一期，要么在第一期期末，要么在第一期期初。但有时会遇到第一次收付不发生在第一期，而是隔了几期后才在以后的每期期末发生一系列的收支款项，这种年金形式就是递延年金，它是普通年金的特殊形式。因此，凡是不在第一期开始收付的年金，称为递延年金。递延年金与普通年金的比较，如图2-2所示。

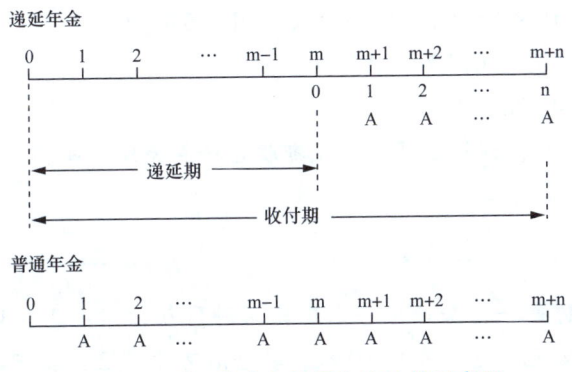

图2-2　递延年金与普通年金比较示意图

从图2-2中可知，递延年金的第一次年金收付没有发生在第一期，而是隔了m期（这m期就是递延期），在第m+1期的期末才发生第一次收付，并且在以后的n期内，每期期末均发生等额的现金收支。与普通年金相比，尽管期限一样，都是m+n期，但普通年金在m+n期内，每个期末都要发生收支，而递延年金在m+n期内，只在后n期发生收支，前m期无收支发生。

（1）递延年金终值的计算。在图2-1中，年金一共支付了n期。只要将这n期年金折算到期末，即可得到递延年金终值。所以，递延年金终值的大小，与递延期无关，只与年金共支付了多少期有关，它的计算方法与普通年金相同。

$$F=A\times(F/A, i, n)$$

【例2-12】某会展企业于年初投资一项目，估计从第5年开始至第10年，每年年末可得收益10万元，假定年利率为5%。计算投资项目年收益的终值。

【解析】FA = A·(F/A, i, n)
　　　　　= 10 × (F/A, 5%, 6)
　　　　　= 10 × 6.801 9
　　　　　= 68.019（万元）

（2）递延年金现值的计算。把递延年金视为 n 期的普通年金，求出年金在递延期期末 m 点的现值，再将 m 点的现值调整到第一期期初。

$$PA = A \times (P/A, i, n) \times (P/F, i, m)$$

【例 2-13】某会展企业年初投资一项目，希望从第 5 年开始每年年末取得 10 万元收益，投资期限为 1 年，假定年利率 5%。计算该会展企业年初最多投资多少万元才合算？（结果保留两位小数）

【解析】P = A × (P/A, 1, n) × (P/F, i, m)
　　　　　= 10 × (P/A, 5%, 6) × (P/F, 5%, 4)
　　　　　= 10 × 5.075 7 × 0.822 7
　　　　　= 41.76（万元）

从计算中可知，该投资项目的预期收益折算为现值 41.76 万元，即该企业年初的投资额不超过 41.76 万元才合算。

做中学

某人拟购置一处房产，房主提出两种付款方案：①从现在起，每年年初支付 20 万元，连续支付 10 次，共 200 万元。②从第 5 年开始，每年年末支付 25 万元，连续支付 10 次，共 250 万元。若利率为 6%，请你帮助此人决策应该选择哪个方案。

4. 永续年金的计算

永续年金是指无限期定额支付的年金。永续年金可视为普通年金的特殊形式，即期限趋于无穷的普通年金。由于永续年金没有终止时间，因此永续年金没有终值，只有现值。永续年金的现值可以通过普通年金现值的计算公式推导出：

$$P = A \cdot \frac{1-(1+i)^{-n}}{i}$$

当 n → ∞，$(1+i)^{-n}$ → 0，则：

$$P = \frac{A}{i}$$

【例 2-14】某会展企业要建立一项永久性帮困基金，计划每年拿出 10 万元帮助失学儿童，年利率为10%，计算现在应筹集多少资金才能满足需要。

【解析】$P = \dfrac{A}{i}$

$= \dfrac{10}{10\%}$

$= 100$（万元）

现在筹集到100万元资金，就可每年拿出10万元帮助失学儿童。

三、资金时间价值的应用

（一）特殊情况资金时间价值的计算

1．名义利率和实际利率

前面的复利计算，所涉及的利率均假设为年利率，且每年复利一次。但是，在实际业务中，复利的计算期不一定是1年，可以是半年、一季度、一个月或1天复利1次。当利息在1年内要复利几次时，给出的年利率称为名义利率，用 r 表示；根据名义利率计算出的一年复利几次后的年利率称为实际利率，用 i 表示。实际利率和名义利率之间的关系如下：

$$i = (1+r/m)^m - 1$$

式中，m 表示每年复利的次数。

【例2-15】小李存入银行10 000元，年利率8%，每季度复利一次。计算2年后能取得多少本利和。

【解析】以1年作为一个计算期，根据名义利率与实际利率的关系，将名义利率折算成实际利率。

$i = (1+r/m)^m - 1$

$= (1+8\%/4)^4 - 1$

$= 8.24\%$

再按实际利率计算资金的时间价值。

$F = P \times (1+i)^n$

$= 10\ 000 \times (1+8.24\%)^2$

$= 11\ 716.59$（元）

2．内插法

在复利计息方式下，利率与现值（或者终值）系数之间存在一定的数量关系，已知现值（或者终值）系数，则可以通过内插法计算对应的利率。

$$i = i_1 + (B - B_1) \times (i_2 - i_1) / (B_2 - B_1)$$

式中，i 为所求利率；B 为 i 所对应的现值（或者终值）系数；B_1、B_2 为现值（或者终值）系数表中与 B 相邻的两个系数，i_1、i_2 为 B_1、B_2 对应的利率。

【例 2-16】李先生失业获得一次性补贴 10 万元，决定将其存入银行，他计算了一下，如果 20 年后，这笔款项连本带利能达到 30 万元的话，就可以基本解决自己的养老问题。请问，银行存款的年利率最低为多少时，李先生的愿望才能实现？

【解析】$100\,000 \times (F/P, i, 20) = 300\,000$

$(F/P, i, 20) = 3$

即 $(1+i)^{20} = 3$

可采用逐次测试法（也称试误法）测算：

当 $i=5\%$ 时，$(1+5\%)^{20} = 2.6533$

当 $i=6\%$ 时，$(1+6\%)^{20} = 3.2071$

由此可见，只有当银行存款的年利率大于 5% 时，李先生的愿望才有可能实现，通过内插法进一步计算：

$i = i_1 + (B-B_1) \times (i_2-i_1) / (B_2-B_1)$

$= 5\% + (3-2.6533) \times (6\%-5\%) / (3.2071-2.6533)$

$= 5.626\%$

即当银行存款年利率为 5.626% 时，王先生的愿望就可以实现了。

做中学

李先生想在市中心开一家会展策划公司，于是找到一家商务楼，提出承租 5 年的要求。房东提出应一次性支付 5 年的租金 400 000 元。李先生觉得一次性支付 400 000 元比较困难，因此请求能否分期支付，即每年年末支付 100 000 元。假设银行的贷款利率为 8%，请问李先生是一次性付清还是分期支付租金更为合算？

任务解析

运用资金时间价值相关知识解析【任务引入】中的问题：

业务分析：运用资金时间价值的不同计算方法，将三种付款方案的付款金额折算为现值，然后进行比较，选择付款金额最低的方式。

计算步骤：

（1）付现款为：

$P_1 = 80 \times (1-2\%) = 78.4$（万元）

（2）第 1 年年末付款金额的复利现值为：

$P_2 = 84 \times (P/F, 8\%, 1) = 84 \times 0.9259 = 77.7756$（万元）

任务解析

（3）分期付款金额的现值为：

$P_3 = 30 \times [(P/A, 8\%, 3-1) + 1] = 30 \times (1.7833 + 1) = 83.499$（万元）

分析评价：

由上述计算结果可知，第1年年末付款方式的现值最低，其次是付现款，分期付款金额最大。因此，该企业应该选择第1年年末付款方案。

拓展阅读

北辰会展集团增资扩股

在"十三五"期间，中国会展业迎来政策红利期，北京市也大力发展旅游会展业等行业。早在2015年，北京北辰实业集团有限责任公司就组建了北辰会展集团有限公司，旨在聚焦首都会展业。经过几年的深耕，北辰会展集团形成了高端商务、政务活动服务保障、会展场馆管理运营、会展主办承办、会展研究咨询四大业务，打通了会展产业上下游。

图2.3 隶属于北辰实业集团的国家会议中心展览馆，承办过众多展会

进入"十四五"时期，为了增强会展业务资本实力、促进产业转型升级，北辰会展集团决定引入战略投资者。2021年4月26日，其增资项目在北京产权交易所公开挂牌，拟引入不超过4家新进投资方。截至2021年6月24日信息披露期满，共征集到4家意向投资方：北京首都旅游集团有限责任公司、北京首钢建设投资有限公司、京东科技控股股份有限公司和GL events China Limited，并于当年7月5日签署增资协议，公开增资募集资金共计2亿元。

此次增资完成后：

北辰实业的持股比例由100%变更为60%；

其余 4 家战略投资者的持股比例分别为 10%，合计 40%。

北辰会展集团实现了从单一股东向股权多元化、从国有独资企业向混合所有制企业的转化。

对于北辰会展集团来说，这次增资扩股具有重要意义：

引入的京东科技在"云服务"数字技术领域的成熟经验，助力推动北京会展业线上线下融合和行业的创新转型升级；

引入的 GL events China Limited，利用其国际化展会资源及策划运营高端人才资源，进一步推动集团国际化发展；

引入的首旅集团，丰富了住宿、餐饮、出行、文娱、商贸服务等领域资源，完善了运营保障功能；

引入的首钢建设来打造"新首钢高端产业综合服务区"，有力引导促进了相关产业的发展。

请结合资金的时间价值原理分析北辰会展集团如何实现企业竞争力和市场价值的提升？

任务 2.2　投资风险价值认知与计量

任务引入

某会展企业要新建一营业网点，预计需要投资 100 万元，投资期限为 1 年。为确保投资安全，需要对拟投资项目收益情况及风险进行分析评价。经过财务预测，该营业网点建成后经营状况的三种不同情况下的预期收入结果及其概率分布如表 2-1 所示。

表2-1　投资项目预期收入及其概率分布表

经营状况	预期收入（X）（万元）	概率（P）
繁荣	180	0.3
一般	120	0.5
较差	80	0.2
合计		1

讨论与思考：拟投资新建的营业网点风险有多大？必要的投资报酬率有多高？该会展企业如何作出决策？（假定风险报酬系数为 50%，无风险报酬率为 8%）

知识准备

风险是现代企业财务管理环境的一个重要特征，企业在财务管理的每一个环节都不可避免地要面对风险。如何防范和化解风险，一直是理论界和实务界关注的热点问题。人们在探索的进程中，对风险的认识越来越清晰，并积极利用市场规律在风险与报酬之间作出最佳的权衡，达到风险与报酬的优化配置。

一、风险价值认知

（一）风险的含义

风险是指收益的不确定性。虽然风险的存在可能意味着收益的增加，但人们考虑更多的则是损失发生的可能性。从财务管理的角度看，风险就是企业在各项财务活动过程中，由于各种难以预料或无法控制的因素，使企业的实际收益与预计收益发生背离，从而蒙受经济损失的可能性。

一般来说，投资风险是指在一定条件下和一定时期内可能发生的各种结果的变动程度。在投资风险存在的情况下，人们只能事先估计到采取某种行动可能导致的结果，以及每种结果出现的可能性，而行动的真正结果究竟会怎样不能事先确定。例如，我们预计一个投资项目的报酬时，不可能十分精确，也没有百分之百的把握。有些事情的未来发展、变化我们事先不能确知，如价格、销量、成本等都可能发生我们预想不到并且无法控制的变化。

财务活动经常是在有投资风险的情况下进行的。有风险，就要求得到额外的收益，否则就不值得去冒险。投资者由于冒险进行投资而获得的超过资金时间价值的额外收益，称为投资风险价值，亦称风险收益或风险报酬。企业理财时，必须研究风险、计量风险，并设法控制风险，以求最大限度地扩大财富。

（二）风险的种类

企业面临的风险主要有两种：市场风险和企业特有风险。

1. **市场风险**

市场风险是指影响所有企业的风险，又称系统风险或不可分散风险。它由企业的外部因素引起，个别企业无法控制、无法分散，涉及所有的投资对象，如战争、自然灾害、利率的变化和经济周期的变化等。

2. **企业特有风险**

企业特有风险是指个别企业的特有事件造成的风险，又称非系统风险和可分散风险。它是随机发生的，只与个别企业和个别投资项目有关，不涉及所有企业和所有项目，可以分散，如产品开发失败、销售份额减少、工人罢工、没有争取到重要合同、诉讼失败等。非系统风险根据风险形成的原因不同，又可分为经营风险和财务风险。

（1）经营风险。经营风险是指由于企业生产经营条件的变化对企业报酬带来的不确定性，又称商业风险。这些生产经营条件的变化可能来自企业内部的原因，也可能来自企业外部的原因，如顾客购买力发生变化、竞争对手增加、政策变化、产品生产方向不对路、生产组织不合理等。这些内外因素，使企业的生产经营产生不确定性，最终引起报酬变化。

（2）财务风险。财务风险是指由于企业举债而给财务成果带来的不确定性，又称筹资风险。企业举债，虽然可以解决企业资金短缺的困难、提高自有资金的盈利能力，但是也改变了企业的资金结构和自有资金利润率，还必须还本付息，并且借入资金所获得的利润是否大于支付的利息额具有不确定性，因此举债就有风险。在全部资金来源中，借入资金所占的比重大，企业的负担就重，风险程度也就增加；借入资金所占的比重小，企业的负担就轻，风险程度也就降低。因此，企业必须确定合理的资金结构，既要提高资金盈利能力，又要防止财务风险加大。

（三）风险价值

如上所述，企业的财务活动和经营管理活动总是在有风险的状态下进行的，只不过风险有大有小。投资者冒着风险投资，是为了获得更多的报酬，冒的风险越大，要求的报酬就越高。

风险和报酬之间存在密切的对应关系，高风险的项目往往对应高报酬，低风险的项目往往对应低报酬，因此，风险报酬是投资报酬的组成部分。

所谓风险价值，是指投资者冒着风险进行投资而获得的超过货币时间价值的那部分额外收益，是对人们所遇到的风险的一种价值补偿，也称风险报酬。它的表现形式可以是风险报酬额或风险报酬率，在实务中一般以风险报酬率来表示。

如果不考虑通货膨胀，投资者冒着风险进行投资所希望得到的投资报酬率是无风险报酬率与风险报酬率之和。

即：投资报酬率 = 无风险报酬率 + 风险报酬率

一般认为，国债的投资是没有风险的，其利率属于无风险报酬率即作为资金时间价值表现形态的利息率。假如，无风险报酬率即资金的时间价值为5%，某项投资的风险报酬率为10%。那么，在不考虑通货膨胀时，投资报酬率为15%。

二、风险程度计量

投资风险是指在某一项投资方案实施后,将会出现各种投资结果的概率。换句话说,某一项投资方案实施后,能否如期回收投资的资金以及能否获得预期报酬,在事前是无法确定的,这就是投资的风险。因承担投资风险而获得的风险报酬率就称为投资风险报酬率。在实务中,多数投资都是以组合的形式出现的,但对投资组合风险报酬率的分析与评估是建立在单项投资风险报酬率评估的基础上的,这里仅介绍单项投资风险报酬率的评估方法。既然风险是可能值对期望值的偏离,对于有风险的投资项目来说,其实际报酬率可以看成一个有概率分布的随机变量。因此,利用概率分布,期望值和标准差来计算与衡量风险的大小是一种最常用的方法。

(一)概率及其分布

在完全相同的条件下,某一事件可能发生也可能不发生,可能出现这种结果也可能出现另外一种结果,这类事件称为随机事件。概率是用来反映随机事件发生的可能性大小的指标,一般用 X 表示随机事件,X_i 表示随机事件的第 i 种结果,P_i 表示第 i 种结果出现的概率。肯定发生的事件概率为 1,肯定不发生的事件概率为 0。一般随机事件的概率在 0 与 1 之间,即 $0 \leq P \leq 1$,P_i 越大,表示该事件发生的可能性越大;反之,P_i 越小,表示该事件发生的可能性越小。所有可能的结果出现的概率之和一定为 1,即:$\sum_{i=1}^{n} P_i = 1$。

【例2-17】某会展企业投资策划了一种新产品,在不同市场情况下,其预期报酬及其概率分布如表2-2所示。

表2-2 新产品预期报酬及其概率分布表

市场情况	预期报酬 X(万元)	概率 P
繁荣	200	0.3
正常	100	0.5
疲软	50	0.2

从表 2-2 可见,所有的 P_i 均在 0 和 1 之间,且 $P_1+P_2+P_3=0.3+0.5+0.2=1$。如果将随机事件 X 的各种可能结果及相应的各种结果出现的概率按一定规则排列出来,构成分布图,则称为概率分布。概率分布一般用坐标图来反映,横坐标表示某一事件的结果,纵坐标表示每一结果相应的概率。概率分布有两种类型:一是离散型分布,其特点是各种可能结果只有有限个值,概率分布在各

个特定点上,是不连续图像;二是连续型分布,其特点是各种可能结果有无数个值,概率分布在连续图像上的两点之间的区间上。

(二)期望值的计算

期望值是指可能发生的结果与各自概率之积的加权平均值,反映投资者的合理预期,用 E 表示。一个随机变量的期望值为:

$$E = \sum_{i=1}^{n} X_i P_i$$

式中,E——期望值;X_i——第 i 个可能结果;P_i——第 i 个可能结果出现的概率;n——可能结果的总数。

【例2-18】有项目 A 和项目 B,两个项目的投资报酬率及其概率分布情况如表2-3所示。计算两个项目的期望报酬率。

表2-3　A、B项目投资报酬率及其概率分布表

项目实施情况	该种情况出现的概率		投资报酬率	
	项目 A	项目 B	项目 A	项目 B
好	0.2	0.3	15%	20%
一般	0.6	0.4	10%	15%
差	0.2	0.3	0	−10%

【解析】项目 A 的期望投资报酬率 =0.2×0.15+0.6×0.1+0.2×0=9%;
项目 B 的期望投资报酬率 =0.3×0.2+0.4×0.15+0.3×(−0.1)=9%。

(三)风险程度的计量

离散程度是用以衡量风险大小的统计指标。一般说来,离散程度越大,风险越大;离散程度越小,风险越小。反映随机变量离散程度的常用指标主要包括方差、标准差、标准离差率三项。

1. 方差

方差是用来表示随机变量与期望值之间离散程度的一个数值,用 σ^2 表示。其计算公式为:

$$\sigma = \sum_{i=1}^{n} (X_i - E)^2 \cdot P_i$$

从该公式可以看出,方差即为实际值与期望值之差的加权平均值。方差越大,说明各实际可能结果偏离期望值的程度越大,反之则说明各实际可能结果偏离期望值的程度越小。

2. 标准离差

标准差也叫标准离差或均方差，是方差的平方根，用 σ 表示，其计算公式为：

$$\sigma = \sqrt{\sum_{i=1}^{n}(X_i - E)^2 \cdot P_i}$$

标准差用来反映决策方案的风险，是一个绝对数。在 n 个方案的情况下，若期望值相同，则标准差越大，表明各种可能值偏离期望值的幅度越大，结果的不确定性越大，风险也越大；反之，标准差越小，表明各种可能值偏离期望值的幅度越小，结果的不确定性越小，风险也越小。

【例 2-19】接上例，计算方差和标准差。

【解析】

项目 A 的方差 $\sigma^2 = (15\% - 9\%)^2 \times 0.2 + (10\% - 9\%)^2 \times 0.6 + (0 - 9\%)^2 \times 0.2$
$= 0.0024$

项目 A 的标准差 $\sigma = \sqrt{(15\% - 9\%)^2 \times 0.2 + (10\% - 9\%)^2 \times 0.6 + (0 - 9\%)^2 \times 0.2}$
$= 0.049$

项目 B 的方差 $\sigma^2 = (20\% - 9\%)^2 \times 0.3 + (15\% - 9\%)^2 \times 0.4 + (-10\% - 9\%)^2 \times 0.3$
$= 0.0159$

项目 B 的标准差 $\sigma = \sqrt{(20\% - 9\%)^2 \times 0.3 + (15\% - 9\%)^2 \times 0.4 + (-10\% - 9\%)^2 \times 0.3}$
$= 0.126$

以上计算结果表明，项目 B 的风险要高于项目 A 的风险。

3. 标准离差率

标准离差率是标准差同期望值之比，通常用符号 q 表示。其计算公式为：

$$q = \frac{\sigma}{E} \times 100\%$$

标准离差率是一个相对指标，它以相对数反映决策方案的风险程度。方差和标准差作为绝对数，只适用于期望值相同的决策方案风险程度的比较。对于期望值不同的决策方案，评价和比较其各自的风险程度只能借助于标准离差率这一相对数值。在期望值不同的情况下，标准离差率越大，风险越大；反之，标准离差率越小，风险越小。

【例 2-20】接上例，分别计算 A、B 两个项目的标准离差率。

项目 A 的标准离差率 $q = 0.049 \div 0.09 \times 100\% = 54.4\%$

项目 B 的标准离差率 $q = 0.126 \div 0.09 \times 100\% = 140\%$

以上计算结果表明，项目 B 的风险要高于项目 A 的风险。

> **做中学**
>
> 某会展企业准备投资开发新产品,现有三个方案可供选择。根据市场预测,三种不同市场情况的预计年报酬率如表2-4所示。
>
> 表2-4 三种不同市场情况的预计年报酬率
>
> | 市场状况 | A产品预计年报酬率 | B产品预计年报酬率 | C产品预计年报酬率 |
> | --- | --- | --- | --- |
> | 繁荣 | 30% | 40% | 50% |
> | 一般 | 15% | 15% | 15% |
> | 衰退 | 0 | −15% | −30% |
>
> 要求:
> (1)分别计算三个方案的期望投资报酬率。
> (2)分别计算三个方案的标准差。
> (3)分别计算三个方案的标准离差率。
> (4)评价各方案的风险大小。

三、风险与报酬的关系

标准离差率虽然能正确评价投资风险程度的大小,但是还无法将风险与报酬结合起来进行分析。假设面临的决策不是评价与比较两个投资项目的风险水平,而是要决定是否对某一投资项目进行投资,此时就需要计算出该项目的风险报酬率,这样才能比较不同风险水平下的投资项目的好坏。因此,还需要一个指标来将对风险的评价转化为报酬率指标,即将风险与报酬联系起来,这个指标就是风险报酬系数。风险报酬率、风险报酬系数和标准离差率之间的关系可用公式表示如下:

$$R_R = bq$$

式中,R_R—风险报酬率;b—风险报酬系数;q—标准离差率。

在不考虑通货膨胀的影响时,投资的总报酬率为:

$$R = R_F + R_R = R_F + bq$$

式中,R—投资总报酬率;R_F—无风险报酬率。

其中,无风险报酬率 R_F 在财务管理实务中一般指短期政府债券(如短期国债)的报酬率,风险报酬系数 b 是指风险投资报酬率与标准离差率的比率,反映单位风险所要求的平均报酬。风险报酬系数则可以由专门研究机构通过对历史资料的分析、统计回归、专家评议获得,或者由政府部门公布,其大小取决于全体投资者对待风险的态度。

【例2-21】接上例，假设无风险报酬率为10%，风险报酬系数为10%，计算两个项目的风险报酬率和投资总报酬率。

【解析】

项目A的风险报酬率 R_R=bq=10%×0.544=5.44%

项目A的投资总报酬率 R=R_F+bq=10%+10%×0.544=15.44%

项目B的风险报酬率 R_R=bq=10%×1.4=14%

项目B的投资总报酬率 R=R_F+bq=10%+10%×1.4=24%

从计算结果可以看出，项目B的投资总报酬率（24%），高于项目A投资总报酬率（15.44%）。实际上，A、B的投资总报酬率是承担风险的必要报酬率，由于B项目承担了较大的风险，其必要报酬率也较高。

前述A、B两个项目的期望报酬率均为9%且都分别低于各自的必要投资报酬率，因此，这两个项目都是不可行的。

对于单项投资决策而言，只有当项目预期投资报酬率大于其必要报酬率时，项目才可行。而如果是几个投资项目同时进行比较，首先要保证每个投资项目都是可行的（即它们的预期投资报酬率都要高于必要报酬率），然后通过风险与报酬关系的权衡，从可行的项目中选择更优者。在可行项目中选优时，需要根据具体情况进行分析，如果预期报酬率相同就选择其风险较小者；反之，如果风险相同，选择预期投资报酬率较高者；如果其中一个项目的预期报酬率高于另一个项目，且其风险小于另一个项目，应当选择预期报酬率较高，风险较小的项目；如果其中一个项目的预期报酬率和风险均高于另一个项目，那么就需视投资者的风险偏好作出决策了。

【例2-22】接上例，假如通过预测项目A、B的预期投资报酬率分别是以下情况，请问应该如何决策？

（1）项目A、B的预期投资报酬率均为30%；

（2）项目A的预期报酬率为16%，B的预期投资报酬率为30%。

【解析】

在多个投资项目选择时，要保证每个投资项目都是可行的（即预期投资报酬率高于必要报酬率），通过风险与报酬关系的权衡，从可行的项目中选择更优者。

情况（1）分析选择：

项目A预期投资报酬率30%＞投资必要报酬率15.44%，可行；

项目B预期投资报酬率30%＞投资必要报酬率24%，可行。

项目A、B均为可行项目，由于项目A的风险更小，因此应该选择项目A。

情况（2）分析选择：

项目 A 预期投资报酬率 16% > 必要报酬率 15.44%，可行；

项目 B 预期投资报酬率 30% > 必要报酬率 24%，可行。

项目 A、B 均为可行项目，由于项目 B 的预期报酬率和风险均比项目 A 大，如何选择应该根据投资者的个人的风险偏好做好决策，如果偏好风险的应该选择 B，反之选择项目 A。

🧑 任务解析

运用投资风险价值相关知识解析【任务引入】中的问题：

第一步，根据概率分布计算期望收入值。

$$E = P \times X + P \times X + P \times X_3$$
$$= 0.3 \times 180 + 0.5 \times 120 + 0.2 \times 80$$
$$= 130（万元）$$

第二步，计算标准离差。

$$\sigma = \sqrt{(180-130)^2 \times 0.3 + (120-130)^2 \times 0.5 + (80-130)^2 \times 0.2}$$
$$= 36.06（万元）$$

第三步，计算标准离差率。

$$q = \frac{36.06}{130} \times 100\% = 27.74\%$$

第四步，计算风险投资报酬率和总投资必要报酬率。（假定风险报酬系数为 50%，无风险报酬率为 8%）

$$R_R = 50\% \times 27.74\% = 13.87\%$$

$$R = 8\% + 13.87\% = 21.87\%$$

表明项目的预期报酬率必须大于 21.87% 方可投资。

第五步，计算预期总报酬率并作分析评价。

预期总报酬率 =（130-100）÷ 100 × 100% = 30%

预期总投资报酬率（30%）大于必要报酬率（21.87%），因此，该项目值得投资。

📐 复习与思考

1. 货币时间价值在会展财务管理中起到哪些作用？
2. 终值系数与现值系数有何不同？

3. 普通年金与先付年金在计算中应注意哪些问题？
4. 试比较普通年金、先付年金、递延年金、永续年金的不同。
5. 风险和报酬的关系是什么？如何确定风险报酬额？
6. 风险控制的方法有哪些？

职业能力测试

一、单项选择题

1. 下列关于资金时间价值的说法中，不正确的是（　　）。
   A. 资金时间价值就是市场利率
   B. 资金时间价值是企业资金利润率的最低限
   C. 资金时间价值是使用资金的最低成本率
   D. 资金时间价值是指一定量资金在不同时点上价值量的差额
2. 已知年金终值，反过来求每年收付的年金数额，这是年金终值的逆运算，称作（　　）计算。
   A. 年回收额　　B. 年偿债基金　　C. 年金现值　　D. 年金终值
3. 没有终值，只有现值的年金是（　　）。
   A. 普通年金　　B. 预付年金　　C. 递延年金　　D. 永续年金
4. 预付年金终值系数，可记作（　　）。
   A. [（F/A, i, n-1）+1]　　　　B. [（F/A, i, n+1）-1]
   C. [（F/A, i, n+1）+1]　　　　D. [（F/A, i, n-1）-1]
5. 在不考虑通货膨胀因素的影响时，投资的总报酬率为 $R=R_F+R_R=R_F+bq$，其中 b 称为（　　）。
   A. 标准离差率　　B. 无风险报酬率　C. 风险报酬率　　D. 风险报酬系数

二、多项选择题

1. 年金根据每次收付发生的时点不同，可分为（　　）。
   A. 普通年金　　B. 预付年金　　C. 递延年金　　D. 永续年金
2. 递延年金的现值 PA 可用三种方法来计算（　　）。
   A. $PA=A×(P/A,i,n)×(P/F,i,m)$　　B. $PA=A×[(P/A,i,m-n)-P/A,i,m)]$
   C. $PA=A×(F/A,i,n)×(P/F,i,m+n)$　　D. $PA=A×[(P/A,i,m+n)-(P/A,i,m)]$
3. 以下属于市场风险的有（　　）。
   A. 战争　　　　　　　　　　　　B. 自然灾害
   C. 产品开发失败　　　　　　　　D. 经济周期的变化

4. 非系统风险根据风险形成的原因不同，又可分为（　　）。
   A. 经营风险　　　B. 财务风险　　　C. 利率风险　　　D. 汇率风险
5. 风险程度量度指标包括（　　）。
   A. 期望值　　　B. 方差　　　C. 标准离差　　　D. 标准离差率

三、判断题

1. 资金时间价值就是资金随着时间的推移发生的增值，即使放在保险柜里的现金也会发生增值。（　　）
2. 复利是指不仅对本金要计息，而且对本金所产生的利息也要计息，即"利滚利"。（　　）
3. 当利息在一年内要复利几次时，给出的年利率称为实际利率，根据实际利率计算出的1年复利几次的年利率称为名义利率。（　　）
4. 风险是一种不确定性，因此，风险与不确定性两者没有本质的区别。（　　）
5. 作为衡量风险程度的指标，标准离差只适用于在期望值相同条件下风险程度的比较对于期望值不同的决策方案，则不适用。（　　）

四、实务操作题

1. 某会展企业以100万元投资建设场馆，假定该项目年平均报酬率为5%，10年后企业可收回的投资收益是多少？
2. 某会展企业将闲余资金10万元投放于基金，持有期为2年，该基金投资年利率为5%，每半年复利一次，问持有至到期时，可获得多少钱？
3. 某会展企业正在考虑一项智慧供应链平台。该设备的初始投资为500万元，预计使用寿命为5年，无残值。在平台使用期间，每年将产生等额的净现金流入。经过市场调研和分析，公司预计每年的净现金流入为150万元。假设公司的资金成本（折现率）为10%。请使用年金现值公式来评估这个投资项目是否值得进行。

参考答案

项目 3

会展预算管理

思维导图

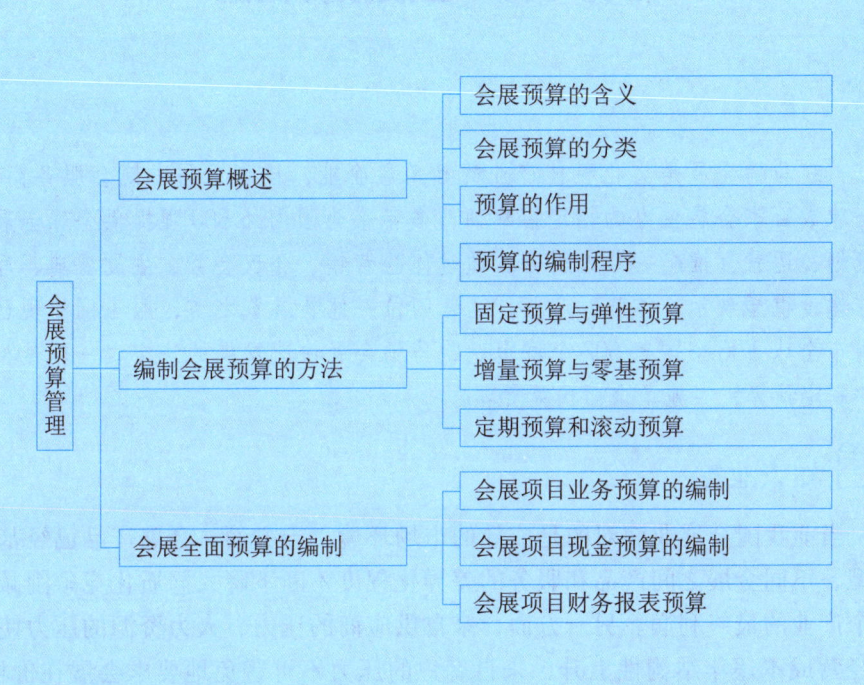

> 📎 **学习目标**
>
> 1. 了解编制预算的几种方法。
> 2. 熟悉会展预算编制的程序。
> 3. 能运用弹性预算法和增量预算法编制营业收入、成本费用预算。
> 4. 能正确编制现金预算。
> 5. 能正确编制利润表、资产负债表和现金流量表预算。

任务 3.1 会展预算概述

🧪 任务引入

欧马腾会展是文化科技产业的独角兽企业，连续六届进博会服务商，全球数百家会展主办的指定搭建商，多年来为国内外 500 强提供全球会展策划、运营、推广一站式服务。通过体验营销、会议会务、主题盛典、厅馆建设重塑展示、体验、产业，运营四位一体新展览之道，服务网络现已遍布全球 106 个国家 602 个城市。欧马腾会展快速发展的法宝之一就是科学制定预算，实施了全面预算管理。

📂 知识准备

当前我国会展业面对的是成熟的市场环境，一方面，会展产品已经基本定型，不同会展之间产品和服务的差异化程度不断下降，同质化竞争削减了整个产业的最终利润。另一方面，来自供应商的压力、人力资源的压力使会展经营成本逐年结构性上升；来自客户的压力不可避免地要求会展在价格、质量和服务内容上做出更多让步。大量的竞争对手和潜在进入者也合力挤压现有会展的市场空间。在此情况下，会展要想做大、做强，单靠扩大市场份额是不够的，必须对外寻求市场空间，发现潜在宾客群体，寻求新的利润增长点。

预算管理是科学合理地利用市场环境资源优化会展人、财、物配置、提高管理效率及经济效益的重要手段。

一、会展预算的含义

会展预算是以货币计量形式,预计会展在预算期内各个经营领域所要达到的利润目标,以及为实现这一目标如何运用会展资金、资源的一项综合性计划。通过预算的制定,可以明确工作目标、协调各部门之间的关系、控制各部门日常活动、考核各部门工作业绩。

二、会展预算的分类

(一)按预算反映的内容划分

根据内容不同,企业预算可以分为业务预算、专门决策预算和财务预算。

1. 业务预算

业务预算,即经营预算,是指与企业日常经营活动直接相关的经营业务的各种预算。它主要包括销售预算、人工预算、制造费用、销售费用预算和管理费用预算等。

2. 专门决策预算

专门决策预算是指企业不经常发生的、一次性的重要决策预算。专门决策预算反映相关决策的结果,是实际中选方案的进一步规划。如资本支出预算,其编制可以追溯到决策之前收集到的有关资料,只不过预算比决策估算更细致一些。例如,企业对一切固定资产购置都必须在事先做好可行性分析的基础上预算,具体反映投资额需要多少、何时进行投资、资金从何筹得、投资期限何时可以投产、未来每年的现金流量多少。

3. 财务预算

财务预算是指企业在计划期内反映有关预计现金收支、财务状况和经营成果的预算,主要包括现金预算和预计财务报表。财务预算作为全面预算体系的最后一环,它是价值方面总括地反映企业业务预算与专门决策预算的结果。也就是说,业务预算和专门决策预算中的资料都可以用货币金额反映在财务预算内,这样财务预算就成了各项业务预算和专门决策预算的整体计划,故亦称为总预算,预算则相应称为辅助预算或分预算。显然,财务预算在全面预算中占有举足轻重的地位。

(二)按预算编制的时间划分

1. 长期预算

长期预算为预算期在一年以上的预算,包括长期销售预算和资本支出预算,有时还包括长期资金筹措预算和研究与开发预算。

2．短期预算

短期预算为预算期在一年以内的预算,一般是指年度预算,或者时间更短的季度或月度预算。

3．预算体系

各种预算是一个有机联系的整体。一般将由业务预算、专门决策预算和财务预算的预算体系,称为全面预算体系(见图3.1)。

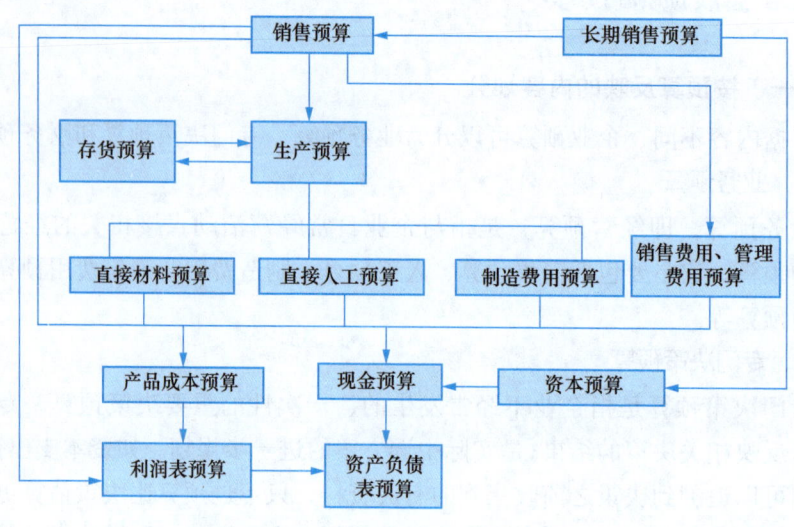

图3.1 全面预算体系

三、预算的作用

预算的作用主要表现在以下三个方面:

1．预算通过引导和控制经济活动,使企业经营达到预期标准

通过预算指标可以引导和控制实际活动过程,随时发现问题,采取必要措施,纠正不良偏差,避免经营活动漫无目的、随心所欲,通过有效的方式实现预期目标。因此,预算具有规划、控制、引导企业经济活动有序进行、以最经济有效的方式实现预定目标的功能。

2．预算可以实现企业内部各部门之间的协调

从系统论的观点来看,局部计划的最优化,对全局来说不一定是最合理的。为了使每个职能部门完成共同的战略目标,它们的经济活动必须密切配合、相互协调、统筹兼顾、全面安排,搞好综合平衡。各部门预算的综合平衡,能促使各部门管理人员清楚地了解本部门在全局中的地位和作用,尽可能地做

好部门之间的协调工作。各级各部门因其职责不同，往往会出现相互冲突的现象。各部门之间只有协调一致，才能最大限度地实现企业整体目标。例如，企业的销售、生产、财务等各部门可以分别编制出对自己来说最好的计划，但该计划在其他部门不一定行得通。全面预算经过综合平衡后可以提供解决各级各部门冲突的最佳办法，代表企业的最优方案，从而使各级各部门的工作在此基础上协调地进行。

3．预算可以作为业绩考核的标准

预算作为企业财务活动的行为标准，使各项活动的实际执行有章可循。预算标准可以作为各部门责任考核的依据。经过分解落实的预算规划目标能与部门、责任人的业绩考评结合起来，成为奖勤罚懒、评估优劣的准绳。

四、预算的编制程序

企业编制预算，一般应按照"上下结合、分级编制、逐级汇总"的程序，具体分为以下步骤：

1．下达目标

企业董事会或经理办公会将在企业发展战略和预算期经济形势初步预测的基础上提出下一年度企业预算目标，包括销售或营业目标、成本费用目标、利润目标和现金流量目标，并确定预算编制的政策，由预算委员会下达到各预算执行单位。

2．编制上报

财务预算执行单位按照企业预算委员会下达的预算目标和政策，结合自身特点以及预测的执行条件，提出详细的本单位预算方案，上报企业财务管理部门。

3．审查平衡

企业财务管理部门对各预算执行单位上报的财务预算方案进行审查、汇总，提出综合平衡的建议。在审查、平衡的过程中，预算委员会应当进行充分协调，对发现的问题提出初步调整的意见，并反馈给有关预算执行单位予以修正。

4．审议批准

企业财务管理部门在有关预算执行单位修正、调整的基础上，编制出企业预算方案，上报预算委员会讨论。对于不符合企业发展战略或者预算目标的事项，企业预算委员会应当责成有关预算执行单位进一步修订、调整。在讨论、调整的基础上，企业财务管理部门正式编制企业年度预算草案，提交董事会或总经理办公会审议批准。

5. 下达执行

企业财务管理部门对董事会或总经理办公会审议批准的年度总预算，一般在每年3月底前，分解成一系列的指标体系，由预算委员会逐级下达各预算执行单位执行。

 做中学

请分别列举出固定预算法与弹性预算法、增量预算法与零基预算法、定期预算法与滚动预算法的优缺点。

任务解析

全面预算管理是现代企业内部管理控制的重要方法之一，是在企业战略目标的指导下，对未来经营活动和相应的财务成果进行充分、全面地预测和筹划，包括全面预算的制定、执行、监控考核与激励等过程。通过全面预算管理，可以有效地整合企业资源，提高资源使用效率，降低经营成本和风险，提升企业市场竞争力。欧马腾会展的全面预算管理体系流程包括以下方面：

（1）明确预算目标：根据公司的战略规划和业务需求，确定具体的预算目标。该公司在展台设计搭建中做好项目排期，从时间、预算、环保、设计、安全五个方面入手有效管理预算。

（2）全面预算编制：涵盖所有相关的收入和支出项目，包括活动策划、场地租赁、设备采购、人员费用等。

（3）基于活动规模和需求进行详细规划：该公司让展台搭建公司能够根据预算，合理规划展台设计方案，以达到预期效果，例如对于会展的规模、参展商数量、观众预计人数等进行合理预估，以确定相应的资源需求和费用。

（4）成本控制：在各个环节寻找降低成本的机会，同时确保不影响活动质量。比如，展台搭建前做好规划，尽可能循环利用展台搭建材料，减少废弃物和垃圾。与供应商协商，争取有利的合同条款和价格，优化采购成本。提高效率，优化工作流程，避免资源浪费和重复工作。

（5）监控和分析：实时监控预算执行情况，对比实际支出与预算的差异，分析原因并及时采取调整措施。

（6）建立审批流程：对于预算的调整和额外支出设置严格的审批程序。

（7）培训和沟通：确保相关人员了解预算管理的重要性和具体要求，提高执行效果。

任务 3.2　编制会展预算的方法

任务引入

某会展企业准备举办一场大型展览活动，预计正常的展览面积范围为 5 000～8 000 平方米，场地租赁费用、基本设备租赁费用等固定成本总额为 100 000 元，展位搭建费用为每平方米 100 元，宣传推广费用为每平方米 50 元。假如你是该企业财务工作人员，如何根据上述资料编制相关费用的弹性预算表。

知识准备

会展预算的编制是一项专业技术要求很高的工作，必须采用专门的方法进行，会展可以根据预算项目内容的不同分别采用固定预算、弹性预算、增量预算、零基预算、定期预算、滚动预算等方法进行。

一、固定预算与弹性预算

编制预算方法按业务量基础的数量特征不同，可以分为固定预算和弹性预算。

（一）固定预算

固定预算，又称静态预算法，是按照某一固定的业务量来编制预算的一种方法。即假定在预算期内业务量是不变的。在市场竞争环境中，对于现实会展的经营来说，有些预算项目是随着业务量变化而发生改变的。如随着餐饮收入的增加、餐饮成本相应会增加；但是有些项目并不随业务量变化而变化，如固定资产折旧、办公费等。所以这种方法适用于业务量水平较为稳定的业务的成本费用预算的编制，如固定资产折旧或贷款利息预算编制。

（二）弹性预算

弹性预算，又称动态预算，是在成本习性分析的基础上，按预算期可能的一系列业务量水平编制预算的方法，能真实反映会展在某一特定营业规模上应当发生的费用开支或依据业务量、成本和利润之间的联动关系。弹性预算的特点是当会展预算年度销售量发生变化时，预算控制数可随着业务量变化做出调整，使之得到收入和利润。

弹性预算理论上适用于全面预算中与业务量有关的各种预算。实际应用中，主要用于半变动成本（费用）的预算和利润预算。

成本（费用）的弹性预算，均可按下列弹性预算公式进行计算：

成本（费用）的弹性预算 = 固定成本预算数 + ∑（单位变动成本预算数 × 预计业务量）

【例3-1】某会展企业准备举办一场大型展览活动，最大展览面积为30 000平方米。要求：按展览面积26 000平方米、28 000平方米、30 000平方米编制2023年12月该企业展览费用弹性预算。

【解析】按照弹性预算编制方法，具体编制结果如表3-1所示。

表3-1 展览费用弹性预算表

单位：元

费用项目	变动费用率（元/小时）	展位面积（平方米）		
		26 000	28 000	30 000
变动费用				
间接材料费	0.5	13 000	14 000	15 000
广告宣传费	1.5	39 000	42 000	45 000
维修费用	2.0	52 000	56 000	60 000
电 费	0.45	11 700	12 600	13 500
水 费	0.3	7 800	8 400	9 000
运输费	0.25	6 500	7 000	7 500
小 计	5.0	130 000	140 000	150 000
固定费用				
折旧费		30 000	30 000	30 000
小 计		30 000	30 000	30 000
合 计		160 000	170 000	180 000
平方米费用率		6.15	6.07	6

业务分析：从表3-1可知，当展览面积达到100%时，平方米费用率为最低6元，这说明当展位销售量没有问题时，企业能充分利用展览面积来降低成本，以达到增加利润的目的。假定该企业2023年12月的实际展览面积只达到28 000平方米，有了弹性预算，就可以据此与实际成本进行比较，衡量其业绩并分析其差异。

二、增量预算与零基预算

编制预算的方法按其编制的基础不同,分为增量预算和零基预算。

(一)增量预算

增量预算是指在基期水平上,分析预算期业务量水平及有关影响因素的变动情况,通过调整基期项目和数额,编制相关预算的一种方法。

增量预算方法的假定前提有:现有的业务活动是企业必需的;原有的各项业务都是合理的。由于增量成本费用预算是不加分析地保留或全部接受以往合理与不合理的因素,容易造成成本费用水平逐年上升,不利于企业未来长期发展。

(二)零基预算

零基预算是以零为基础编制预算的方法,在编制成本费用预算时,不考虑以往期间费用项目和费用数额,主要根据预算期的需要和可能分析费用项目和费用数额的合理性,综合平衡编制费用预算的一种方法。如会展员工岗前培训项目、场馆电器维修项目等,可根据实际需要进行估算。

零基预算的优点:不受前期费用项目和费用水平的制约,能够调动各部门降低费用的积极性。但是,需要结合会展可支配资金予以考虑,以合理安排预算项目的支出。

【例3-2】某会展企业期末,各部门提出的费用预算项目如表3-2所示。

表3-2 零基预算编制费用预算表

单位:万元

预算提出部门	项目	预算金额
公关销售部	广告费	10
人力资源部	培训费	5
行政办公室	房租费	10
工程部	大修理费	18
	合计	43

根据历史资料,对各项成本费用进行分析:房租费、大修理费为必须支付的项目,预算应优先安排;培训费和广告费,可根据资金可用量大小灵活安排。假定会展高层审定后的总金额为38万元,则预算分配为房租10万元,大修理费18万元,余下的10万元,按照广告费和培训费可能带来的收益进行分配,如表3-3所示。

表3-3 广告费和培训费预算金额分配表

单位：万元

项目	预算金额（审批前）	预计带来收益	预算金额（审批后）
广告费	10	40	8.42
培训费	5	7.5	1.58

三、定期预算和滚动预算

编制预算方法按其预算期的时间特征不同，可以分为定期预算和滚动预算。

（一）定期预算

定期预算是指在编制预算时以不变的会计期间（如日历年度、季度、月份）作为预算期的一种预算编制的方法。

定期预算的优点是能够使预算期间与会计年度相配合，便于考核和评价预算的执行结果；缺点是不利于前后各个期间的预算衔接，不能适应连续不断的业务活动过程的预算管理。

（二）滚动预算

滚动预算法又称连续预算法，是指在编制预算时，将预算期与会计期脱离开，随着预算的执行不断地补充预算，逐期向后滚动，使预算期始终保持为一个固定的长度（一般为12个月）的一种预算方法。滚动预算的基本做法是使预算期始终保持12个月，每过1个月或1个季度，立即在期末增列1个月或1个季度的预算，逐期往后滚动，因而在任何时期都使预算保持为12个月的时间长度。这种预算能使企业各级管理人员对未来始终保持整整12个月时间考虑和规划，从而保证企业的经营管理工作能够稳定而有序地进行。滚动预算示意图如图3.2所示。

滚动预算使预算期间依时间顺序先后滚动，能够保持预算的持续性，有利于结合企业近期目标和长期目标，考虑未来业务活动；使预算随时间的推进不断加以调整和修订，能使预算与实际情况更加适应，有利于充分发挥预算的指导和控制作用。滚动预算按滚动的时间单位不同可以分为逐月滚动、逐季滚动、混合滚动。

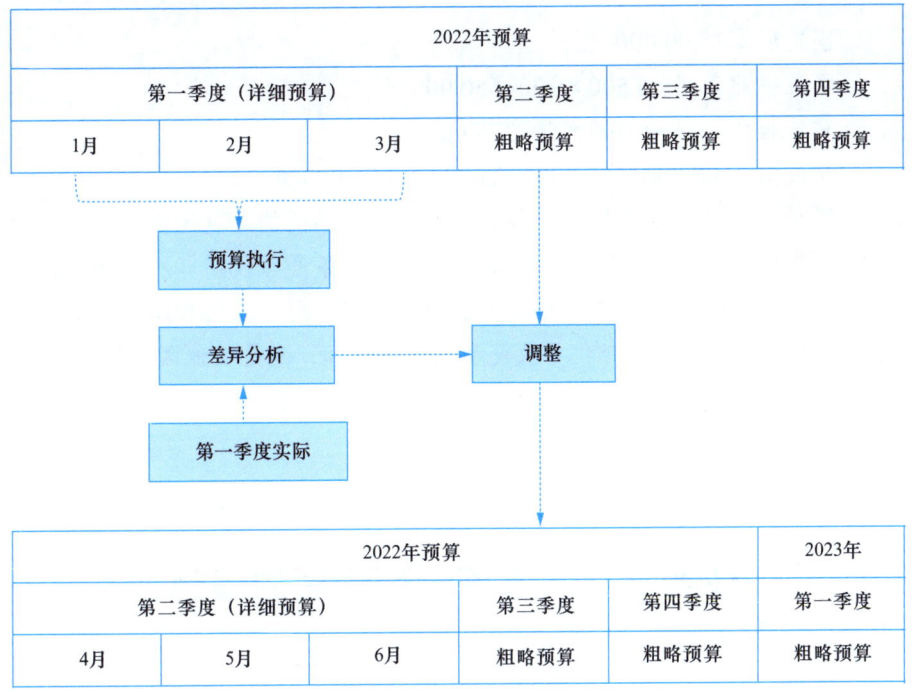

图 3.2 滚动预算示意图

上述几种预算编制方法各有优缺点，企业应结合自身的具体情况及不同业务活动特点，按照成本效益原则，在有利于提高预算管理效率的基础上，选择适宜的预算编制方法或多种方法的组合。

任务解析

根据任务引入中的数据，可以编制弹性预算表如表 3-4 所示：

表3-4 弹性预算表

单位：元

展览面积（平方米）	5 000	6 000	7 000	8 000
固定成本	100 000	100 000	100 000	100 000
展位搭建费用	500 000	600 000	700 000	800 000
宣传推广费用	250 000	300 000	350 000	400 000
总成本	850 000	1 000 000	1 150 000	1 300 000
平方米费用率	170	166.67	164.29	162.5

如果实际展览面积为 6 500 平方米，那么可以根据弹性预算表计算出对应的预算成本：

固定成本：100 000 元

展位搭建费用：6 500×100=650 000 元

宣传推广费用：6 500×50=325 000 元

总成本：100 000+650 000+325 000=1 075 000 元

通过弹性预算的编制，会展公司可以根据不同的展览规模预测相应的成本，更好地进行成本控制和决策。当实际业务量与预期有所差异时，能够快速调整预算，提高预算的准确性和实用性。同时，也有助于分析成本差异是由于展览面积的变化导致变动成本的增加，还是其他因素引起的。

任务 3.3　会展全面预算的编制

任务引入

某会展企业年初资产情况如下：

资产	年初数	负债和所有者权益	年初数
货币资金	100 000	负债：	
应收账款	50 000	应交税费	0
存货	30 000	所有者权益：	
固定资产	200 000	实收资本	330 000
减：累计折旧	50 000	未分配利润	0
资产总计	330 000	负债和所有者权益总计	330 000

假设 2024 年的相关业务数据如下：

（1）实现会展服务收入 500 000 元，均已收到现金。

（2）采购展览用品花费 100 000 元，全部用现金支付。

（3）支付员工工资 150 000 元，均用现金支付。

（4）支付办公场地租金 50 000 元，用现金支付。

（5）计提固定资产折旧 20 000 元。

（6）年末应收账款余额 80 000 元。

（7）缴纳所得税 50 000 元，用现金支付。

试编制该会展企业的三张财务报表预算。

知识准备

会展经营的目的是实现收入，同时要承担相应的成本费用支出，这些收入、成本费用（包括税金）、利润的预算编制，需要经过科学的计量和合理的预测才能使预算具有控制和考核的作用。会展预算编制的对象可以是会展项目和会展企业，而在会展企业实际经营过程中，主要体现为频繁的会展活动项目，下面我们将主要阐述会展项目全面预算的编制。

一、会展项目业务预算的编制

会展项目主要包括会议、展览和大型节事活动，编制预算方法基本相同，下面以会议项目为例来讲解会展业务全面预算的编制。

资料：佳信会展公司承办一个国际文化交流会，会议持续时间为 4 个月。根据市场调查和预测，预计参加该会议的人数月平均为 500 人。

收入预计为：国际组织在会议开始一次拨付专项费用 80 万元；参会者每人每月 1200 元会务费，当月收 60%，其余次月收；会议期间每个月收到赞助费 5 万元，广告费 2 万元；为参会者提供特约服务每月收手续费 1 万元。

支出预计为：每月支付会议场地租赁费 2 万元；每月管理费用 3 万元，包括广告宣传费 5 000 元，公共关系费 5 000 元，会议管理人员工资 15 000 元，会议营运费 5 000 元；每月支付演讲者出场费 1 万元；每人每月食宿费、交通费分别为 1 000 元和 100 元；特约服务每月发生人工费 3 000 元；其他费用 500 元；除管理人员工资和特约服务费需当月支付外，其他费用可当月支付 50%，次月支付 50%。

第一个月购入一台 250 000 元的专项设备和 400 000 元的有价证券，有价证券分别于第二、第三个余额收回 150 000 元，其余于第四个月收回，有价证券月息为 0.5%。税金及附加按每月收入的 5.5% 计算，一般当月税金次月缴纳，第一个月计算税金的收入不包括上级拨款部分。第四个月向银行借款 60 000 元，借款月利率为 0.8%。借款、购入和出售有价证券在期初，利息收入均在出售有价证券的当月。暂不考虑企业所得税。

资料来源：《会展项目财务预算的编制方法探讨》，云南财经大学学报，2007.第 22 卷，第 4 期

（一）收入预算编制

会议收入主要来源一般包括以下几个方面：由主办单位拨付的专用款项；

由参会者向会议主办者缴纳的参加会议的费用；由赞助商向会议主办方提供的赞助；在会议举办期间进行广告宣传获得的收入；在会议期间举办展览会，从参展商处获得的参展费收入；在会议期间为参会者提供其他服务所获得的收入。根据资料会议项目的收入预测情况，编制收入预算如表3-5所示。

表3-5　会议项目收入预算

单位：元

项目		第一月	第二月	第三月	第四月	合计
收入小计（1+2+3+4+5）		1 480 000	680 000	680 000	680 000	3 520 000
1. 会费收入		600 000	600 000	600 000	600 000	2 400 000
人均会费收入（元/人月）		1 000	1 000	1 000	1 000	4 000
参会人数		600	600	600	600	3 000
2. 拨款收入		800 000				800 000
3. 特约服务收入		10 000	10 000	10 000	10 000	40 000
4. 广告费收入		20 000	20 000	20 000	20 000	80 000
5. 赞助费收入		50 000	50 000	50 000	50 000	200 000
预计现金收入	第1月	1 240 000	240 000			1 480 000
	第2月		440 000	240 000		680 000
	第3月			440 000	240 000	680 000
	第4月				440 000	440 000
	现金收入合计	1 240 000	680 000	680 000	680 000	3 280 000

注：第四个月会费收入的40%计240 000元会议结束的下月收到。

（二）支出预算编制

支出一般分为固定费用和变动费用。固定费用主要包括管理费用、会议室费用、广告费用和演讲者出场费等；变动费用主要包括交通费用、食宿费用、赠品费用、资料费用等。根据会议项目支出预测情况，编制支出预算如表3-6所示。

表3-6　会议项目支出预算

单位：元

项目	第一月	第二月	第三月	第四月	合计
支出小计	613 500	613 500	613 500	613 500	2 454 000
1. 会议场地租赁费	20 000	20 000	20 000	20 000	80 000
2. 管理费用	30 000	30 000	30 000	30 000	120 000
其中：管理人员工资	15 000	15 000	15 000	15 000	60 000

续表

项目		第一月	第二月	第三月	第四月	合计
广告宣传费		5 000	5 000	5 000	5 000	20 000
公共关系费		5 000	5 000	5 000	5 000	20 000
会议营运费		5 000	5 000	5 000	5 000	20 000
3. 食宿费与交通费		550 000	550 000	550 000	550 000	2 200 000
其中：食宿费		500 000	500 000	500 000	500 000	2000 000
交通费		50 000	50 000	50 000	50 000	200 000
4. 演讲者出场费		10 000	10 000	10 000	10 000	40 000
5. 特约手续费		3 500	3 500	3 500	3 500	14 000
其中：人工费		3 000	3 000	3 000	3 000	12 000
其他费用		500	500	500	500	2 000
预计现金流出	第一月	316 000	297 500			613 500
	第二月		316 000	297 500		613500
	第三月			316 000	297 500	613 500
	第四月				316 000	316 000
	现金流出合计	316 000	613 500	613 500	613 500	2 156 500

二、会展项目现金预算的编制

现金预算是用来反映企业在计划期间预计的现金收支的详细情况而编制的预算。现金预算实际上是其他预算有关现金收支部分的汇总，以及收支差额平衡措施的具体计划。它的编制，要以其他各项预算为基础，或者说其他预算在编制时要为现金预算做好数据准备。现金预算主要包括现金收入、现金支出、现金余缺和资金的筹集与运用。

现金收入部分包括期初现金余额和预算期现金收入，具体包括现销、应收账款收回、票据贴现收入、出售长期性资产、收回投资等产生现金的业务，销售取得的现金收入是其主要来源，可供使用现金是期初余额与本期现金收入之和。

现金支出包括预算期预计的各项现金支出，如支付会议室租赁费、人工费、上缴的各种税金、购置设备费和支付利息等。

现金溢余或短缺是指全部现金收入与现金支出的差额。现金溢余或短缺是当前可使用现金合计数与预计现金支出合计数的差额。差额为正，说明现金多余，可用于偿还过去向银行取得的借款或者用于短期投资；差额为负，说明现金不足，要向银行取得新的借款。

资金的筹集和运用是根据预算期现金收支的差额和企业有关资金管理的各项政策，来确定筹集和运用资金的数额。如果资金不足，可向银行取得借款或通过其他方式筹集资金，并预计还本付息的期限和数额。如果现金多余，除了可用于偿还借款外，还可用于购买有价证券作为短期投资。

现金收入、现金支出、现金溢余或短缺、资金的筹集和运用这四个部分之间的基本关系如下：

$$可供使用现金 = 期初现金余额 + 现金收入$$

$$现金溢余或短缺 = 可供使用现金 - 现金支出$$

$$现金溢余或短缺 + 资金的筹集和运用 = 期末现金余额$$

现金预算以各项业务预算和专门决策预算为基础，确定现金收入，计划现金支出，编制现金预算表。因此，现金预算表的数据大多来源于其他各项预算。现金收支预算如表 3-7 所示。

表3-7 会议项目现金收支预算

单位：元

项目	第一月	第二月	第三月	第四月	合计
期初现金余额	0	274 000	345 100	415 450	1 034 550
现金收入预算	1 240 000	680 000	680 000	680 000	3 280 000
现金收入合计	1 240 000	954 000	1 025 100	1 095 450	4 314 550
现金支出预算	3 160 00	613 500	613 500	613 500	2 156 500
税金及附加	0	37 400	37 400	37 400	112 200
购置设备	250 000				250 000
现金支出合计	566 000	650 900	650 900	650 900	2 518 700
现金溢余或短缺	674 000	303 100	374 200	444 550	1 795 850
向银行借款				60 000	60 000
偿还银行借款					0
支付借款利息					0
购入有价证券	-400 000				-400 000
收回有价证券		150 000	150 000	100 000	400 000
收有价证券利息		2 000	1 250	500	3 750
现金筹集与运用合计	-400 000	152 000	151 250	160 500	63 750
期末现金余额	274 000	455 100	525 450	605 050	1 859 600

三、会展项目财务报表预算

财务报表预算包括利润表预算和资产负债表预算。因为已经编制了现金预算通常无须再编制现金流量表预算。

财务报表预算的作用与历史实际的财务报表不同。所有企业都要在年终编制历史实际的财务报表，其主要目的是向外部报表使用人提供财务信息。财务报表预算主要为企业财务管理服务，是控制企业资金、成本和利润总量的重要手段，因其可以从总体上反映一定期间企业经营的全局情况，通常称为企业的总预算。

（一）利润表预算的编制

利润表预算用来综合反映会展企业在计划期的预计经营成果，是企业最主要的财务预算表之一。它综合反映计划期内预计销售收入、销售成本和费用及预计可实现的利润或可能发生的亏损，可以揭示企业预期的盈利情况，有助于管理人员及时调整经营策略。编制预计利润表的依据是各业务预算、专门决策预算和现金预算。

利润表预算与实际利润表的内容、格式相同，只不过数据是面向预算期的。它是在汇总销售、成本、销售及管理费用、营业外收支、资本支出等预算的基础上加以编制的。通过编制利润表预算,可以了解企业预期的盈利水平。如果预算利润与最初编制方针中的目标利润有较大的不一致，就需要调整部门预算，设法达到目标，或者经同意后修改目标利润。根据前面已有资料和预算，该会议项目利润表预算如表3-8所示。

表3-8　会议项目利润表预算

单位：元

项目	第一月	第二月	第三月	第四月	合计
会展项目收入	1 480 000	680 000	680 000	680 000	3 520 000
减：会展项目支出	863 500	613 500	613 500	613 500	2 704 000
减：设备折旧		375	375	375	1 125
减：税金及附加	37 400	37 400	37 400	37 400	149 600
减：利息费用		−2 000	−1 250	40	−3 210
税前净收益	579 100	30 725	29 975	28 685	668 485

注：①设备月折旧率为1.5%，从设备购入次月计提；②第四月利息包括有价证券利息收入500元和计提的银行借款利息540元。

（二）资产负债表预算的编制

资产负债表预算用来反映企业在计划期末预计的财务状况。资产负债表预算与实际的资产负债表内容、格式相同，只不过数据是反映预算期期末的财务状况。该表是利用本期期初资产负债表，根据销售、支出等预算的有关数据加以调整编制的，反映企业预算期末财务状况的总括性预算。

资产负债表预算可以为企业管理当局提供会计期期末企业预期财务状况的信息，它有助于企业管理当局预测未来期间的经营状况。如果通过资产负债表预算的分析，发现某些财务比率不佳，可修改有关预算，以改善财务状况。

根据前面已编制的各种预算表的资料，会议项目资产负债表预算如表3-9所示。

表3-9　会议项目资产负债表预算

单位：元

资　产	第四个月月末	负　债	第四个月月末
货币资金	605 050	短期借款	60 000
交易性金融资产		应付账款	
应收账款		应缴税费	37 400
存货		应付利息	540
流动资产合计	605 050	流动负债合计	97 940
固定资产	250 000	长期借款	
减：累计折旧	1 125	负债合计	
固定资产净值		实收资本	
		资本公积	
		盈余公积	
		未分配利润	668 485
		所有者权益合计	
资产总计	853 925	负债及所有者权益总计	853 925

> **任务解析**
>
> 根据任务引入中给出的会展企业的相关资料，可以编制相关报表如下：

资产负债表预算

单位：元

资产	年初数	年末数	负债和所有者权益	年初数	年末数
货币资金	100 000	250 000	负债：		
应收账款	50 000	80 000	应交税费	0	0
存货	30 000	0	所有者权益：		
固定资产	200 000	200 000	实收资本	330 000	0
减：累计折旧	50 000	70 000	未分配利润	0	130 000
资产总计	330 000	460 000	负债和所有者权益总计	330 000	460 000

利润表预算

单位：元

项目	金额
营业收入	500 000
营业成本	100 000
管理费用（工资、租金）	200 000
折旧费用	20 000
利润总额	180 000
减：所得税费用	50 000
净利润	130 000

现金流量表预算（简化）

单位：元

项目	金额
经营活动现金流入	500 000
经营活动现金流出	350 000
经营活动现金流量净额	150 000
投资活动现金流量净额	0
筹资活动现金流量净额	0
现金及现金等价物净增加额	150 000
年初现金及现金等价物余额	100 000
年末现金及现金等价物余额	250 000

复习与思考

1. 简述会展预算编制的要求和程序。
2. 试分析现金预算与三张会计报表预算之间是什么关系。
3. 分析编制资产负债表预算的要求和程序。
4. 分析编制利润表预算的要求和程序。

职业能力测试

一、单项选择题

1. 会展企业预算是从编制（　　）开始的。
   A. 生产预算　　　　　　　　B. 销售预算
   C. 产品成本预算　　　　　　D. 现金预算
2. 在编制预算时，不适宜采用弹性预算方法的是（　　）。
   A. 利润预算　　　　　　　　B. 制造费用预算
   C. 销售及管理费用预算　　　D. 现金预算
3. 下列预算中，不属于日常业务预算的是（　　）。
   A. 生产成本预算　　　　　　B. 销售预算
   C. 现金预算　　　　　　　　D. 直接材料预算
4. 直接材料预算主要是根据（　　）编制的。
   A. 销售预算　　B. 生产预算　　C. 现金预算　　D. 产品成本预算
5. 编制生产预算时，关键是正确地确定（　　）。
   A. 销售价格　　B. 销售数量　　C. 期初存货量　　D. 期末存货量

二、多项选择题

1. 从实用角度看，弹性预算主要用于编制（　　）。
   A. 资本支出预算　　　　　　B. 成本预算
   C. 利润预算　　　　　　　　D. 销售及管理费用预算
2. 全面预算具体包括（　　）。
   A. 日常业务预算　　　　　　B. 财务预算
   C. 生产预算　　　　　　　　D. 资本支出预算
3. 下列各项中，属于财务预算的有（　　）。
   A. 现金预算　　　　　　　　B. 预计现金流量表

C. 预计资产负债表　　　　　　D. 预计损益表
4. 下列各项中，属于现金支出预算内容的有（　　）。
　　A. 直接材料　　　　　　　　　B. 直接人工
　　C. 购置固定资产　　　　　　　D. 制造费用
5. 编制现金预算的依据有（　　）。
　　A. 销售预算　　　　　　　　　B. 直接材料预算
　　C. 生产预算　　　　　　　　　D. 直接人工预算

三、判断题

1. 财务预算是指关于企业在未来一定期间财务状况和经营成果，以及现金收支等价值的各种预算总称。（　　）
2. 在编制零基预算时，应以企业现有的费用水平为基础。（　　）
3. 滚动预算的主要特点是预算期永远保持 12 个月。（　　）
4. 生产预算是日常业务预算中唯一仅以实物量作为计量单位的预算，不直接涉及现金。（　　）
5. 预计资产负债表是以本期期初实际资产负债表各项目的数字为基础，作必要的调整来编制的。（　　）

四、实务操作题

　　某会展企业准备举办一个国际会议，相关的收入和支出情况如下：
　　一、会展收入
　　1. 会务费或展位费收入：300 万元（100 万/天 ×3 天，展位按不同等级收费）
　　2. 门票收入：120 万元（假设每天有 4 万人参观，展会共举办 3 天）
　　3. 企业赞助收入：200 万元（各类产品经销商赞助）
　　当月收 50%，其余次月收。
　　二、会展支出
　　场地费用：60 万元（20 万/天 ×3 天）
　　行政管理费用：50 万元（活动人员工资等）
　　宣传推广费用：50 万元（包括信息发布、广告、产品介绍等）
　　电视广告：18 万元（广告创意、拍摄、制作费 5 万元，电视广告播放代理费 8 万元，移动电视广告 5 万元）
　　纸质广告：24 400 元（纸面广告制作 400 元，报纸广告刊登彩版 1 万元、黑白版 4 000 元，杂志广告刊登 2 万元）
　　其他宣传费用：295 600 元

招展、招商费用：50万元

相关活动经费：30万元（住宿安排，车辆调度，培训人员等费用）

展馆空调＋新风费：216 000元（1 500元/小时/层×3层×12小时×4天）

展馆照明动力用电费：15 000元（4天的预算）

展位特装费：28 000元（12元/平方米/展期×2000平方米的国际标准展位，加上押金）

标准展位搭建费：62 775元（45元/155个展位×9平方米×45）

展馆地毯及铺设费用：20 925元（15元/平方米，按实耗地毯面积计算）

展位搭建加班费：5 580元（按展览总面积计费，1元/平方米/小时×155×9×4，加班时间上限为4小时）

其中，宣传推广费用、电视广告、纸质广告、其他宣传费用、展位特装费这几项当月支付60%，其余次月支付，其余费用均需当月支付。

请根据上述资料依次编制收入预算、支出预算、现金预算、利润表预算、资产负债表预算和现金流量表预算。

参考答案

项目 4

会展筹资管理

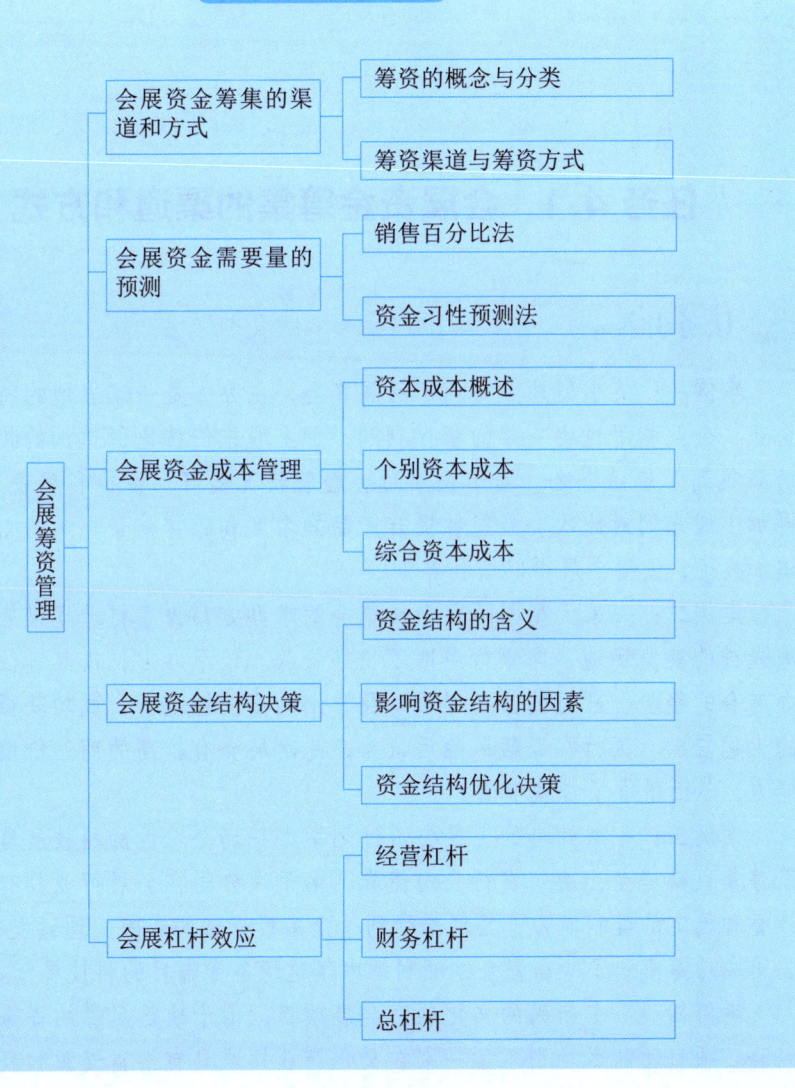

> **学习目标**
>
> 1. 了解筹资的概念、筹资的分类、筹资的渠道、筹资的方式。
> 2. 掌握销售百分比法、高低点法、线性回归分析法。
> 3. 理解资本成本的概念、计算模式、分类。
> 4. 掌握个别资本成本、综合资本成本的计算。
> 5. 理解资本结构的含义,了解影响资本结构的因素。
> 6. 掌握每股收益无差别点法、公司价值分析法。
> 7. 理解经营杠杆、财务杠杆、总杠杆的含义及与风险的关系。
> 8. 掌握经营杠杆系数、财务杠杆系数和总杠杆系数的计算。

任务 4.1　会展资金筹集的渠道和方式

任务引入

案例一:某小型地方特色产品展览会,主办方是一家当地的特产生产企业。企业利用过去一年的留存利润,加上股东们按比例追加的投资,成功筹集到了启动资金。由于企业过去经营状况良好,留存利润较为丰厚,再加上股东们对此次会展能够提升产品知名度和销售前景充满信心,纷纷追加投资,使得会展得以顺利筹备。

案例二:一家大型国际汽车展览会的承办方,为了打造规模宏大、设施先进的展览场地,向银行申请了长期贷款。该承办方凭借其过往成功举办展会的经验、良好的信用记录以及详细的商业计划书,成功获得了银行的大额贷款。银行在评估风险后认为,此次展会有较高的商业价值和还款能力,从而批准了贷款申请。

案例三:一家知名的会展公司计划举办一场全球性的科技展览会,为了筹集巨额资金,决定发行公司债券。由于该公司在会展行业具有较高的声誉和稳定的盈利能力,其债券受到了众多投资者的青睐。通过发行债券,公司成功筹集到了所需资金,顺利举办了这场备受瞩目的科技展览。

案例四:一个新兴的文化创意会展项目,由于缺乏足够的资金和行业经验。项目团队成功引入了一家在文化产业领域具有丰富资源和经验的战略投资者。战略投资者不仅提供了资金支持，还带来了专业的运营团队、丰富的人脉资源以及市场推广渠道，使得这个文化创意会展迅速在行业内崭露头角。

案例五：某地为了推动当地旅游业的发展，举办了一场大型的旅游文化展览会。由于该展会具有促进地方经济、宣传本地文化的重要意义，主办方成功申请到了政府的专项资助资金。政府的支持使得展会能够在场地租赁、宣传推广等方面获得充足的资金保障，从而取得了良好的效果。

讨论与思考：学习本节内容后，讨论思考上述五个案例分别对应什么筹资渠道和筹资方式。

 知识准备

一、筹资的概念与分类

（一）筹资的概念

筹资是指企业通过各种筹资渠道，采用一定的方式，筹集到生产经营所需资金的活动，筹资活动是企业整个财务活动的起点，企业只有筹集到一定的资金才能进行后续的生产、投资、利润分配等其他的活动。

（二）筹资的分类

筹资可以按不同的标准进行分类。

1. 按筹资渠道，分为权益筹资与债务筹资

（1）权益筹资是指企业通过从所有者那里筹集的资金，筹资方式有发行股票、吸收直接投资等。权益资金投资方一般不能随意取消投资，因此对于筹资企业来讲筹资风险较小，但筹资成本相对较高。

（2）债务筹资是指企业从债权人那里筹集的资金，筹资方式有借款、发行债券、融资租赁等。债务筹资有固定的还款期限、固定的还款本金金额，无论企业经营得如何，都要按期偿还债务的本金和利息，因此对于筹资企业来讲筹资风险较大，但筹资成本相对较低。

2. 按筹资是否借助银行等金融机构，分为直接筹资与间接筹资

（1）直接筹资是指企业不借助银行等金融机构，供求双方直接形成债权债务关系或所有权关系。

（2）间接筹资则是企业借助于银行或非银行金融机构来筹集资金。间接筹资主要形成债务资金。

3. 按资金的来源，分为内部筹资与外部筹资

（1）内部筹资是指企业利用自身拥有的资金开展筹资活动。内部筹资一般不需要支付筹资费用，筹资成本较低，也不会减少企业的现金流量。

（2）外部筹资指的是企业从外部所筹集的资金，如发行债券、发行股票、借款等。外部筹资需要企业为使用资金付出一定的代价，即外部筹资企业需要支付一定的筹资费用。

4. 按期限的长短，分为短期筹资与长期筹资

（1）短期筹资。短期筹资是指企业使用期限在一年以内的资金筹集活动，如短期借款、应付账款和应付票据等项目。

（2）长期筹资。长期筹资是指企业使用期限在一年以上的资金筹集活动，如全部所有者权益项目和长期借款、应付债券、长期应付款等。

二、筹资渠道与筹资方式

（一）筹资渠道

目前，企业的筹资渠道可以归纳为以下七种类型（图4.1）。

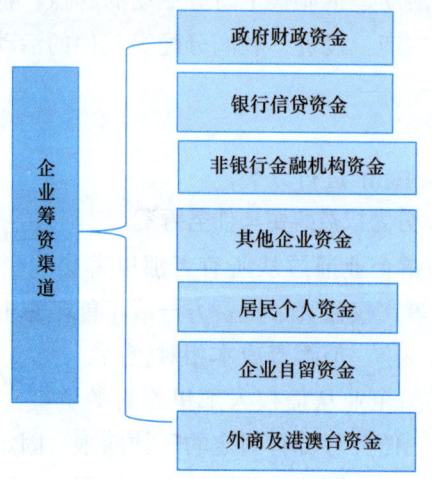

图4.1　企业七种筹资渠道

1. 政府财政资金

政府财政资金是指国有资金投入企业的资金，形成国家资本金，国家财政资金是国有企业的主要资金来源。

2. 银行信贷资金

银行对企业的各种贷款，是我国目前各类企业最为重要的资金来源。我

国银行分为商业银行和政策性银行两种。商业银行可以为各类企业提供商业性贷款；政策性银行主要为特定企业提供一定的政策性贷款。

3．非银行金融机构资金

非银行金融机构主要是指信托投资公司、保险公司、租赁公司、证券公司、企业集团所属的财务公司等。它们提供的各种金融服务，既包括聚集社会资本进行信贷资金投放，又包括物资的融通，还包括为企业承销证券等金融服务。

4．其他企业资金

企业在生产经营过程中，往往形成部分暂时闲置资金，并为一定的目的而进行相互投资。此外，企业间的购销业务可以通过商业信用方式来完成，从而形成企业间的债权债务关系，形成债务人对债权人的短期信用占用。企业间的相互投资和商业信用的存在，使其他企业资金也成为企业资金的重要来源。

5．居民个人资金

企业职工和居民个人的结余资金，作为"游离"于银行和非银行金融机构等之外的个人资金，可用于对企业进行投资，形成民间资金来源渠道，从而为企业所用。

6．企业自留资金

企业自留资金也称为企业内部资金，是指企业内部形成的资金，主要包括提取的盈余公积和未分配利润等。

7．外商及港澳台资金

外商及港澳台资金是指外国投资者以及我国香港、澳门、台湾地区的投资者投入企业的资金。

（二）筹资方式

筹资方式是指企业在筹集资金时选用的具体筹资形式。我国企业目前的筹资方式主要有：为筹集权益资金的吸收直接投资、发行股票、利用留存收益；为筹集债务资金的银行借款、商业信用、发行债券、融资租赁等。

（三）筹资渠道与筹资方式的对应关系

筹资渠道是指筹集资金来源的方向与通道，体现了资金的源泉和性质。筹资方式是指可供企业在筹措资金时选用的具体筹资形式。资金从哪里来和如何取得资金，两者既有区别又有联系。企业在筹资时，应实现两者的合理匹配。筹资方式与筹资渠道的对应关系如表4-1所示。

表4-1 筹资渠道与筹资方式

筹资渠道	筹资方式						
	吸收直接投资	发行股票	利用留存收益	商业信用	银行借款	发行债券	融资租赁
国家财政资金	√	√					
银行信贷资金					√		
非银行机构资金	√	√			√	√	√
其他企业资金	√	√		√			
居民个人资金	√	√					
企业自留资金	√		√				
港澳台及其他境外资金	√	√		√	√		√

任务解析

运用筹资渠道和筹资方式的相关知识对【任务引入】进行解析如下：

案例一，筹资渠道对应企业自留资金，筹资方式对应利用留存收益；案例二，筹资渠道对应银行信贷资金，筹资方式对应银行借款；案例三，筹资渠道对应非银行机构资金、个人资金等，筹资方式对应发行债券；案例四，筹资渠道对应其他企业资金，筹资方式对应吸收直接投资；案例五，筹资渠道对应国家财政资金，筹资方式对应吸收直接投资。

业界实践

会展企业融资方式多样化的业界案例：

案例一：励展博览集团

励展博览集团是全球知名的会展企业。在拓展业务时，除了依靠自身的留存利润和股东的追加投资外，还积极引入战略投资者。例如，与某大型传媒集团合作，获得了资金支持及更广泛的宣传渠道。同时，励展还通过发行债券来筹集资金，用于建设新的展览场馆和收购相关的会展项目，进一步巩固了其在行业中的领先地位。

案例二：法兰克福展览公司

法兰克福展览公司在筹备大型国际车展时，采用了多种融资方式。一方面，向银行申请了大额贷款，以其优质的资产和良好的信用作为担保。另一方面，与汽车制造商等相关企业建立合作伙伴关系，这些企业以资金投入的方式成为展会的赞助商，共同分担展会的成本和风险。此外，法兰克福展览公司还利用政府对促进汽车产业发展的相关补贴政策，成功申请到了部分资金支持。

案例三：慕尼黑博览集团

慕尼黑博览集团在举办一场全球性的电子消费品展览会时，首先通过内部资金调配，将部分闲置资金投入到展会的前期准备中。然后，与风险投资机构合作，引入风险投资资金，用于展会的创新项目和技术研发。同时，慕尼黑博览集团还与当地政府合作，获得了政府提供的场地优惠和税收减免等政策支持，降低了展会的运营成本。

案例四：上海东浩兰生集团

在举办重要的国际贸易展会时，上海东浩兰生集团除了依靠传统的银行贷款，还积极探索新的融资渠道。比如，通过旗下的上市公司平台增发股票，募集资金用于展会的升级和拓展。此外，集团还与互联网金融平台合作，开展众筹项目，吸引了众多个人投资者参与，为展会筹集了一定的资金。

任务 4.2　会展资金需要量的预测

任务引入

某会展企业过去几年的销售额和资金占用情况如下（表 4-2）：

表4-2　某会展企业的销售额与资金占用情况表

年份	销售额（万元）	资金占用（万元）
2020	900	450
2021	1 200	600
2022	1 400	700

预计下一年度销售额为 1 600 万元。

讨论与思考：思考如何采用高低点法计算下一年度的资金需要量。

知识准备

企业要筹集资金，首先需要测算出所需要筹集资金的数量，其次再选择筹资方式等。资金需要量的测算方法比较常用的有销售百分比法和资金习性预测法。

一、销售百分比法

销售百分比法，是将反映生产经营规模的销售因素与反映资金占用的资产因素联系起来，根据销售与资产之间的数量比例关系，预计企业的外部筹资需要量的一种方法。

（一）基本假设

销售百分比法是指根据资产负债表、利润表中与销售有关的项目与销售额的比例关系，来测算资金需要量的一种方法。这种方法有以下两个基本假定。

（1）某项目与销售额的比例保持基期的比例不变。
（2）未来销售额是可以预测的。

（二）计算方法

企业需要追加的预计外部筹资需求量的基本计算公式是：

预计外部筹资需求量 = 总资金需求量 − 内部留存
　　　　　　　　　= 增加的营运资金 + 投资需求的资金 − 内部留存
　　　　　　　　　= 增量敏感资产 − 增量敏感负债 + 投资需求的资金 − 内部留存
　　　　　　　　　= 新增销售额 ×（敏感性资产占销售额的百分比 − 敏感性负债占销售额的百分比）+ 投资需求的资金 − 预计销售额 × 销售净利率 × 留存收益率

【例 4-1】某会展企业 2022 年资产负债表有关流动资产和流动负债的简表如表 4-3 所示，该企业 2022 年销售额预计为 35 894 948 881.25 元，销售净利率为 14.95%，利润留存率 70%，2023 年预计销售增长率为 17.65%。公司 2023 年有生产能力为 550 万吨的生产线需要投资，投资额为 10 400 000 000 元。计算该会展企业的外部筹资需求量。

说明：增量敏感资产需根据新增销售额与敏感资产占销售额的百分比计算确定，增量敏感负债需根据新增销售额与敏感负债占销售额的百分比计算确定，主要基于避免出现尾差的角度考虑。

表4-3 资产负债表部分项目简表

流动资产		流动负债	
货币资金	−641 667 861.33	短期借款	242 224 694.91
应收票据	262 493 874.40	应付票据	156 083 141.94
应收账款	6 328 290 113.58	应付账款	2 222 965 119.68
应收款项融资	0.00	预收款项	232 371 848.83
预付款项	40 995 690.34	合同负债	464 953 540.41
其他应收款	1 298 050 311.69	应付职工薪酬	201 027 723.63
存货	1 568 863 481.10	应交税费	1 234 570 522.43
合同资产	62 571 861.38	其他应付款	391 079 290.24
其他流动资产	0.00	其他流动负债	0.00
流动资产合计	8 919 597 471.16	流动负债合计	5 145 275 882.07

【解析】

（1）敏感资产占销售收入百分比＝（−641 667 861.33＋262 493 874.40＋
6 328 290 113.58＋40 995 690.34＋
1 298 050 311.69＋1 568 863 481.10）/
35 894 948 881.25＝16.68%

敏感负债占销售收入百分比＝（242 224 694.91＋156 083 141.94＋
2 222 965 119.68＋464 953 540.41＋
201 027 723.63＋1 234 570 522.43＋
391 079 290.24）/35 894 948 881.25＝6.41%

2024年需增加的营运资金＝35 894 948 881.25×17.65%×（16.68%−6.41%）
＝650 651 585.64（元）

（2）内部留存＝35 894 948 881.25×（1＋17.65%）×14.95%×70%
＝4 419 412 130（元）

外部筹资需求量＝资金需求量−内部留存＋生产线需要投资的金额
＝650 651 585.64−4 419 412 130.1＋10 400 000 000
＝6 631 239 455.54（元）

> **做中学**
>
> 某会展企业2022年预计营业收入为5 000万元，预计销售净利润率为15%，股利支付率为50%，据此测算该企业2022年内部资金来源的金额。

> **想一想**
>
> 销售百分比法预测资金需要量主要依据资产负债表中的敏感项目，请问资产负债表中哪些项目属于敏感项目？

二、资金习性预测法

资金习性预测法是一种根据资金习性（即资金变动与产销量变动之间的依存关系）来预测未来资金需要量的方法。在这种方法中，资金被分为三类：不变资金、变动资金和半变动资金。

不变资金是指在一定的产销量范围内，不受产销量变动的影响、保持固定不变的资金。变动资金是指随产销量的变动而同比例变动的资金。半变动资金是指虽然受产销量变化的影响，但不同比例变动的资金。

将资金按资金习性进行划分后，可通过掌握资金同产销量之间的变动规律进行资金需要量预测，其主要有以下两种方法。

（一）线性回归分析法

在财务管理中，最常用的回归模型是线性回归模型，即：

$$y=a+bx$$

式中，y 表示资金需要量；x 表示产销量；a 表示固定资金；b 表示单位产销量所对应的变动资金。实务中，通常用历史资料来确定 a、b 的金额，进而根据预测销售量 x 确定资金需要量 y。

【例4-2】某会展企业2019—2023年销售量与资金需要量的关系如表4-4所示。经过分析预测，预计2024年的销售量为8万台，分析计算该企业2024年的资金需要量。

表4-4　2019—2023年销售量与资金需要量

年度	销售量x（万台）	资金需要量y（万元）
2019	5.5	475
2020	5	450
2021	6	500
2022	6.5	520
2023	7	550

【解析】由表4-4的数据加工可得到表4-5。

表4-5 由表4-4中的数据加工得到的数据

年度	销售量x（万台）	资金需要量y（万元）	xy	x^2
2019	5.5	475	2 612.5	30.25
2020	5	450	2 250	25
2021	6	500	3 000	36
2022	6.5	520	3 380	42.25
2023	7	550	3 850	49
n=5	∑x=30	∑y=2 495	∑xy=15 092.5	∑x^2=182.5

由线性方程 y=a+bx 得到如下方程组：

$$\begin{cases} \sum y = na + b\sum x \\ \sum xy = a\sum x + b\sum x^2 \end{cases}$$

将表4-4的数据代入上述方程组，得出：

$$\begin{cases} 2\ 495 = 5a + 30b \\ 15\ 092.5 = 30a + 182.5b \end{cases}$$

解得：a=205，b=49

因此，线性方程为 y=205+49x

将2024年预计的销售量8万台代入上述线性方程，得出资金需要量为 205+49×8=597（万元）。

做中学

某会展企业过去几年的广告投入（万元）和对应的销售额（万元）如表4-6所示：

表4-6 某会展企业广告投入与销售额表

广告投入（万元）	销售额（万元）
12	55
18	75
23	93
26	112
32	135

利用线性回归分析法，能了解广告投入对销售额的影响，预测未来广告投入是45万元时的销售额。

（二）高低点法

高低点法是指根据企业一定期间资金占用的历史资料，用销售额最高点和销售额最低点对应的资金占用量之差,除以最高点和最低点销售额之差来确定截距 b,再代入原直线方程,求出斜率 a,进而估计推测资金发展趋势。

【例 4-3】沿用【例 4-2】的资料,采用高低点法确定该公司 2024 年的资金需要量。

【解析】最高的销售量为 7 万台,对应的资金需要量为 550 万台,即高点为 2023 年的数据(7,550);最低的销售量为 5 万台,对应的资金需要量为 450 万台,即低点的数据为 2020 年的数据(5,450)。

将上述两组数据代入线性方程 y=a+bx,则

$$\begin{cases} 550=a+7b \\ 450=a+5b \end{cases}$$

求得:a=200,b=50

则线性方程为:y=200+50x

将 2024 年预计销售量 8 万台代入上述线性方程求得资金需要量 =200+50×8=600(万元)

想一想

想一想销售百分比法、线性回归分析法、高低点法应用的要点分别是什么?

任务解析

运用高低点法的相关知识对【任务引入】进行解析如下:

根据题目表格可知:最高点为:2022 年:(1 400,700),最低点为:2020 年:(900,450)。

则单位变动资金为:(700-450)/(1 400-900)=0.5

固定资金为:700-1 400×0.5=0

则下一年的资金需要量为:1 600×0.5+0=800(万元)

任务 4.3　会展资金成本管理

任务引入

假设某会展企业为了扩大业务规模,需要筹集一笔资金。公司目前有

以下几种筹资方式可供选择：

1. 向银行申请长期贷款，贷款金额为500万元，年利率为8%，贷款期限为5年。银行要求的手续费为贷款总额的2%。

2. 发行公司债券，债券面值为600万元，票面年利率为10%，期限为5年。债券的发行费用为债券面值的3%。

3. 增发普通股，预计发行价格为每股20元，共发行10万股。公司最近一期发放的每股股利为1元，预计未来股利将以每年5%的增长率增长。普通股的发行费用为筹资总额的5%。

公司的所得税税率为25%。假设公司的目标资本结构中，长期贷款、债券和普通股的比例分别为30%、30%和40%。

讨论与思考：试计算每种筹资方式的资本成本，并选择最优的筹资方案。最后根据公司的目标资本结构计算加权平均资本成本。

 知识准备

一、资本成本概述

（一）资本成本的概念

从筹资者的角度看，企业进行外部资金筹集，在市场经济条件下，使用资金提供者的资金不可能无偿使用的，必须支付一定的筹资费用作为使用资金的代价，企业需要付出的资金使用代价即企业筹集资金的资本成本。

（二）影响资本成本的因素

决定资本成本高低的因素主要有市场经济环境、证券市场条件、内部经营和筹资状况、筹资规模等。

（1）市场经济环境会影响资本的供求关系和预期通货膨胀水平，从而反映在无风险报酬率上。如果货币需求增加而供给没有相应增加，投资人会提高投资收益率，导致企业资本成本上升；反之则会下降。

（2）证券市场条件影响证券投资的风险，包括证券的市场流动性和价格波动性。如果某种证券的市场流动性不好或价格波动性较大，投资者要求的收益率也会提高。

（3）内部的经营状况反映企业经营风险的大小，内部筹资状况反映企业财务风险的大小，经营风险和财务风险高的企业，投资者要求的收益率也高。

（4）筹资规模也会影响企业资本成本的高低，如果企业筹资规模较大，债权人会担心企业的偿债能力,投资者也会担心企业的盈利能力,因此资本成本会较高。

(三)资本成本计算模式

1. 一般模式

资本成本既可以用相对数表示也可以用绝对数表示,但在财务管理中一般用相对数表示,即用资金使用成本与有效筹资额(筹资数额扣除筹资费用后的差额)的比率。其计算公式如下:

$$K = \frac{D}{P-F} = \frac{D}{P \times (1-f)}$$

式中,K 表示资本成本率(%);D 表示资金使用成本;P 表示筹资额;F 表示筹资费用;f 表示筹资费用率。

下列各项中,属于筹资费用的是(　　)。
A. 股票发行支付的审计费　　　B. 债券的利息费用
C. 股票发行支付的律师费　　　D. 债券的发行费用

2. 折现模式

对于时间较长、筹资金额较大的长期资本,就需要考虑资金的时间价值,因此更准确的计算模式是折现模式。因为从整个筹资项目来看,现在的现金流入量必等于未来现金流出总量的折现金额,因此目前筹资净额等于未来还本付息的折现金额(或未来股权现金流量的折现金额)的折现率即为资本成本率。计算公式如下:

筹资净额-未来清偿资金的现金净流量的现值=0 的折现率,即资本成本率。

(四)资本成本的种类

1. 个别资本成本

个别资本成本是指某单个筹资方式的成本,如股票资本成本、债券资本成本、长期借款资本成本等。在对各筹资方式进行比较时,需用个别资本成本。

2. 综合资本成本

综合资本成本一般是指加权平均资本成本,即以各种不同筹资方式的资本成本为基数考虑各自的比重计算的加权平均数。企业在进行资本结构决策时,常利用综合资本成本进行判断。

二、个别资本成本

个别资本成本从筹资来源不同可分为债务资本成本与权益资本成本两大类，由于税收等因素的影响，这两类资本成本的计算是有差别的，因此分开进行学习。

（一）债务资本成本

债务资本成本主要有长期借款成本和债券成本。

1. 长期借款成本

长期借款成本是指借款利息和筹资费用。在计算利润时，由于财务费用是在计算营业利润时扣除的，即在税前扣除的，因此借款成本可以起到抵税效果，因此长期借款资本成本率的计算公式如下：

$$K_b = \frac{I \times (1-T)}{B \times (1-f)} \times 100\%$$

式中，K_b 表示长期借款资本成本率；I 表示长期借款年利息；T 表示企业所得税税率；B 表示长期借款筹资总额；f 表示筹资费用率。

考虑资金时间价值时，采用折现模式计算长期借款资本成本的计算公式如下：

$$B \times (1-f) = \sum_{t=1}^{n} \frac{I \times (1-T)}{(1+k)^t} + \frac{B}{B \times (1+K)^n} \times 100\%$$

【例4-4】某会展企业从银行借款 300 万元，年利率 6%，借款期限 6 年，利息于每年末支付，到期一次还本付息。企业所得税税率为 25%，假定筹资费用率为 0.6%，试计算该会展企业此项借款的资本成本率。

【解析】

$$K_b = \frac{300 \times 60\% \times (1-25\%)}{300 \times (1-60\%)^n} \times 100\% = 4.53\%$$

如果使用折现模型，则计算公式为：
$300 \times (1-0.6\%) = 300 \times 6\% \times (1-25\%)(P/A, K, 6) + 300 \times (P/F, K, 6)$
解得：$K=6\%$

做中学

某会展企业向银行借款 300 万元，年利率为 6%，筹资费率为 0.5%，该公司适用的所得税率为 25%，试计算该笔借款的资本成本率。

2. 债券成本

债券成本包括债券利息和筹资费用。债券利息在会计上也是计入财务费

用在企业所得税前扣除的，因此也有抵税效果。债券成本与长期借款成本的区别：一是债券除了可以平价发行，还可以溢价或者折价发行，发行价格不一定等于债券面值；二是债券筹资费用较高，不能忽略不计。债券资本成本率的计算公式如下：

$$K_f = \frac{I \times (1-T)}{F \times (1-f)} \times 100\%$$

式中，K_f 表示债券资本成本率；I 表示债券年利息；T 表示所得税税率；F 表示债券筹资额；即发行价；f 表示债券筹资费用率。

考虑资金时间价值，采用折现模式时的计算公式如下：

$$F \times (1-f) = \sum_{t=1}^{n} \frac{I_t \times (1-T)}{(1+K_f)^t} + \frac{F}{(1+K_f)^n} \times 100\%$$

【例4-5】某会展企业拟按面值1 000万元平价发行债券，债券票面利率12%，发行费用率5%。债券期限10年，利息每年末支付，企业所得税税率25%。计算该债券资本成本率。

【解析】

$$K_f = \frac{I \times (1-T)}{F \times (1-f)} \times 100\% = \frac{1\,000 \times 12\% \times (1-25\%)}{1\,000 \times (1-5\%)} \times 100\% = 9.47\%$$

如果该债券按1 100万元溢价发行，则其资本成本率为：

$$K_f = \frac{1\,000 \times 12\% \times (1-25\%)}{1\,100 \times (1-5\%)} \times 100\% = 8.61\%$$

如果该债券按950万元折价发行，则其资本成本率为：

$$K_f = \frac{1\,000 \times 12\% \times (1-25\%)}{950 \times (1-5\%)} \times 100\% = 9.97\%$$

上述计算结果可知，与平价发行相比，溢价发行债券资本成本降低，折价发行债券资本成本升高。

做中学

某会展企业拟发行债券，债券面值100元，票面利率为6%，发行期限5年，每年末付息，到期一次还本，若债券的发行价格为102元，债券发行的发行费率为0.6%，该公司适用的所得税税率为25%，试采用一般模式计算该债券的资本成本率。

（二）权益资本成本

权益资本成本是指企业投资者投入企业的资金企业所要付出的代价。会计上企业是按净利润的比例向投资者分配股利的,因此权益资本的使用费是税后支付的,不存在抵税效果。权益资本主要包括普通股成本、优先股成本等。

1. 优先股成本

优先股既要支付筹资费用,又要定期支付股利,筹资费用税前支付,股利税后支付。优先股资本成本率的计算公式为:

$$K_1 = \frac{D}{L_0 \times (1-f)} \times 100\%$$

式中,K_1 表示优先股资本成本率;D 表示优先股每年的股利;L_0 表示发行优先股总额;f 表示优先股筹资费用率。

【例 4-6】某会展企业拟按面值 1 000 万元发行优先股,发行费用率 6%,股息率 11%,计算该优先股的资本成本率。

【解析】$K_1 = (1\,000 \times 11\%) / [1\,000 \times (1-6\%)] \times 100\% = 11.7\%$

企业破产时,债权人对资产清偿的顺序优于优先股股东,优先股股东承担的风险高于债权人承担的风险,因此优先股的股利率一般高于负债的利息率。另外,优先股股息税后支付,不能起到抵税的效果,负债的利息可以起到抵税的效果,因此优先股的成本略高。

2. 普通股成本

普通股无固定到期日,每年支付的股利不固定,股利与被投资企业当年的经营状况有关,股利是按净利润的一定比例分配的,即税后支付的,因此没有抵税效果。

普通股资本成本的计算有以下两种模型:

(1)股利增长模型。该模型假定股利以固定的年增长率递增,该模型下普通股资本成本率的计算公式如下:

$$K_s = \frac{D_1}{P_0 \times (1-f)} \times 100\% + g$$

式中,K_s 表示普通股资本成本率;D_1 表示下一期的股利;P_0 表示当前普通股市价;f 表示普通股筹资费用率;g 表示固定的股利年增长率。

【例 4-7】某会展企业普通股总价格为 6 000 万元,筹资费用率为 4%,预计下一期将发放股利 450 万元,以后每年股利增长 5%。计算会展企业该普通股的资本成本率。

【解析】$K_s = \frac{450}{6\,000 \times (1-4\%)} \times 100\% + 5\% = 12.81\%$

(2)资本资产定价模型。该模型是研究充分组合情况下风险与要求的收益率之间均衡关系的模型。其计算公式为：

$$K_s = R_f + \beta(R_m - R_f)$$

式中，K_s 为普通股资本成本率，R_f 为无风险利率（一般以国债利率代替），β 为某企业股票收益相对于市场上所有股票收益的变动幅度，R_m 为市场平均收益率。

【例4-8】某会展企业普通股的 β 值为1.5，无风险利率为5%，市场股票的平均收益率为10%。试计算该会展企业普通股的资本成本率。

【解析】$K_s = 5\% + 1.5 \times (10\% - 5\%) = 12.5\%$

三、综合资本成本

由于受多种因素的制约，企业不可能只使用某种单一的筹资方式，往往需要通过多种方式筹集所需资金。为进行筹资决策，企业要计算确定全部长期资本的总成本——综合资本成本，即加权平均资本成本。综合资本成本一般以各种资本占全部资本的比重为权数，是对个别资本成本进行加权平均后确定的。综合资本成本率的计算公式为：

$$K_w = \sum_{j=1}^{n} K_j W_j$$

式中，K_w 为综合资本成本率；K_j 为第 j 种个别资本成本率；W_j 为第 j 种个别资本占全部资本的比重（权数）。

【例4-9】某会展企业有长期借款100万元，应付债券200万元，优先股200万元，普通股400万元，留存收益100万元，其资本成本率分别为8%、9%、11%、16%、15.5%。计算该会展企业的综合资本成本率。

【解析】

$K_w = 8\% \times 100/1\,000 + 9\% \times 200/1\,000 + 11\% \times 200/1\,000 + 16\% \times 400/1\,000 + 15.5\% \times 100/1\,000 = 12.75\%$

任务解析

运用所学资本成本的知识对【任务引入】的解析如下：

1. 长期贷款的资本成本

考虑手续费的影响，实际到手的贷款金额为贷款总额减去手续费，即490万元。

长期贷款的资本成本 = 税后年利息 / 实际贷款金额 = $500 \times 8\% \times (1-25\%) / 490 \approx 6.12\%$。

2．债券的资本成本

债券的发行价格为 600×（1-3%）=582（万元）。

债券的资本成本=年税后利息/发行价格=600×10%×（1-25%）/582≈7.73%。

3．普通股的资本成本

根据股利增长模型，普通股资本成本= $\dfrac{\text{下一期的股利}}{\text{当前发行价格}\times(1-\text{筹资费率})}$ +

股利增长率 = $\dfrac{1\times(1+5\%)}{20\times(1-5\%)}$ +5%≈10.53%。

通过比较不同筹资方式的资本成本，公司可以根据自身的情况和决策标准来选择最优的筹资方案。在这个例子中，仅从资本成本的角度来看，长期贷款的资本成本最低，但还需要综合考虑其他因素，如公司的财务状况、还款能力、对股权结构的影响等，以做出最合适的筹资决策。

根据公司的目标资本结构，加权平均资本成本=长期贷款的资本成本×长期贷款占比+债券的资本成本×债券占比+普通股的资本成本×普通股占比=6.12%×30%+7.73%×30%+10.53%×40%≈8.37%。

任务 4.4 会展资金结构决策

任务引入

某会展企业是一家处于快速发展阶段的企业，目前正面临着重大的投资机会，需要筹集大量资金来扩大企业规模和提升专业水平。公司的财务团队正在考虑不同的资本结构方案，以实现公司价值最大化和股东权益最大化的目标。

现有财务状况：公司当前的资产总额为 6 000 万元，负债总额为 2 500 万元，所有者权益为 3 500 万元。公司的债务资本成本为 7%，权益资本成本为 13%。

可选方案如下：

方案一：通过发行债券筹集 1 000 万元资金，债券利率为 8%。

方案二：增发普通股 1 000 万元，预计发行价格为每股 20 元。

方案三：采用债务和股权混合的方式，即发行债券 500 万元（利率 7%），增发普通股 500 万元。

讨论与思考：

1．计算每个方案实施后的资产负债率，并分析其对公司偿债能力的影响。

2．计算每个方案下的加权平均资本成本，评估其对公司整体融资成本的影响。

3．考虑公司的行业特点、市场竞争状况、经营风险等因素，综合分析每个方案对公司价值和股东权益的潜在影响。

4．根据以上分析，为公司的管理层提供资本结构决策建议，并说明理由。

 **知识准备**

一、资金结构的含义

资金结构是企业长期资金筹集来源的构成和比例关系，对企业的财务稳定性和盈利能力产生重大影响。在资本结构管理中，企业需要平衡债务和权益的结构，以最大限度地提高企业的价值和降低财务风险。由于短期资金的需要量和筹集是经常变化的，且在整个资金总量中所占比重不稳定，因此不列入资本结构管理的范围，而作为营运资本管理。

二、影响资金结构的因素

影响资金结构的因素包括：

（1）企业财务状况。企业获利能力、财务状况、变现能力、抗风险能力等因素影响举债筹资的吸引力。

（2）企业资产结构。固定资产比重、流动资产比重、资产适用性等因素会决定企业选择长期负债、股票发行或流动负债筹集资金。

（3）企业产品销售情况。销售稳定性影响企业获利能力和财务风险。

（4）投资者和管理人员的态度。企业股权结构、所有者控制、财务管理人员偏好等因素影响资本结构的选择。

（5）贷款人和信用评级机构的影响。债权人和信用评级机构的态度影响企业的筹资能力和信用等级。

（6）行业因素。不同行业的特点影响企业资本结构的选择。

（7）所得税税率的高低。所得税税率的高低影响企业利用负债获得减税利益的程度。

（8）利率水平的变动趋势。财务管理人员对利率变动的预期影响企业选择长期债券等筹资方式。

三、资金结构优化决策

最佳资金结构是指在一定条件下使企业加权平均资金成本最低，企业价值最大的资本结构，确定最佳资金结构的方法主要有资本成本比较法、每股收益无差别点法、公司价值分析法。

（一）资金成本比较法

资金成本比较法的基本思路：决策前先拟定若干备选方案，分别计算各方案的加权平均资金成本，选择加权平均资金成本最低的资本结构即为最佳资本结构。

【例4-10】某会展企业目前的资金结构如表4-7所示，普通股每股市价100元，期望股息为12元，预计股息每年增加4%，该企业的所得税税率25%。该企业因进行股权投资计划增资10 000万元，可选择以下两种方案：

甲方案：发行债券10 000万元，年利率为10%，普通股股息预计将增加到13元，以后每年还可增加5%，但由于风险增加，普通股市价将跌到每股80元。

乙方案：发行债券5 000万元，年利率为10%，发行普通股5 000万元，普通股股息预计将增加到13元，以后每年还可增加4%，由于企业信誉提高，普通股市价将上升到每股130元。

要求：通过计算甲、乙两个方案的加权平均资金成本，选择最优的方案。

表4-7　目前资金结构

资金来源	金额（万元）
长期债券，年利率8%	20 000
优先股，年股息率6%	5 000
普通股（5 000 000股）	50 000
合计	75 000

【解析】

目前资金结构下的加权平均资金成本＝8%×（1-25%）×20 000/75 000+6%×5 000/75 000+（12/100+4%）×50 000/75 000=12.67%

按甲方案增资后的加权平均资金成本＝8%×（1-25%）×20 000/85 000+10%×（1-25%）×10 000/85 000+6%×5 000/85 000+（13/80+5%）×50 000/85 000=15.15%

按乙方案增资后的加权平均资金成本＝8%×（1-25%）×20 000/85 000+10%×（1-25%）×5 000/85 000+6%×5 000/85 000+（13/130+4%）×55 000/85 000=11.26%

通过上述计算结果可知，乙方案筹资的加权平均资金成本较低，因此最优筹资方案为乙方案。

资金成本比较法的优点是计算简便、通俗易懂；缺点是仅限于几种备选方案的比较，可能会遗漏最优方案。

做中学

某会展企业拟增资2 000万元，现有三种不同的方案可供选择，有关资料如表4-8所示：

表4-8　企业不同的增资方案表

资金来源	A方案		B方案		C方案	
	资金额	资金成本（%）	资金额	资金成本（%）	资金额	资金成本（%）
长期债券	600	8	800	7	1 000	8
优先股	1 000	11	700	10	400	10
普通股	400	13	500	14	600	14
合计	2 000		2 000		2 000	

要求：根据上表中的资料，分别计算各方案的加权平均资金成本，确定最佳资本结构。

（二）每股收益无差别点法

每股收益无差别点法是指让不同资本结构下的每股收益相等，从而计算出每股收益相等时的息税前利润。这种方法确定的最佳资本结构即每股收益最大的资本结构。

每股收益的计算公式如下：

$$EPS = \frac{EBIT-I \times 1-T-D}{N}$$

在每股收益无差别点上，无论采用负债融资还是采用权益融资，每股收益都是相等的。即在每股收益无差别点 $EPS_1=EPS_2$ 时，息税前利润是相等的。

每股收益无差别点的计算公式如下：

$$\frac{EBIT-I_1 \times 1-T-D_1}{N_1} = \frac{EBIT-I_2 \times 1-T-D_2}{N_2}$$

式中：
EBIT——每股收益无差别点，即息税前利润平衡点。
I_1、I_2——两种筹资方式下的年利息。
D_1、D_2——两种筹资方式下的年优先股股利。
N_1、N_2——两种筹资方式下的普通股股数。

每股收益无差别点计算出来后，可与预期的息税前利润进行比较：当息税前利润大于每股收益无差别点时，运用负债筹资较为有利，可获得较高的每股收益；当息税前利润小于每股收益无差别点时，运用权益筹资较为有利，可获得较高的每股收益。

【例4-11】某会展企业现有资本600万元，其中债务资本200万元（每年负担利息20万元），普通股资本400万元（发行普通股10万股，每股40元）。由于扩大业务，需追加筹资200万元。其筹资方式有两种：方案一是全部发行普通股，增发4万股，每股面值50元；方案二是全部筹借长期债务，债务利率13%，利息26万元。公司的所得税税率为25%。请问该公司应选择哪个筹资方案？

将相关资料代入每股收益无差别点计算公式：
（EBIT-20）×（1-25%）/（10+4）=（EBIT-20-26）×（1-25%）/10
解得：
$$EBIT=111（万元）$$
此时，每股收益为：
$$EPS=(111-20) \times (1-25\%) \div 14 = 4.875（元）$$

即当 EBIT 为111万元时，增发股票和增加债务的每股收益相等，都为4.875元。

当预期息税前利润大于111万元时，运用负债筹资较为有利，应选择方案二；当预期息税前利润小于111万元时，运用权益筹资较为有利，应选择方案一。

（三）公司价值分析法

公司价值分析法也称比较公司价值法，是通过计算和比较各种资金结构下公司的市场总价值来确定最佳资本结构的方法。公司价值分析法主要用于对现有资本结构的调整，适用于资本规模较大的上市公司资本结构的优化分析。

公司价值分析法克服了每股收益法与平均资本成本比较法决策资本结构的缺点，既考虑了市场反应，也考虑了风险因素。

计算步骤：

（1）公司市场总价值 V 等于股票市场总价值 S 加上债券市场价值 B，即 V=B+S。

（2）假定债券市场价值等于面值，股票的市场价值可用下式计算：

$$S = (EBIT-I) \times (1-T)/K_s$$

其中权益资本成本 K_s 可以用资本资产定价模型计算：

$$K_s = R_f + \beta(R_m - R_f)$$

（3）公司资本成本即加权平均资本成本：

$$K_w = K_b \times B/V + K_s \times S/V$$

计算加权平均资本成本的权数应用市场价值权数。

（4）企业价值最大且加权平均资本成本最低的资本结构即为最优资本结构。

【例4-12】某会展企业是一家上市公司，当年息税前利润700万元，预计未来年度保持不变。为简化计算，假定净利润全部分配，债务资本的市场价值等于其账面价值，确定债务资本成本时不考虑筹资费用。证券市场平均收益率为10%，无风险收益率为3%，企业所得税税率为25%。

有两种债务水平，

方案一：债务账面价值600万元，税前利率4%，β系数1.2；

方案二：债务账面价值800万元，税率利率6%，β系数1.4。

计算两种债务水平的资本结构，判断哪种方案的资本结构更优。

【解析】

方案一：

债务资金成本 = 4%

权益资金成本 = 3%+1.2×（10%-3%）= 11.4%

债务市场价值 = 600（万元）

股票的市场价值 =（700-600×4%）×（1-25%）/11.4% = 4 447.37（万元）

加权平均资本成本 = 600/（600+4 447.37）×4%×（1-25%）+4 447.37/（600+4 447.37）×11.4% = 10.4%

方案二：

债务资金成本 =6%

权益资金成本 =3%+1.4×（10%-3%）=12.8%

债务市场价值 =800（万元）

股票的市场价值 =（700-800×6%）×（1-25%）/12.8%=3 820.31（万元）

加权平均资本成本 =800/（800+3 820.31）×6%×（1-25%）+3 820.31/（800+3 820.31）×12.8%=11.36%

由以上计算结果可知，方案一即债务市场价值为 600 万元时，加权平均资本成本较低，此时公司价值较大，因此方案一的资本结构更优。

任务解析

1．计算每个方案实施后的资产负债率，并分析其对企业偿债能力的影响。

筹资前该会展企业的资产负债率 = 2 500/6 000 = 41.67%

方案一：

资产总额 = 6 000+1 000 = 7 000（万元）

负债总额 = 2 500+1 000 = 3 500（万元）

资产负债率 = 3 500/7 000×100% = 50%

资产负债率有所上升，偿债能力相对下降。较高的负债意味着公司在债务到期时面临更大的还款压力，可能会影响公司资金的流动性。

方案二：

资产总额 = 6 000+1 000=7 000（万元）

负债总额 = 2 500（万元）

资产负债率 = 2 500/7 000×100%≈35.71%

资产负债率下降，偿债能力相对增强。较低的负债水平表明公司的财务风险相对较小，在应对经济环境变化和偿还债务方面更具灵活性。

方案三：

资产总额 = 6 000+1 000 = 7 000（万元）

负债总额 = 2 500+500 = 3 000（万元）

资产负债率 = 3 000/7 000×100%≈42.86%

资产负债率适中，偿债能力处于中间水平。既不过度依赖债务，也未完全依赖股权融资，在一定程度上平衡了偿债压力和资金成本。

2．计算加权平均资本成本，并评估其对企业融资成本的影响

方案一：

债务资本 = 2 500+1 000 = 3 500（万元）

权益资本 = 3 500（万元）

加权平均资本成本 = 2 500/7 000×7%×（1-25%）+1 000/7 000×8%×（1-25%）+3 500/7 000×13%=9.23%

方案二：

债务资本 = 2 500（万元）

权益资本 = 3 500+1 000 = 4 500（万元）

加权平均资本成本 = 2 500/7 000×7%×（1-25%）+4 500/7 000×13%≈10.23%

方案三：

债务资本 = 2 500+500=3 000（万元）

权益资本 = 3 500+500=4 000（万元）

加权平均资本成本 = 3 000/7 000×7%×（1-25%）+4 000/7 000×13%≈9.68%

方案一的加权平均资本成本较低，融资成本相对较低。方案二的加权平均资本成本较高，融资成本相对较高。方案三的加权平均资本成本处于中间水平。

3．综合分析对公司价值和股东权益的潜在影响

对于方案一，如果公司能够有效利用新增债务资金，扩大业务规模并提高盈利能力，且利息支付在可控范围内，那么可能会增加公司价值和股东权益。然而，如果市场环境不利或经营不善，较高的债务可能导致财务困境，损害股东权益。

方案二通过增发普通股筹集资金，不会增加公司的财务风险，但可能会稀释原有股东的控制权和每股收益。如果新增资金不能带来足够的回报，可能对公司价值和股东权益的提升作用有限。

方案三采用债务和股权混合的方式，在一定程度上平衡了风险和回报。既能利用债务的杠杆作用，又能避免过度依赖债务导致的财务风险，对公司价值和股东权益的影响相对较为稳健。

4．资金结构决策建议及理由

考虑到该公司处于快速发展阶段，且会展行业通常需要一定的资金投入来提升竞争力和扩大市场份额。

如果公司对投资项目的收益有较高的确定性和把握，且能够有效管理债务风险，方案一可能是一个较好的选择。因为较低的加权平均资本成本有助于提高公司的价值和股东权益。

如果公司对投资项目的收益存在较大不确定性，或者市场竞争激烈，风险较高，方案三可能更为合适。既能满足资金需求，又能平衡风险。

方案二由于会稀释股东权益且融资成本相对较高，如果没有特殊的战略需求（如引入战略投资者等），一般不太推荐作为首选方案。

综上所述，建议公司根据自身的经营状况、市场前景和风险承受能力，在方案一和方案三中进行权衡和选择。

任务 4.5　会展杠杆效应

任务引入

假设某会展企业准备举办一场大型展会。固定成本（如场地租赁、设备租赁等）为 20 万元，单位变动成本（如宣传费用、人力成本等）为每个参会者 500 元，预计展会门票售价为每人 1 000 元。假设该会展企业没有有息负债也没有优先股。

讨论与思考： 在不考虑其他因素的情况下，假设预计参会人数为 800 人，计算该会展企业的经营杠杆系数、财务杠杆系数和总杠杆系数。

知识准备

自然界中的杠杆效应揭示了通过合适支点使用杠杆能以小力移动重物的原理。同样，财务管理中也存在类似的杠杆效应。这主要体现在特定费用（如固定的生产经营成本和财务费用）对财务变量的影响上，即当某一财务变量发生较小变动时，另一相关变量会产生较大幅度的变化。了解这些杠杆效应的原理，对企业规避财务风险、提高财务管理效率具有重要意义。具体而言，财务管理中的杠杆效应主要包括经营杠杆、财务杠杆和总杠杆三种形式。

一、经营杠杆

（一）经营杠杆的含义

经营杠杆是指由于固定性经营成本的存在，而使得企业的息税前利润变动率大于产销量变动率的现象。在一定的经营规模条件下,当其他条件不变时,固定成本总额是一个固定不变的数值,当产销量增加时,单位产品分摊的固定成本会随之下降;当产销量下降时,单位产品分摊的固定成本会随之上升。这一切都会导致息税前利润以更大幅度随业务量的变动而变动,这就是经营杠杆效应。

(二)经营杠杆系数

经营杠杆系数是指息税前利润变动率与产销量变动率的比值。其计算公式为:

$$经营杠杆系数 = 息税前利润变动率 / 销售量变动率$$

即 $DOL = (\Delta EBIT/EBIT) / (\Delta S/S)$

$= [\Delta Q(P-V)] / [Q(P-V)-F] / (\Delta QP/QP)$

$= [Q(P-V)] / [Q(P-V)-F]$

或 $= (S-C) / (S-C-F)$

式中,Q 为产品销售数量;P 为产品销售单价;V 为单位产品的变动经营成本;C 为变动经营成本总额;F 为固定经营成本总额;S 为营业收入。

【例4-13】某会展企业的固定成本为40万元,变动成本率60%,当企业的销售额分别为500万元、300万元、200万元和100万元时,试计算不同销售额下的经营杠杆系数。

$DOL_1 = (500-500 \times 60\%) / (500-500 \times 60\%-40) = 1.25$

$DOL_2 = (300-300 \times 60\%) / (300-300 \times 60\%-40) = 1.29$

$DOL_3 = (200-200 \times 60\%) / (200-200 \times 60\%-40) = 2$

$DOL_4 = (100-100 \times 40\%) / (100-100 \times 60\%-40) = \infty$

该计算结果表明,在固定成本不变的情况下,销售额越大,经营杠杆系数越小;反之,销售额越小,经营杠杆系数越大。当销售额等于固定成本加变动成本时,经营杠杆系数趋于无穷大。

做中学

> 某企业固定成本140万元,息税前利润280万元,则该企业的经营杠杆系数为(　　)。
> A. 1.6　　　　B. 2　　　　C. 1.8　　　　D. 2.1

(三)经营杠杆与经营风险的关系

经营杠杆本身并不是资产收益不确定的根源。但是,经营杠杆放大了市场需求和价格等不确定因素对利润变动的影响。一般情况下，在其他因素不变的情况下，固定成本越高，经营杠杆系数越高，利润波动幅度越大，企业经营风险也就越大。

甲公司与乙公司经营风险的比较，如表4-9所示。

表4-9　甲公司与乙公司经营风险的比较

公司	经营杠杆系数（DOL）	产销量变动率（△Q/Q）	息税前利润变动率△EBIT/EBIT	经营风险
甲公司	2	±10%	±20%	低
乙公司	4	±10%	±40%	高

从表4-9可以看出：甲公司经营杠杆系数小于乙公司经营杠杆系数，当产销量变动率相同时，甲公司息税前利润变动率小于乙公司息税前利润变动率，从而甲公司经营风险低于乙公司经营风险。所以，经营杠杆系数越高，利润变动越剧烈，公司的经营风险就越大。

根据经营杠杆系数的计算公式可知，影响经营杠杆系数的因素包括息税前利润、销售量、销售价格、成本水平等因素。具体影响的方向如表4-10所示：

表4-10　经营杠杆系数因素的影响方向

系数	息税前利润	销售单价	销售量	单位变动成本	固定经营成本
经营杠杆系数	反向	反向	反向	同向	同向

二、财务杠杆

（一）财务杠杆的含义

财务杠杆是指由于固定性资本成本的存在，而使得企业的每股收益的变动率大于息税前利润变动率的现象。财务杠杆反映了股权资金报酬的波动性，用以评价企业的财务风险。

在其他条件不变时，企业支付的债务利息、优先股股利等资本成本是相对固定的，当息税前利润增长时，每一元息税前利润所负担的固定性资本成本就会相应减少；当息税前利润减少时，每一元息税前利润所负担的固定性资本成本就会相应增加。这一切都会导致普通股每股收益更大幅度的变动，这就是财务杠杆效应。只要企业融资方式中存在固定性资本成本，就存在财务杠杆效应。

（二）财务杠杆系数

财务杠杆系数是测算财务杠杆效应常用的指标，它等于每股收益变动率与息税前利润变动率的比。其计算公式为：

$$财务杠杆系数 = \frac{每股收益变动率}{息税前利润变动率}$$

或 $DFL = \dfrac{\Delta EPS/EPS}{\Delta EBIT/EBIT} = \dfrac{EBIT}{EBIT-I-D/(1-T)}$

式中，EPS 为每股收益；ΔEPS 为每股收益变动额；EBIT 为息税前利润；ΔEBIT 为息税前利润变动额；I 为债务年利息额；D 为优先股股利；T 为所得税税率。

【例 4-14】某会展企业的资本来源为：债券 100 000 元，年利率 10%，优先股 4 000 股，每股面值 100 元，按照优先股面值计算的年股利率 7%；普通股 100 000 股，每股收益 0.35 元，所得税税率 25%。当息税前利润为 120 000 元时，计算该会展企业的财务杠杆系数。

该企业的财务杠杆系数计算如下：

I = 100 000 × 10% = 10 000（元）

D = 4 000 × 100 × 7% = 28 000（元）

$DFL = \dfrac{EBIT}{EBIT-I-D/(1-T)} = \dfrac{120\ 000}{120\ 000-10\ 000-28\ 000/(1-25\%)} = 1.65$

上述计算结果表明，该企业在息税前利润为 120 000 元的基础上，EBIT 每增加 1 倍，EPS 增加 1.65 倍。

做中学

下列各项中，不影响财务杠杆系数的有（　　）。

A．息税前利润　　　　　B．普通股股利

C．借款利息　　　　　　D．优先股股息

（三）财务杠杆与财务风险的关系

由于财务杠杆的作用，当企业的息税前利润下降时，普通股剩余收益下降得更快。财务杠杆放大了资产收益的变化对普通股收益的影响，财务杠杆系数越高，表明普通股收益的波动幅度越大，财务风险越大。

根据上述财务杠杆系数的计算公式可知，影响企业财务杠杆系数的因素主要有息税前利润、债务资本比重、债务利息、优先股股利、所得税税率等。

这些因素对财务杠杆的影响方向如表4-11所示。

表4-11 企业财务杠杆系数因素的影响方向

系数	息税前利润	债务资本比重	所得税税率	固定资本成本（利息、股息）
财务杠杆系数	反向	同向	同向	同向

三、总杠杆

（一）总杠杆的含义

总杠杆是指由于固定性经营成本和固定性资本成本的存在，导致普通股每股收益变动率大于产销量变动率的现象。总杠杆反映经营杠杆和财务杠杆共同作用的结果，可用以评价企业的整体风险水平。

（二）总杠杆系数

总杠杆系数是测算经营杠杆和财务杠杆综合程度常用的指标，它等于经营杠杆系数和财务杠杆系数的乘积，是普通股每股收益变动率相对于产销量变动率的倍数，其计算公式为：

$$总杠杆系数 = 经营杠杆系数 \times 财务杠杆系数 = \frac{普通股每股收益变动率}{产销量变动率}$$

或 $DCL = DOL \times DFL = \dfrac{\Delta EPS/EPS}{\Delta Q/Q}$

上式经过整理，总杠杆系数也可用简化式处理：

$$总杠杆系数 = \frac{基期边际贡献}{基期息税前利润总额}$$

（三）总杠杆系数和公司风险的关系

公司风险包括企业的经营风险和财务风险。总杠杆系数反映了经营杠杆和财务杠杆之间的关系，可用于评价企业的整体风险水平，总杠杆系数一定的情况下，经营杠杆系数与财务杠杆系数此消彼长。

总杠杆效应的意义在于：第一，能够说明产销量变动对普通股收益的影响，据此测算未来每股的收益水平；第二，揭示了财务管理的风险管理策略，即保持一定的风险状况水平，则需维持一定的总杠杆系数，因此经营杠杆和财务杠杆可以有不同的组合。

> **任务解析**
>
> 首先，计算经营杠杆系数（DOL）：
>
> 经营杠杆系数（DOL）=（息税前利润＋固定成本）÷息税前利润=（1 000×800-200 000-500×800+200 000）÷（1 000×800-200 000-500×800）=2
>
> 因该企业没有有息负债和优先股，则该企业财务杠杆系数（DFL）为1。
>
> 最后，总杠杆系数（DTL）=经营杠杆系数 × 财务杠杆系数 = 2×1=2
>
> 这意味着，参会人数的一定比例变动会引起息税前利润更大比例的变动。例如，参会人数增加20%，息税前利润将增加2×20%=40%。总杠杆系数综合反映了经营杠杆和财务杠杆对企业利润的影响。

复习与思考

1. 企业有哪些筹资渠道？
2. 分析不同筹资方式的优缺点。
3. 如何确定销售收入百分比法下的敏感资产和敏感负债？
4. 如何衡量经营杠杆、财务杠杆、总杠杆？
5. 什么是资本结构？如何确定最佳资本结构？

职业能力测试

一、单项选择题

1. 某会展企业2023年预计营业收入为1 000万元，预计营业净利率为20%，股利支付率为60%，据此可以测算出该公司20×9年留存收益金额为（　　）万元。
   A. 60　　　　B. 80　　　　C. 90　　　　D. 120

2. 某公司20×1—20×3年度销售收入和资金占用的历史数据（单位：万元）分别为（800, 18），（1 020, 23），（1 000, 22），（1 100, 21），运用高低点法分离资金占用中的不变资金与变动资金时，应采用的两组数据是（　　）。
   A.（1 020, 23）和（1 000, 22）　　B.（1 020, 23）和（1 100, 21）
   C.（800, 18）和（1 000, 22）　　　D.（800, 18）和（1 100, 21）

3. 下列各种筹资方式中，企业无须支付资金占用费的是（　　）。

A. 发行债券　　　　　　　　B. 发行优先股
C. 发行短期票据　　　　　　D. 发行认股权证

4. 某企业发行了期限5年的长期债券筹资，发行价格9 800万元，面值10 000万元，年利率为6%，每年年末付息一次，到期一次还本，债券发行费率为2%，企业所得税税率为25%，该债券的资本成本率为（　　）。
   A. 4.69%　　　B. 5.2%　　　C. 4.78%　　　D. 5.12%

5. 某公司准备增发普通股，每股发行价为10元，发行费用1元，预计下年分派现金股利每股1.2元，以后每年股利增长5%，则该普通股筹资资本成本率为（　　）。
   A. 19%　　　B. 18.33%　　　C. 16%　　　D. 17.5%

6. 在不考虑筹资限制的前提下，下列筹资方式中个别资本成本最高的是（　　）。
   A. 发行普通股　　　　　　B. 留存收益筹资
   C. 长期借款筹资　　　　　D. 发行公司债券

7. 能够反映期望的资本结构，适用于未来的筹资决策，计算平均资本成本最适宜采用的价值权数是（　　）。
   A. 账面价值权数　　　　　B. 目标价值权数
   C. 市场价值权数　　　　　D. 历史价值权数

8. 一般而言，在其他因素不变的情况下，固定成本越高，则（　　）。
   A. 经营杠杆系数越小，经营风险越大
   B. 经营杠杆系数越大，经营风险越小
   C. 经营杠杆系数越小，经营风险越大
   D. 经营杠杆系数越大，经营风险越大

9. 下列筹资方式中，能给企业带来财务杠杆效应的是（　　）。
   A. 发行普通股　　B. 认股权证　　C. 融资租赁　　D. 留存收益

10. 某公司基期息税前利润100万元，基期利息费用为40万元，假设与财务杠杆相关的其他因素保持不变，则该公司计划期的财务杠杆系数为（　　）。
    A. 2.5　　　B. 1.67　　　C. 1.25　　　D. 1.88

二、多项选择题

1. 下列各项中，影响财务杠杆系数的有（　　）。
   A. 息税前利润　　B. 普通股股利　　C. 优先股　　D. 借款利息

2. 根据现有资本结构理论，下列各项中，属于影响资本结构决策因素的有（　　）。
   A. 企业资产结构　　　　　B. 企业财务状况

  C. 企业产品销售状况　　　　　　D. 企业技术人员学历结构
3. 下列各项中，属于资本结构优化的方法是（　　）。
  A. 每股收益分析法　　　　　　　B. 平均资本成本比较法
  C. 公司价值分析法　　　　　　　D. 销售百分比法
4. 下列因素中，一般会导致企业借款资本成本上升的有（　　）。
  A. 资本市场流动性增强　　　　　B. 企业经营风险加大
  C. 通货膨胀水平提高　　　　　　D. 企业盈利能力上升

三、判断题

1. 财务预测销售百分比法的前提是企业的财务比率不发生变化。（　　）
2. 财务预测销售百分比法，假设收入、费用、资产、负债与销售收入存在稳定的百分比关系。（　　）
3. 资本成本率是企业用以确定项目要求达到的投资收益率的最低标准。（　　）
4. 在其他条件不变的情况下，企业财务风险大，投资者要求的预期收益率就高，企业筹资的资本成本相应就小。（　　）
5. 经营杠杆能够放大市场和生产等不确定性因素对利润变动的影响。（　　）
6. 在其他因素一定的情况下，固定财务费用越高，财务杠杆系数越小；同理，固定财务费用越高，企业财务风险也越大；如果企业固定财务费用为零，则财务杠杆系数为 1。（　　）
7. 在公司价值最大的资本结构下，加权平均资本成本也是最高的。（　　）
8. 每股收益分析法认为，资本结构是否合理可以通过分析每股利润的变化来衡量。（　　）

四、实务操作题

  1. 某会展企业 2023 年的销售收入为 1 000 万元，预计 2024 年销售收入增长 20%，达到 1 200 万元。2023 年资产负债表中的部分项目与销售收入的百分比关系如下：

  货币资金：5%

  应收账款：15%

  存货：20%

  固定资产：30%

  应付账款：10%

  应付票据：5%

  预计 2024 年公司的销售净利率为 10%，留存收益率为 50%。

要求：采用销售收入百分比法预测2024年公司需要筹集的资金量。

2. 已知某会展企业当期资本结构如下：长期债券800万元（年利率6%），普通股3 500万元（3 500万股），留存收益1 700万元，共计6 000万元。

因生产发展需要，公司年初准备增加资金2 000万元，现有两个方案可供选择，甲方案：增发1 000万股普通股，每股市价2元；乙方案：按面值发行公司债券2 000万元，票面利率8%，每年年末付息，不考虑发行费用，所得税税率为25%。

要求：

（1）计算两种筹资方案每股收益无差别点的息税前利润；

（2）计算处于每股收益无差别点时乙方案的财务杠杆系数；

（3）若息税前利润在每股收益无差别点增长10%，计算采用乙方案时该公司的每股收益增长幅度。

参考答案

项目 5

会展投资管理

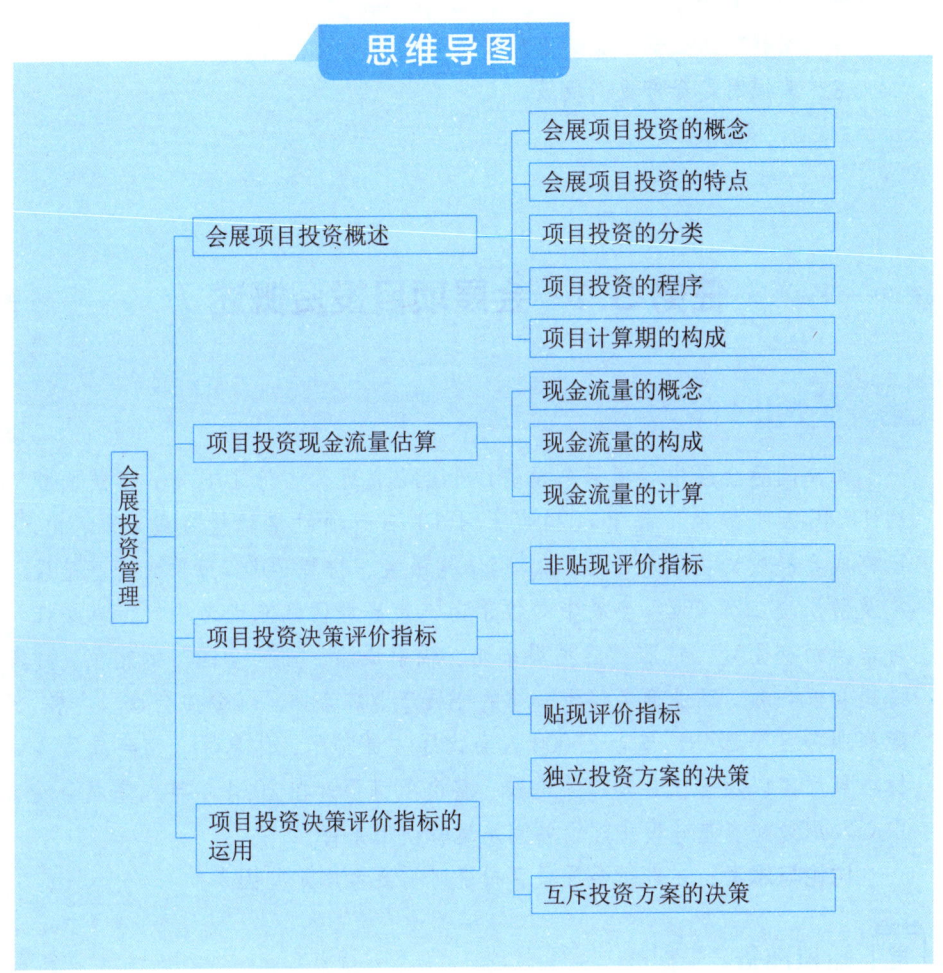

> **学习目标**
>
> 1. 了解项目投资的概念、特点、分类、程序。
> 2. 理解项目计算期的构成。
> 3. 理解现金流量的概念和构成。
> 4. 掌握初始现金净流量、营业现金净流量、终结现金净流量的计算。
> 5. 理解非贴现指标和贴现指标的区别。
> 6. 掌握净现值、净现值率、现值指数、内含报酬率、平均报酬率和投资回收期的计算。
> 7. 理解独立投资方案和互斥投资方案的决策原则。
> 8. 掌握固定资产更新决策。

任务 5.1　会展项目投资概述

任务引入

南充国际会展中心项目总投资约 18.12 亿元，占地 178 亩，建筑面积约 10.45 万平方米。截至 2024 年 6 月 11 日，项目累计投资约 6.5 亿元，已完成会展中心主体施工 100%，钢结构吊装、拼装 70%，市政配套基础设施及防洪堤工程 45%。会展中心位于南充市高坪区江东大道中段，嘉陵江与螺溪河交汇处，按照"立足川东北、辐射成渝、面向全国"的定位，建设集会议会展、商业商务等于一体的会展产业综合体。其分为会议、会展、配套服务 3 个部分，包含 2 000 人会议厅、贵宾厅、休息厅、常年展厅和标准展厅，以及餐饮、车库等设施。整个项目预计在 2024 年年底完成会展中心及周边配套基础设施建设并满足运营使用条件。

讨论与思考：在进行会展项目投资时需要考虑哪些因素？

知识准备

一、会展项目投资的概念

会展项目投资指的是投资者为了举办特定的会展活动，将资金、资源、技术、人力等要素投入到会展项目的策划、筹备、组织、运营以及后续发展等一系列环节中的经济行为。

会展项目投资的目的通常是通过成功举办会展活动获得经济回报，如展位销售收益、门票收入、广告赞助收入等，同时提升企业或地区的知名度、促进产业交流与合作、推动相关行业的发展。

总之，会展项目投资是一种综合性、风险性与收益性并存的经济活动，需要投资者在充分评估市场和自身实力的基础上做出决策。

二、会展项目投资的特点

（1）一次性和阶段性：会展项目通常具有明确的起止时间，投资集中在项目筹备和举办期间。例如，一个年度的国际电子消费品展览会，其投资主要在展会筹备的几个月内完成。

（2）高风险性：市场需求不确定性大，可能因经济形势、行业动态、突发事件等因素导致参展商和观众数量低于预期。

（3）高回报潜力：如果会展项目运作成功，能够带来丰厚的经济回报。包括展位销售、门票收入、广告赞助等直接收益，以及提升举办地的知名度和影响力，带动相关产业发展等间接收益。例如，广交会作为中国规模最大的综合性国际贸易展会，对广州的经济发展和国际形象提升起到了推动作用。

（4）综合性强：涉及多个领域和专业，需要整合场地、设备、人力、宣传、服务等多种资源。比如，一个大型的汽车展览会，不仅需要租赁合适的场地，还需要配备专业的展示设备、招募大量的服务人员、进行广泛的宣传推广等。

（5）对地域和设施依赖度高：举办地的地理位置、交通便利性、场馆设施条件等对会展项目的成功影响重大。像上海这样的交通枢纽城市，其优越的地理位置和完善的基础设施，使其成为众多大型会展的首选之地。

（6）时效性强：必须在规定的时间内完成各项准备工作，确保展会按时开幕和顺利进行。一旦错过时间节点，可能导致整个项目失败。

（7）社会影响力大：能够吸引大量的人流、物流、信息流，对当地的经济、社会、文化等方面产生广泛而深远的影响。比如博鳌亚洲论坛，提升了博鳌乃至海南在国际

图5.1　具有全球影响力的 CES 展览会上的展品

上的知名度和影响力。

三、项目投资的分类

项目投资主要分为以新增生产能力为目的的新建项目投资和以恢复或改善生产能力为目的的更新改造项目投资两大类。

1. 新建项目投资

新建项目投资是指对按照规定的程序立项，从无到有，新开始建设项目的投资。

2. 更新改造项目投资

更新改造项目投资是指对原有设施进行固定资产更新或进行技术改造而发生的投资。

四、项目投资的程序

企业项目投资程序主要包括以下几个步骤：

1. 提出项目投资的领域和对象

在考虑企业的投资计划，把握投资机会的前提下，由企业管理层或各级管理部门提出项目投资。提出项目投资是项目投资程序的起点。

2. 评价投资方案的可行性

在评价投资项目的环境、市场、技术和生产可行性的基础上，通过计算项目的现金流量以及投资项目的评价指标（如净现值、内含报酬率等），对项目投资的财务可行性作出总体评价。

3. 投资方案的比较与选择

在财务可行性评价的基础上，对可供选择的多个投资方案进行比较与选择。

4. 投资方案的执行

具体实施投资行为。

5. 投资方案再评价

在投资项目的执行过程中，应注意评价原来作出的投资决策是否合理，一旦出现新的情况，就要根据变化的情况作出新的评价，如果情况发生重大变化，原来的投资决策变得不合理，那么就要进行是否终止投资及怎样终止投资的决策，以避免更大的损失。

五、项目计算期的构成

项目计算期是指投资项目从开工建设期到项目终结期整个投资期间。完整的项目计算期包括建设期和生产经营期。其中，建设期是指从项目开工到项目投产的期间，项目投产开始生产以后，投资项目就进入了生产经营期，生产经营期的最后一年通常称为终结点。用公式表示为：

项目计算期 ＝ 建设期 ＋ 生产经营期

项目计算期、建设期和生产经营期三者之间的关系可用图 5.2 表示：

图 5.2　项目计算期构成

任务解析

在进行会展项目投资时，需要综合考虑以下多个重要因素：比如市场需求，要深入调研目标市场对于该类型会展的需求程度和潜在规模，分析过往同类会展的参与度和反馈，评估市场的饱和度；要明确项目的定位与特色；要充分考虑地理位置的便利性，场地的规模和布局是否能够满足预期的参展商和观众数量，以及不同类型展览和活动的需求等；要全面评估项目的启动资金、运营成本和预期收益等。

 拓展阅读

绿地投巨资打造全球顶级会展项目，成为武汉发展新引擎

2020 年 8 月 21 日，绿地控股成功摘得武汉黄陂临空经济区 7 幅核心地块，总地价逾 164 亿元，拟投建武汉绿地天河国际会展城项目。该项目总计容建筑面积超过 400 万平方米，预计总投资约 500 亿元，将建成全球已披露的室内净展面积最大的会展项目。

此项目将建成世界级综合性会展中心，弥补武汉作为国家中心城市现有会展体量与城市能级不匹配的问题，成为武汉与世界连接的窗口，以及武汉国家中心城市、国家发展战略的重要平台和战略支点。截至当时，绿地会展产业建成及在建会展综合体项目 12 个，总建筑面积超过 470 万平方米。其在湖北已成功开发多个项目，累计开发面积逾 2 100 万平方米，总投资额逾 1 500 亿元。

武汉是特大省会城市、中部地区中心城市,作为中国经济地理中心,素有"九省通衢"之称,是中国内陆最大的水陆空交通枢纽和长江中游航运中心,高铁网辐射大半个中国,是华中地区唯一可直航全球五大洲的城市。《武汉市城市总体规划(2017—2035年)》提出,大力主推会展业发展,全力打造国际会展之都,明确提出建设百万方新会展中心。中国会展正迎来全新发展机遇,大会展已经成为中国经济转型的重要抓手,在转变发展方式、优化经济结构、转化增长动力的攻坚期,会展正发挥重要作用。

任务 5.2 项目投资现金流量估算

任务引入

项目概况:

假设要举办一个为期六天的科技产品展览会,预计吸引众多科技企业参展和大量专业观众参观。

初始投资主要包括:展览场地租赁费用 200 000 元,场地布置与装修费用 160 000 元,宣传推广费用 100 000 元,工作人员费用 60 000 元(展会前的筹备及展会期间的人力成本),其他费用(如办公设备、临时设施等)60 000 元。

展会期间收入预测如下:

(1)展位销售收入:预计设置 200 个展位,每个展位平均售价 5 000 元,展位收入为 1 000 000 元。

(2)门票收入:预计每天有 3 000 名观众,门票单价 100 元,门票收入为 300 000 元。

(3)广告和赞助收入:与相关企业达成合作,获得广告和赞助收入 150 000 元。

展会期间的运营成本主要包括:展览设备租赁和维护费用 60 000 元。

水电费及其他杂费 32 000 元。

展会结束,展会固定资产的处置收入忽略不计。因设备的金额相对较小,因此折旧的金额暂忽略不计。该企业的企业所得税税率为 25%。

讨论与思考: 如何测算该展会项目的现金净流量。

 知识准备

一、现金流量的概念

现金流量是指投资项目在一定时期内所产生的现金及现金等价物的流入和流出数量。现金流入量和现金流出量相抵后的余额,称为现金净流量(简称NCF)。

想一想

为什么选择现金流量来判断投资项目的可行性,而不选择利润来判断投资项目的可行性呢?

【解析】

对于投资方案的财务可行性来说,项目的盈利性固然重要,企业进行投资的最终目的也是为了获取收益,但如果盈利能力很好,资金链出现断裂,投资项目也不可能进行下去,现金流量指标既考虑了利润也考虑了资金的变现能力,因此不采用利润来评价投资项目的可行性,而采用现金流量指标。

投资项目评价采用现金流量指标而不采用利润指标,具体主要有以下三点原因:

(1)整个投资期内,利润总计与现金净流量总计是相等的,故现金净流量可以取代利润作为评价净收益指标。

(2)利润在各年的分布受折旧方法等人为因素的影响;而现金流量的分布不受人为因素的影响,可以保证评价结果客观性。

(3)在投资分析中,现金流动状况比盈利状况更重要。

二、现金流量的构成

(1)按照内容,现金流量由现金流出量、现金流入量和净现金流量(NCF)构成。

年净现金流量(NCF)= 年现金流入量 – 年现金流出量

NCF是计算投资决策评价指标的重要依据。

(2)按照时间特征,现金流量由初始现金流量、营业现金流量和终结现金流量构成。

三、现金流量的计算

（一）初始现金净流量的计算

初始现金流量，是指初始投资时的现金流量。初始现金流量主要由以下几部分构成：

① 固定资产投资，包括固定资产的购入或建造成本、运输成本和安装成本等。

② 流动资产投资，包括对材料、在产品、产成品和现金等流动资产的投资。

③ 其他投资费用支出，是指与长期投资有关的职工培训费、谈判费、注册费用、筹建费用等。

④ 原有固定资产的变价收入，是指固定资产更新时，原有固定资产的变卖所得。

⑤ 增加或抵减所得税支出，变卖原有固定资产可能取得变卖收益也可能产生变卖损失。变卖收益是指原有固定资产在初始投资时点的变现价格高于原有固定资产在初始投资时点的账面净值，收益会增加企业应缴纳的企业所得税，会增加所得税支出；变卖损失是指原有固定资产在初始投资时点的变现价格低于原有固定资产在初始投资时点的账面净值，损失会减少企业应缴纳的企业所得税，会抵减所得税的支出。

$$初始现金净流量 = 初始投资期现金流入量 - 初始投资期现金流出量$$
$$= ④ ± ⑤ - ① - ② - ③$$

（二）营业现金净流量的计算

营业现金净流量，指投资项目投产以后，由投资项目的生产经营活动所带来的现金流入量和现金流出量。

营业现金净流量的计算主要有以下三种方法：

方法一：根据定义直接计算

根据营业现金净流量的定义，每年营业现金流量等于营业现金流入减去营业现金流出后的净额。营业现金流入主要指营业收入，营业现金流出主要指付现成本和所得税，因此可以得出每年营业现金净流量的第一种计算方法：

$$年营业现金净流量 = 营业收入 - 付现成本 - 企业所得税$$

方法二：根据税后净利润倒推计算

根据方法一的计算公式可以推导得出：

$$年营业现金净流量 = 净利润 + 折旧$$

推导过程如下：年营业现金净流量 = 营业收入 - 付现成本 - 企业所得税

= 营业收入 -（营业成本 - 折旧）- 所得税
= 营业收入 - 营业成本 - 所得税 + 折旧
= 净利润 + 折旧

方法三：根据营业收入、付现成本、折旧直接计算：

根据方法一的计算公式可以推导得出：

年营业现金净流量 =（营业收入 - 付现成本）×（1- 所得税税率）+ 折旧 × 所得税税率

推导过程如下：

年营业现金净流量

= 营业收入 - 付现成本 - 企业所得税

=营业收入 -（营业成本 - 折旧）- 所得税

= 营业收入 - 营业成本 - 所得税 + 折旧

=（营业收入 - 营业成本）×（1- 所得税税率）+ 折旧

= 营业收入 ×（1- 所得税税率）-（付现成本 + 折旧）×（1- 所得税税率）+ 折旧

= 营业收入 ×（1- 所得税税率）- 付现成本 ×（1- 所得税税率）- 折旧 ×（1- 所得税税率）+ 折旧

=（营业收入 - 付现成本）×（1- 所得税税率）+ 折旧 × 所得税税率

（三）终结现金净流量的计算

终结现金流量，指投资项目在终结点所发生的现金流量。终结现金流量主要由以下几部分构成：

① 现有固定资产的残值收入或变价收入。

② 原有垫支资金的收回。

③ 停止使用的土地的变价收入等。

④ 增加或抵减所得税支出，变卖原有固定资产或停止使用土地可能取得收益也可能产生损失，收益是指资产在终结点的变价收入大于资产在终结点的账面净值，产生的收益会增加企业应缴纳的企业所得税，增加所得税支出；损失是指资产在终结点的变价收入小于资产在终结点的账面净值，产生的损失会少于企业应缴纳的企业所得税，抵减所得税支出。

终结现金净流量 = 终结期各年现金流入量 - 终结期各年现金流出量
= ① + ② + ③ ± ④

【例5-1】某会展企业拟对一个新项目进行投资。2022年1月6日开始进行投资，初始需投入建筑成本720万元（建筑折旧年限10年，预计净残值20万元），需投入固定资产400万元（分各单项设备测算的年折旧额为24万元）、流动资金投资70万元（项目结束时该流动资金可以收回），假定所有投资都在期初一次性投入。2023年1月1日项目开始运营，项目投产以后，每年的营业收入预计为690万元，付现成本预计450万元，每年计提的折旧金额预计60万元，项目运营期5年。2027年年末，项目终结时，建筑变现收入400万元，固定资产变现收入250万元。暂不考虑除所得税25%外的其他税费。

要求：计算项目现金流填入表5-1，流入为正，流出为负，单位为万元。

表5-1　新项目现金流量表

单位：万元

项目		0	1	2	3	4	5
初始现金流量	建筑成本	−720					
	固定资产投入	−400					
	流动资金投入	−70					
营业现金流量	税后收入		517.5	517.5	517.5	517.5	517.5
	税后付现成本		−337.5	−337.5	−337.5	−337.5	−337.5
	折旧抵税		15	15	15	15	15
	营业现金流合计		195	195	195	195	195
终结现金流量	垫支流动资金收回						70
	建筑变现净流量						392.5
	固定资产变现净流量						287.5
现金流量合计		−1 190	195	195	195	195	945

其中：

税后收入＝营业收入×(1−所得税税率)＝690×(1−25%)＝517.5（万元）

税后付现成本＝付现成本×(1−所得税税率)＝450×(1−25%)＝337.5(万元)

折旧抵税＝年折旧额×所得税税率＝60×25%＝15（万元）

营业现金流量＝税收收入−税后付现成本＋折旧抵税

＝517.5−337.5+15＝195（万元）

建筑变现净流量的计算：

第五年年末项目终结时,建筑的账面净值＝720−(720−20)/10×5＝370（万元）

第五年年末项目终结时，建筑的变现收入＝400（万元）

因为建筑变现实现的是变现收益，变现收益应缴纳企业所得税，即构成投资项目的现金流出量，因此建筑变现净流量＝400−(400−370)×25%＝392.5(万元)

固定资产变现净流量的计算：

第五年年末项目终结时，固定资产的账面净值＝400-24×5＝280（万元）

第五年年末项目终结时，固定资产的变现收入＝250（万元）

因为固定资产变现实现的是变现损失，变现损失可以减少企业应缴纳的

企业所得税，即构成投资项目的现金流入量，因此固定资产变现净流量=250+（280-250）×25%=287.5（万元）

> **任务解析**
>
> 运用项目现金流量的相关知识对【任务引入】进行解析如下：
> 项目初始现金净流量=（-200 000-160 000-100 000-60 000-60 000）
> =-580 000（元）
> 项目营业现金净流量=（1 000 000+300 000+150 000）×（1-25%）-（60 000+30 000）×（1-25%）=1 020 000（元）
> 项目终结现金净流量=0（元）
> 该展会项目的现金净流量=-580 000+1 020 000+0=440 000（元）

任务 5.3　项目投资决策评价指标

任务引入

某会展企业拟投资建设一个大型展览场馆，初始需投资 1 500 000 元，该场馆项目投资期 5 年，通过测算预计未来 5 年内的现金净流量如下表，其资本成本率为 6%。

年份	现金净流量
1	45 000
2	35 000
3	42 000
4	38 000
5	34 000

讨论与思考：在考虑资金时间价值的情况下，试测算该项目收回初始投资的时间。

知识准备

一、非贴现评价指标

非贴现指标，即不考虑资金时间价值的指标，评价指标主要有静态投资回收期指标和平均报酬率指标。

（一）静态投资回收期

静态投资回收期是指在不考虑资金时间价值的情况下，投资项目收回原始总投资所需要的时间。一般而言，投资者总希望尽快地收回投资，即回收期越短投资方案越有利。

1. 静态投资回收期的计算

（1）如果每年净现金流量相等：

$$\text{静态投资回收期} = \text{初始投资额} / \text{每年净现金流量}$$

（2）如果每年净现金流量不相等：

静态投资回收期 =（累计净现金流量出现正值的年份 -1）+ 出现正值的上一年累计净现金流量的绝对值 / 出现正值当年的净现金流量

【例 5-2】甲、乙两方案的预计税后营业净现金流量如表 5-2 所示：

表5-2　两方案的营业净现金流量　　　　　　　　单位：元

NCF	第0年	第1年	第2年	第3年	第4年	第5年	第1-5年合计
甲方案	-20 000	6 500	6 500	6 500	6 500	6 500	32 500
乙方案	-30 000	8 000	7 500	7 000	6 000	15 000	43 500

甲方案每年净现金流量相等：

甲方案的静态投资回收期 =20 000/6 500 = 3.077（年）

乙方案每年净现金流量不相等，所以应先计算其累计净现金流量，乙方案的累计净现金流量如表 5-3 所示：

表5-3　乙方案的累计净现金流量　　　　　　　　单位：元

年度	每年现金净流量	累计净现金流量
1	8 000	-22 000
2	7 500	-14 500
3	7 000	-7 500
4	6 000	-1 500
5	15 000	13 500

根据每年净现金流量不相等的投资回收期的计算公式可知：

乙方案的静态投资回收期 =5-1+（1 500/15 000）= 4.1（年）

 做中学

某会展企业的一个投资项目需在开始时一次性投资 100 000 元，其中固定资产投资 85 000 元，垫支营运资金 15 000 元，没有建设期。各年营业现金净流量分别为 26 000 元、24 000 元、25 000 元、27 000 元、20 000 元，则该项目的静态回收期是（　　）年。

A．3.82　　　　　B．3.93　　　　　C．4.02　　　　　D．4.12

2. 静态投资回收期法的决策原则

在以投资收回期法进行决策时，投资者通常会设定一个期望回收期。对于只有一个投资方案的投资决策，如果投资方案回收期小于期望回收期，则投资方案可行；否则方案不可行。对于有多个投资方案的互斥投资决策中，投资回收期小于期望回收期且投资回收期最短的方案最优。上述甲、乙两方案中，甲方案的投资回收期短于乙方案，甲方案更优。

3. 静态投资回收期法的优缺点

静态投资回收期法的优点：计算简单，易于被决策者所理解。

静态投资回收期法的缺点：(1) 忽视了时间价值，不同时间点的现金流量被看作具有相同的价值，因此有时可能会做出错误的决策。(2) 没考虑回收期以后的收益，通常情况下，有战略意义的投资，早期收益较低而中后期收益较高，运用投资回收期进行决策可能导致决策者优先考虑急功近利的项目，因此，一般仅将这一指标作为投资项目财务可行性分析的次要指标。

（二）平均报酬率

平均报酬率指方案平均每年获得的收益与投资之比，反映单位投资每年获得的报酬。

1. 平均报酬率的计算

平均报酬率的计算公式如下：

$$平均报酬率 = \frac{年平均净利润}{平均投资额} \times 100\%$$

或

$$平均报酬率 = \frac{年平均净现金流量}{平均投资额} \times 100\%$$

【例 5-3】沿用【例 5-2】的资料，计算甲、乙两方案的平均报酬率。

甲方案的平均报酬率 = 6 500/20 000 × 100% = 32.5%

乙方案的平均报酬率 = $\frac{(8\,000+7\,500-7\,000+6\,000+15\,000/5)}{30\,000} \times 100\% = 29\%$

> **做中学**
>
> 某项目初始投资为 200 000 元，在未来 5 年内每年的净利润分别为 30 000 元、35 000 元、40 000 元、45 000 元和 50 000 元。计算该项目的会计收益率。

2. 平均报酬率法的决策原则

在使用平均报酬率法进行投资决策时，决策者设定一个必要的最低平均报酬率。对于单个项目的决策，如果该项目的平均报酬率高于必要的最低平均报酬率，则认为该项目是可行的；否则，认为该项目不可行。在互斥的多个备选方案中，选择那些平均报酬率高于必要的最低平均报酬率，并且最高的方案。因此，在比较甲、乙两个方案时，如果甲方案的平均报酬率高于乙方案，则认为甲方案更优。

3. 平均报酬率法的优缺点

平均报酬率法的优点：计算简单，易于理解，数据容易获取。

平均报酬率法的缺点：没有考虑资金的时间价值，不同时间点的现金流量被看作具有相同的价值，可能导致错误决策；必要平均报酬率的确定具有较大的主观性，容易导致误判。

二、贴现评价指标

贴现评价指标是指考虑了资金时间价值的评价指标，主要有净现值指标、净现值率指标、现值指数指标、内含报酬率指标、动态回收期指标。

（一）净现值指标

净现值（NPV）是指投资项目未来现金净流量现值与投资额现值之间的差额。

1. 净现值的计算

净现值（NPV）= 未来各期净现金流量的总现值 − 初始投资额的现值

（1）如果经营期内各年现金净流量相等，其计算公式为：

净现值 = 年现金净流量 × 年金现值系数 − 初始投资额现值

（2）如果经营期内各年现金净流量不相等，其计算公式为：

净现值 =（各年的现金净流量 × 各年的复利现值系数）之和 − 初始投资额现值

在实务中，一般用以下几种方法确定项目的折现率：

（1）以投资项目的资本成本作为折现率，以此折现率计算出的净现值表示按现值计算的该项目的全部收益（或损失）；

（2）以企业资金的最低报酬率作为折现率，以此折现率计算出的净现值表示按现值计算的该项目的企业要求的最低收益；

（3）以行业平均资金收益率作为折现率，以此折现率计算出的净现值表示按现值计算的该项目比行业平均收益水平多（或少）获得的收益；

（4）以投资项目的机会成本作为折现率，以此折现率计算出的净现值表示按现值计算的该项目比已放弃方案多（或少）获得的收益。

通常情况下，净现值的计算步骤如下：

第一步：确定每年的净现金流；

第二步：确认必要报酬率（折现率）；

第三步：根据步骤2中的必要报酬率确定每年的贴现系数（查现值表或者计算器）；

第四步：确定未来各期净现金流的现值之和，即将第1步与第3步中的数值相乘并加总；

第五步：减去初始投资额现值。

【例5-4】沿用【例5-2】的资料，假定投资方案的折现率为10%，计算甲、乙两方案的净现值。

【解析】根据10%的折现率查年金现值系数表和复利现值系数表可知（P/F，10%，5）= 3.790 8,（P/F，10%，1）= 0.909 1,（P/F，10%，2）= 0.826 4,（P/F，10%，3）= 0.751 3,（P/F，10%，4）= 0.683 0,（P/F，10%，2）= 0.620 9

甲方案未来各期现金流量总现值 = 6 500 × 3.790 8 = 24 640.2（元）

乙方案未来各期现金流量总现值 = 8 000 × 0.909 1 + 7 500 × 0.826 4 + 7 000 × 0.753 1 + 6 000 × 0.683 0 + 15 000 × 0.620 9 = 32 154（元）

甲方案净现值 = 24 640.2 - 20 000 = 4 640.2（元）

乙方案净现值 = 32 154 - 30 000 = 2 154（元）

 做中学

某项目的初始投资为100万元，预计未来5年的现金流量分别为25万元、30万元、35万元、40万元和45万元。假设贴现率为10%，使用净现值法判断该项目是否值得投资。

2. 净现值法的决策原则

净现值是一个绝对值，在只有一个投资方案的决策中，净现值大于或等于0的方案均可行。净现值大于0表明投资报酬率大于资本成本，该项目可以增加股东财富，可以采纳；净现值等于0，表明投资报酬率等于资本成本，不改变股东财务，可选择采纳或不采纳；净现值小于0，表明投资报酬率小于资本成本，该项目减损股东财富，应予放弃。在多个备选方案的互斥决策中，如果几个方案的寿命期相同、投资额相等，且净现值都是正数，则净现值最大的方案为最优方案。

上述甲、乙两个方案的净现值均大于零,如果投资额足以投资两个项目,那么甲方案和乙方案均可行;如果投资额只能投资一个项目,甲方案的净现值大于乙方案,投资甲方案更优。

3. 净现值法的优缺点

净现值法的优点:充分考虑了资金时间价值,准确确认收益;利用项目计算期内的全部现金流量信息,是投资项目财务可行性分析的主要指标。

净现值法的缺点:NPV是绝对数,无法反映获利程度,不利于初始投资不一致的项目进行优劣比较,确定合适的折现率是一个难点。

(二)净现值率指标

净现值率(NPVR),是指投资项目的净现值占原始投资额现值的比率,可以理解为单位原始投资额的现值所创造的净现值。

1. 净现值率的计算

净现值率的计算公式为:

$$净现值率 = \frac{投资项目的净现值}{原始投资额现值}$$

【例5-5】沿用例【例5-4】的资料,计算甲、乙两方案的净现值率。

甲方案的净现值率 =4 640.2/20 000=23.20%

乙方案的净现值率 =2 154/30 000=7.18%

2. 净现值率法的决策原则

净现值率在单方案决策中大于或等于0的方案可行,否则不可行。在多个备选方案的互斥决策中,净现值均为正数的方案中,净现值最大的方案为最优方案。甲、乙两个方案的净现值率均大于零,投资额足以投资两个项目时,甲方案和乙方案均可行;若只够投资一个项目,甲方案的净现值率大于乙方案,投资甲方案更优。

3. 净现值率的优缺点

净现值率法的优点:充分考虑了资金的时间价值,规避了净现值法不能用于比较初始投资额不一致的项目的缺点。净现值率法是一个相对指标,可以用于比较初始投资额不一致的投资项目。

净现值率法的缺点:无法直接反映投资项目的实际收益率。

(三)现值指数指标

现值指数法又称获利指数法(Profitability Index,缩写为PI),是投资项目未来各期现金流量的总现值与初始投资额的现值之比。

1．现值指数的计算

$$现值指数 = \frac{未来各期现金流量的总现值}{初始投资额的现值}$$

【例5-6】沿用【例5-4】的资料，计算甲、乙两方案的现值指数。

甲方案的现值指数 =24 640.2/20 000=1.232 0

乙方案的现值指数 =32 154/30 000=1.071 8

做中学

已知某投资项目的原始投资额现值为140万元，项目净现值为420万元，计算该项目的现值指数。

2．现值指数法的决策原则

在只有一个投资方案的决策中，现值指数小于零的方案不可行，否则可行。在多个备选方案的互斥决策中，应选择现值指数超过1最多的投资项目。上述甲、乙两个方案的现值指数均大于1，如果投资额足以投资两个项目，那么甲方案和乙方案均可行；如果投资额只够投资一个项目，甲方案的现值指数大于乙方案，投资甲方案更优。

3．现值指数法的优缺点

现值指数法的优点：现值指数是一个相对数指标，反映了投资效率，可以对原始投资额现值不同的投资方案进行比较和评价。

现值指数法的缺点：未考虑寿命期的问题，不能用于寿命期不同的投资方案决策。

（四）内含报酬率

内含报酬率是使投资项目的净现值等于零的折现率。

1．内含报酬率的计算

净现值 =[第1年净现金流量/（1+内部报酬率）+第2年净现金流量/（（1+内部报酬率）^2）+…+第N年净现金流量/（（1+内部报酬率）^N）]−初始投资额 = 0

通常情况下，内含报酬率的计算步骤如下：

（1）如果经营期内各年现金净流量相等：

净现值 = 年现金净流量 × 年金现值系数 − 初始投资额现值 = 0

第一步：计算年金现值系数

年金现值系数 = 初始投资额现值 / 年现金净流量

第二步：查年金现值系数表

第三步：运用内插法计算投资方案的内含报酬率

（2）如果经营期内各年现金净流量不相等：

净现值=各年的（现金净流量×复利现值系数）之和−初始投资额现值=0

第一步：先预估一个折现率，并以此折现率计算净现值，经过反复不断地测算，找到净现值由正到负并且接近于零的两个折现率。

第二步：

利用内插法计算投资方案的内含报酬率。

【例5-7】沿用【例5-2】的资料，计算甲、乙两方案的内含报酬率。

【解析】甲方案每年现金流量相等

第一步，根据净现值经营期内各年现金净流量相等的计算公式，令净现值=0，计算年金现值系数。

年金现值系数=初始投资额现值/年现金净流量=20 000/6 500=3.076 9

第二步，查表获得所求折现率对应的年金现值系数区间如表5-4所示：

表5-4　折现率对应的年金现值系数

折现率	年金现值系数
18%	3.1272
X	3.0769
19%	3.0576

第三步，采用插值法，计算内部报酬率。

$$IRR_甲 = 18\% + \frac{3.0769-3.1272}{3.0576-3.1272} \times (19\%-18\%) = 18.72\%$$

乙方案现金流量不相等

第一步，先预估一个折现率，先用折现率等于18%进行测试，如果净现值为负值，则说明应调小折现率，则按折现率等于16%进行测试；如果还是为负值，再调小，经过逐个测试，最后用折现率等于12%测试，净现值为正值，把这两个净现值由负到正接近零的两个折现率列表。

表5-5　折现率对应的年金现值系数

折现率	净现值
16%	426.5
X	0
12%	−2 592.5

第二步：采用内插法，计算内含报酬率

$$IRR_Z = 12\% + \frac{426.5}{426.5 + 2\,592.5} \times (16\% - 12\%) = 12.57\%$$

做中学

某投资方案，当折现率为 14% 时，其净现值为 120 万元；当折现率 16% 时，其净现值为 -45 万元。计算该方案的内含报酬率。

2. 内含报酬率法的决策原则

当进行单方案决策时，投资项目的内含报酬率大于或等于企业要求的必要报酬率，则该项目可行；而内含报酬率小于企业要求的必要报酬率，则该项目不可行。在面临多个备选方案的互斥决策时，企业应选择超过会展行业的资本成本或必要报酬率最高的方案。

3. 内含报酬率法的优缺点

内含报酬率法的优点：考虑了资金的时间价值，反映了投资项目的真实报酬率，易于理解。

内含报酬率法的缺点：如果经营期内每年现金净流量不相等，内含报酬率法需要经过不断地试算，才能找出内含报酬率，计算过程比较复杂；内含报酬率高的项目利润也高，利润高的项目也可能意味着高风险，因此按内含报酬率进行决策时，风险高的项目可能会被选中。

（五）动态投资回收期

动态投资回收期是指在考虑货币时间价值的条件下，以投资项目净现金流量的现值抵偿原始投资现值所需要的全部时间。

1. 动态回收期的计算

（1）如果经营期内未来现金净流量相等：

$$(P/A, i, n) = \frac{原始投资额现值}{每年现金净流量}$$

根据计算出的年金现值系数，通过查年金现值系数表，利用内插法，可计算出动态回收期 n。

（2）如果经营期内未来现金净流量不相等：

动态回收期 =（累计净现金流量现值出现正值的年数 -1）+ 出现正值的上一年累计净现金流量现值的绝对值 / 出现正值年份净现金流量的现值

【例 5-8】沿用【例 5-4】的资料，计算甲、乙投资项目的动态回收期。

甲方案每年净现金流量相等：

甲方案的年金现值系数 =20 000/6 500=3.069

折现率为10%时，通过查年金现值系数表可得：

表5-6　年限对应的年金现值系数

n	年金现值系数
3	2.4869
X	3.0769
4	3.1699

采用插值法，计算动态回收期：

$$甲方案的动态回收期 = 4 + \frac{3.1699 - 3.0769}{3.1699 - 2.4869} = 4.14（年）$$

乙方案每年净现金流量不相等，所以应先计算其累计净现金流量现值，乙方案的累计净现金流量现值如表5-7所示：

表5-7　乙方案的累计净现金流量现值　　　　　　　　　　单位：元

年度	每年现金净流量现值	累计净现金流量现值
1	7 272	-22 728
2	6 195	-16 533
3	5 257	-11 276
4	4 098	-7 178
5	9 315	2 137

根据每年净现金流量不相等的投资回收期的计算公式可知：

乙方案的静态投资回收期 =5-1+（7 178/9 315）=4.77（年）

> **做中学**
>
> 某投资项目，初始投资为500万元，当年即投产经营（建设期为0），可用6年，每年计提折旧100万元，不需要垫支营运资金。投产后各年税后经营净利润为200万元，营业收入为800万元，付现营业费用为300万元。所得税税率为25%，资本成本率为12%。
>
> 要求：计算该项目的动态回收期。

2. 动态回收期法的决策原则

投资者通常会在使用投资回收期法进行决策时设定一个期望回收期。对于只有一个方案的决策，如果投资回收期小于期望回收期，则投资方案可行，否则方案不可行。在多个备选方案的决策中，投资回收期小于期望回收期且投资回收期最短的方案是最优方案。上述甲、乙两方案，甲方案的动态投资回收期短于乙方案，甲方案更优。

3．动态回收期法的优缺点

动态回收期法的优点：计算简便，以回收期来衡量项目的优劣易于理解。

动态回收期法的缺点：计算回收期时只考虑未来现金净流量现值总和等于原始投资额现值的部分，没有考虑超过原始投资额现值的部分。

（六）动态评价指标之间的关系

NPV、NPVR、PI、IRR 指标之间存在以下数量关系：

当 NPV>0 时，NPVR>0，PI>1，IRR>i（i 为投资项目的行业基准收益率，下同）；当 NPV=0 时，NPVR=0，PI=1，IRR=i；当 NPV<0 时，NPVR<0，PI<1，IRR<i。

进行项目投资决策时，净现值、净现值率、现值指数、内含报酬率是主要评价指标，静态投资回收期、动态投资回收期是次要评价指标，会计收益率是辅助评价指标。在进行单项方案决策时，使用动态评价指标得出的结论基本是一致的，但是在进行多个备选方案的互斥决策时，得出的结论却可能不一致。故应充分考虑项目的投资额、项目计算期等因素，选择适当的评价指标，采用正确的方法进行决策。一般情况下，净现值法是一种可取的方法。通过调查，大多数公司将净现值和内含报酬率作为首选指标，将投资回收期作为次选指标。

🧑 任务解析

运用动态回收期的相关知识对【任务引入】进行解析如下：

该投资项目每年现金净流量不相等，所以应先计算其累计现金净流量现值，项目的累计现金净流量现值如表 5-8 所示：

表5-8　项目累计现金净流量现值　　　　　　　　　　　　　　　　　单位：元

年度	年现金净流量	复利现值系数	年现金净流量现值	累计现金净流量现值
1	45 000	0.943 4	42 453.00	–107 547.00
2	35 000	0.890 0	31 150.00	–76 397.00
3	42 000	0.839 6	35 263.20	–41 133.80
4	38 000	0.972 1	36 939.80	–4 194.00
5	34 000	0.737 4	25 071.60	20 877.60

根据动态回收期的计算公式可知，该投资项目的动态回收期＝（5-1）+（4 194/25 071.6）=4.17，即在考虑资金时间价值的情况下，初始投资在 4.17 年时可以收回。

任务 5.4　项目投资决策评价指标的运用

任务引入

某会展企业拟投资建设一个展览场馆,其中有一个大型设备的采购有两个方案可供选择。甲方案:从国外进口该大型设备,需投资 160 万元,该设备可用 4 年,无残值,每年产生 60 万元的现金净流量;乙方案:从国内采购该大型设备,需投资 120 万元,可用 3 年,无残值,每年产生 55 万元的现金净流量。企业所要求的最低报酬率为 8%。甲、乙两个投资方案的评价指标如表 5-9 所示:

表 5-9　甲、乙投资方案评价指标对比

项目	甲方案	乙方案
净现值	38.726 0	21.740 5
年金净流量	11.692 3	8.436 0
内含报酬率	18.45%	29.57%

讨论与思考:对于甲、乙两个互斥投资方案,该会展企业应如何决策?

知识准备

一、独立投资方案的决策

独立投资方案,是指两个或者两个以上的项目互不依赖,可以同时存在,各方案的决策也是独立的。独立投资方案的决策互不影响,因此主要看各方案本身是否可行。企业进行投资时,可以根据投资方案的评价指标对投资方案进行排序,以判断先投资哪个评价项目。

【例 5-9】某会展企业有足够的资金准备投资于三个独立投资项目。A 项目投资额 8 000 元,期限 4 年;B 项目原始投资额 10 000 元,期限 4 年;C 项目原始投资额 10 000 元,期限 6 年。贴现率为 10%,其他有关资料如表 5-10 所示。问:如何安排投资顺序?

表 5-10　独立投资方案的可行性指标　　　　　　　　单位:元

项目	A 项目	B 项目	C 项目
原始投资额	(8 000)	(10 000)	(10 000)

续表

项目	A项目	B项目	C项目
每年NCF	4 000	5 200	4 000
期限（年）	4	4	6
净现值（NPV）	4 679.6	6 483.48	7 421.2
现值指数（PI）	1.58	1.65	1.74
内含报酬率（IRR）	34.9%	37.42%	32.66%
年金净流量（ANCF）	1 476.26	2 045.33	1 703.95

将上述三个方案的各种决策指标加以对比，见表5-11。从两表数据可以看出：

（1）A项目与B项目比较：两项目的原始投资额不同，但期限相同。B项目的净现值、现值指数、内含报酬率和年金净流量均大于A项目，因此应优先安排内含报酬率较高的B项目。

（2）B项目与C项目比较：两项目的原始投资额相等，但期限不同。尽管C项目的净现值和现值指数高，但需8年才能获得收益。相比之下，B项目5年后就可以收回投资并进一步投资于其他项目。因此，应该优先安排内含报酬率和年金净流量较高的B项目。

（3）A项目与C项目比较：两项目的原始投资额和期限都不相同。A项目的内含报酬率较高，但净现值、现值指数和年金净流量较低。C项目的净现值高，但期限长；C项目的年金净流量也较高，但依靠较大的投资额取得。因此，从获利程度的角度来看，A项目是优先方案。

表5-11 独立投资方案的比较决策

净现值（NPV）	C>B>A
现值指数（PI）	C>B>A
内含报酬率（IRR）	B>A>C
年金净流量（ANCF）	B>C>A

综上所述，在独立投资方案比较性决策时，内含报酬率指标综合反映了各方案的获利程度，在各种情况下的决策结论都是正确的。本例中，投资应按B、A、C实施投资。

二、互斥投资方案的决策

互斥投资方案之间互相排斥，不能并存，因此选择决策的实质在于选择最优方案。选择决策要解决的问题是应该淘汰哪个方案，即选择最优方案。采用净现值法和年金净流量法进行选优决策，以方案的获利数额作为评价标准，其中年金净流量法是最恰当的决策方法。

（一）项目的寿命期相等时

从【例 5-9】可知，A、B 两项目寿命期相同，而原始投资额不等；B、C 两项目原始投资额相等而寿命期不同。如果【例 5-9】这三个项目是互斥投资方案，可以按以下思路对寿命期相同的 A、B 项目进行决策：

A 项目与 B 项目比较，两项目原始投资额不同。互斥方案应考虑获利数额，B 方案的净现值较高，因此 B 方案优于 A 方案。在原始投资额不等、寿命期相同的情况下，净现值与年金净流量指标的决策结论一致，因此也可以用年金净流量来进行决策。

事实上，互斥方案中各方案本身都是可行的，但因投资金额有限各方案相互排斥，因此对于寿命期相等的投资方案，需要对各方案按净现值进行排序，选出净现值最高的方案为最优方案。

（二）项目的寿命期不相等时

如果【例 5-9】是互斥投资方案决策，B 项目与 C 项目比较，寿命期不等。尽管 C 项目净现值较大，但它是 6 年内取得的。按每年平均的获利数额来看，B 项目的年金净流量（2 045.33 元）高于 C 项目（1 703.95 元），如果 B 项目 4 年寿命期届满后，所收回的投资重新投入原有方案，达到与 C 项目同样的投资年限，取得的经济效益也高于 C 项目。在两个寿命期不等的互斥投资项目比较时，可采用以下方法：

方法一，共同年限法。针对寿命期不同的投资项目，找出各项目寿命期的最小公倍数，作为共同的有效寿命期。原理为假设投资项目在终止时进行重置，通过重置使两个项目达到相等的年限，然后应用项目寿命期相等时的决策方法进行比较，即比较两者的净现值大小。

方法二，年金净流量法。用该方案的净现值除以对应的年金现值系数，当两项目资本成本相同时，优先选取年金净流量较大者；当两项目资本成本不同时，还需进一步计算永续净现值，即用年金净流量除以各自对应的资本成本。

【例 5-10】某会展企业现有甲、乙两个投资方案，所要求的最低投资收益率为 10%。甲方案投资额 7 000 元，可用 2 年，无残值，每年产生 6 000 元现金净流量。乙方案投资额 16 000 元，可用 3 年，无残值，每年产生 8 000 元现金净流量。问：两个方案哪个更优？将两方案的期限调整为最小公倍数 6 年，即甲机床 6 年内周转 3 次，乙机床 6 年内周转 2 次。未调整之前，两方案的相关评价指标如表5-12所示。

表5-12　互斥投资方案的选优决策　　　　　　　　单位：元

项目	甲方案	乙方案
净现值（NPV）	3 413	3 895.2
年金净流量（ANCF）	1 967	1 566
内含报酬率（IRR）	44.88%	23.38%

注：经查（P/A，10%，2）=1.735 5，（P/A，10%，3）=2.486 9

尽管甲方案净现值低于乙方案，但年金净流量和内含收益率均高于乙方案。

方法一：共同年限法。

按两方案期限的最小公倍数测算，甲方案经历了3次投资循环，乙方案经历了2次投资循环。两方案的相关评价指标为：

（1）甲方案：

净现值=6 000×4.355 3-7 000×0.683 0-7 000×0.826 4-7 000=8 566（元）

（2）乙方案：

净现值=8 000×4.355 3-16 000×0.751 3-16 000=6 822（元）

上述计算说明，延长寿命期后，两方案投资期限相等，甲方案的净现值8 566元高于乙方案的净现值6 822元，故甲方案优于乙方案。

方法二：年金净流量法。

（1）甲方案：年金净流量=1 967（元）

（2）乙方案：年金净流量=1 566（元）

从表5-10中数据可得甲方案的年金净流量1 967元高于乙方案1 566元，因此甲方案优于乙方案。

至于内含收益率指标，可以测算出：当i=44.88%时，甲方案净现值=0；当i=23.38%时，乙方案净现值=0。这说明，只要方案的现金流量状态不变，按公倍数年限延长寿命后，方案的内含收益率并不会变化。

同样，只要方案的现金流量状态不变，按最小公倍数年限延长寿命后，方案的年金净流量指标也不会改变。甲方案仍为1 967元（8 566/4.355 3），乙方案仍为1 566元（6 822/4.355 3）。由于寿命期不同的项目换算为最小公倍数年限比较麻烦，而按各方案本身期限计算的年金净流量与换算最小公倍数期限后的结果一致。因此，实务中对于期限不等的互斥方案比较，无须换算寿命期限，直接按原始期限的年金净流量指标决策。

综上所述，互斥投资方案的选优决策中，年金净流量全面反映了各方案的获利数额，是最佳的决策指标。因此，在互斥方案决策的方法选择上，项目寿命期相同时可采用净现值法，项目寿命期不同时主要采用年金净流量法。

> **任务解析**
>
> 运用互斥投资方案决策的相关知识对【任务引入】进行解析如下：
>
> 虽然甲、乙两方案的净现值、年金净流量、内含报酬率等指标的数据已知，但因甲、乙两方案所购置设备带来的现金流量的年限不同，因此无法通过直接比较净现值或年金净流量等进行决策。
>
> 根据所学知识可知，可以用共同年限法，通过重置两个项目的年限使其年限相同，再比较其净现值的大小进行决策。
>
> 按两方案期限的最小公倍数测算，甲方案经历了 3 次投资循环，乙方案经历了 4 次投资循环，即可使两个方案的期限相同。两方案经过投资循环后的评价指标为：
>
> （1）甲方案：
>
> 净现值 = 600 000×7.536 1-1 600 000×0.735 0-1 600 000×0.540 3-1 600 000×0.397 1-1 600 000=245 820（元）
>
> （2）乙方案：
>
> 净现值 = 550 000×7.536 1-1 200 000×0.793 8-1 200 000×0.630 2-1 200 000×0.500 2-1 200 000×0.397 1-1 200 000=159 295（元）
>
> 延长期限后，两方案投资期限相等时，甲方案的净现值 245 820 元高于乙方案的净现值 159 295 元，故甲方案优于乙方案。针对该互斥方案，该会展企业应选择甲方案进行投资。

复习与思考

1. 如何划分项目计算期？
2. 为什么用现金流量而不用净利润来判断是否进行项目投资？
3. 现金流量的构成是怎样的？
4. 进行现金流量估计时应注意哪些问题？
5. 贴现评价指标之间有怎样的关系？
6. 运用项目评价方法对独立项目投资进行决策时应注意什么？
7. 进行互斥项目投资决策的方法有哪些？

职业能力测试

一、单项选择题

1. 某投资项目某年的营业收入为 500 000 元，付现成本为 250 000 元，折旧额为 120 000 元，所得税税率为 25%，则该年营业现金净流量为（　　）元。
   A. 250 000　　B. 275 000　　C. 217 500　　D. 270 000

2. 下列各项中，其计算结果等于项目投资方案年金净流量的是（　　）。
   A. 该方案净现值 × 普通年金现值系数
   B. 该方案净现值 ÷ 普通年金现值系数
   C. 该方案每年相等的净现金流量 × 普通年金现值系数
   D. 该方案每年相关的净现金流量 × 普通年金现值系数的倒数

3. 已知某投资项目的原始投资额现值为 200 万元，现值指数为 2.5，则该项目的净现值为（　　）万元。
   A. 325　　B. 315　　C. 290　　D. 300

4. 某投资方案，当折现率为 16% 时，其净现值为 338 元；当折现率为 18% 时，其净现值为 -22 元，该方案的内含收益率为（　　）。
   A. 15.88%　　B. 16.12%　　C. 17.88%　　D. 18.14%

5. 某投资项目各年现金净流量按 15% 折现时，净现值大于零，则该项目的内含收益率一定（　　）。
   A. 大于 15%　　B. 小于 15%　　C. 等于 15%　　D. 无法判断

6. 在对某独立投资项目进行财务评价时，下列各项中，并不能据以判断该项目具有财务可行性的是（　　）。
   A. 以必要收益率作为折现率计算的项目，现值指数大于 1
   B. 以必要收益率作为折现率计算的项目，净现值大于 0
   C. 项目静态投资回收期小于项目寿命期
   D. 以必要收益率作为折现率，计算的年金净流量大于 0

7. 对项目计算期相同而原始投资不同的两个互斥投资项目进行决策时，适宜单独采用的方法是（　　）。
   A. 回收期法　　　　　　B. 现值指数法
   C. 内含报酬率法　　　　D. 净现值法

8. 下列各项中，属于静态投资回收期缺点的是（　　）。
   A. 计算简便　　　　　　B. 便于理解
   C. 回收期越短所冒的风险越小　　D. 没有考虑货币的时间价值

二、多项选择题

1. 在考虑所得税影响的前提下，下列可用于计算营业现金净流量的算式中，正确的有（　　）。
   A. 税后营业利润＋非付现成本
   B. 营业收入－付现成本－所得税
   C. （营业收入－付现成本）×（1－所得税税率）
   D. 营业收入×（1－所得税税率）＋非付现成本×所得税税率

2. 在其他因素不变的情况下，下列财务评价指标中，指标数值越大表明项目可行性越强的有（　　）。
   A. 净现值　　　　　　　　　　B. 现值指数
   C. 内含报酬率　　　　　　　　D. 动态回收期

3. 下列各项中，属于内含报酬率法的优点的是（　　）。
   A. 适应性强，能基本满足项目年限相同的互斥投资方案的决策
   B. 反映了投资项目可能达到的收益率
   C. 易于被高层决策人员所理解
   D. 反映各独立方案的获利水平

4. 某投资项目设定折现率为8%，投资均发生在投资期末，原始投资现值为80万元，投产后各年净现金流量现值之和为120万元，则下列各选项正确的是（　　）。
   A. 净现值为40万元　　　　　　B. 现值指数为1.5
   C. 内含报酬率小于8%　　　　　D. 内含报酬率大于8%

5. 下列投资项目财务评价指标中，考虑了货币时间价值因素的有（　　）。
   A. 静态回收期　B. 净现值　　C. 内含报酬率　　D. 现值指数

三、判断题

1. 净现值法不适用于独立投资方案的比较决策，但能够对寿命期不同的互斥投资方案进行直接决策。（　　）

2. 如果项目的全部投资均于建设起点一次投入，且建设期为零，运营期每年净现金流量相等，则计算内部收益率所使用的年金现值系数等于该项目投资回收期期数。（　　）

3. 投资项目的付现成本不应包括运营期间固定资产折旧费、无形资产摊销费和财务费用。（　　）

4. 净现值法可直接用于对寿命期不同的互斥投资方案进行决策。（　　）

四、实务操作题

某会展企业有甲、乙、丙三个投资项目可供选择,有关数据如表5-13所示,贴现率为6%。

表5-13　甲、乙、丙三个投资项目对比

年次	甲项目		乙项目		丙项目	
	净利润	现金净流量	净利润	现金净流量	净利润	现金净流量
0		−2 500		−1 800		−2 600
1	152	580	120	420	180	700
2	159	600	150	470	180	700
3	160	623	160	520	180	700
4	165	720	200	610	180	700
5	167	780	170	580	180	700
合计	803	803	800	800	900	900

要求:

(1)分别计算各项目的静态投资回收期和平均报酬率;

(2)分别计算各项目的净现值、现值指数和内含报酬率;

(3)假定甲、乙、丙三个项目为独立项目,评价三个项目的财务可行性;

(4)假定甲、乙、丙三个项目为互斥项目,该会展企业应选择哪个项目进行投资。

参考答案

项目 6

会展营运资金管理

思维导图

- 会展营运资金管理
  - 会展现金管理
    - 持有现金的动机
    - 持有现金的成本
    - 最佳现金持有量的确定
    - 现金收支的日常管理
  - 会展应收账款管理
    - 应收账款的功能
    - 应收账款的成本
    - 应收账款的政策
    - 应收账款的日常管理
  - 会展存货管理
    - 存货的概述
    - 存货的控制
    - 存货的日常管理

> **学习目标**
>
> 1. 掌握会展企业现金的概念、持有动机和最佳现金持有量的决策方法。
> 2. 熟悉会展企业现金收支的日常管理方法。
> 3. 了解会展企业应收账款的概念、功能和持有成本。
> 4. 掌握会展企业应收账款的信用标准、信用条件和收账政策。
> 5. 熟悉会展企业应收账款的日常管理。
> 6. 了解会展企业存货的概念和特点。
> 7. 掌握会展企业存货的持有成本和经济订货批量模型。
> 8. 熟悉会展企业存货的日常管理。

任务 6.1　会展现金管理

任务引入

A 会展企业是国内会展行业的龙头企业,以境外出国办展为主营业务,2023 年公司总办展面积 26 万平方米,实际组织境外参展企业数量近 8 800 家,展位数达 1.3 万个,在国内组织出国展览的组展单位中名列前茅。

在展览行业整体发展向好的趋势下,公司实现营业收入 83 497.08 万元,同比增长 139.72%;实现净利润 19 726.04 万元,同比增长 285.68%。因此,公司现金流和货币资金持有量不断增加。由于现金是企业流动性最强的资产,必要的现金对于满足企业的经营开支至关重要,这不仅能够降低企业的经营风险,还能增强企业清偿债务的能力。但是,现金属于非盈利资产,持有过多的现金会导致部分现金闲置,从而降低企业的盈利水平。

讨论与思考:会展企业持有现金可能会产生哪些成本?企业应如何加强现金的日常管理?

知识准备

会展企业要维持正常的生产经营,需要一定的营运资金。广义的营运资金是指企业投放到流动资产上的资金,包括现金、应收账款、存货等占用的资金;狭义的营运资金是指流动资产减去流动负债后的差额。企业营运资金的持有情况和管理水平直接关系到企业的盈利水平和财务风险，因此，本文就会展企业的现金、应收账款和存货管理进行详细阐述。

现金是会展企业日常经营活动中必不可少的交换媒介。这里的现金是广义的，包括企业的库存现金、各种形式的银行存款和银行本票、银行汇票等其他货币资金。

一、持有现金的动机

（一）交易性动机

交易性动机是企业为了满足日常业务的支付需求而持有现金，如购买材料、支付员工工资、偿还利息、支付现金股利等。在经营过程中，会展企业不能始终保持现金收入与现金支出同步同量，因此必须持有适当的现金余额以应付各种日常开支的需要。

（二）预防性动机

预防性动机是指企业应维持一定的现金余额以满足意外支付的需求。会展企业在经营过程中，可以通过资金预测和编制现金预算估算正常的现金需求，但许多意外事件的发生将会影响会展企业的现金需求量，如自然灾害、公共事件、意外事故、客户拖延欠款以及国家政策变化等，都会导致额外的现金支出。因此，需要企业维持一定的额外现金余额以应对可能发生的意外情况。通常，会展企业预防性现金的余额取决于以下几个因素：①会展企业对意外事件发生的概率的判断和风险承受能力；②对意外开支所产生的现金流预测的准确性，不确定性越大，预防性现金的数额就越大；③会展企业的临时借款能力；④会展企业其他流动资产的变现能力。

（三）投机性动机

投机性动机是指企业持有现金以用于不寻常的购买机会，如在适当的时机以有利的价格购入材料、股票或其他资产等。一般而言，会展企业出于投机动机而置存的现金不多，这与企业在金融市场上的投机机会和风险偏好相关。

二、持有现金的成本

会展企业持有现金的成本是指因持有现金而付出的各种代价，具体包括机会成本、管理成本、转换成本和短缺成本。

（一）机会成本

机会成本是指企业因占用资金而丧失的再投资收益。会展企业持有现金而不将其投入经营活动，便失去了获得更多收益的机会，一般以投资收益率计算这种收益。持有的现金越多、投资收益率越高，那么持有现金的机会成本便越高。

（二）管理成本

管理成本是指企业为管理现金而发生的管理费用，如管理人员的工资、安全保险费等。一般而言，管理成本是固定成本，与现金的持有量之间无明显的比例关系。

（三）转换成本

转换成本是指企业将有价证券转换成现金而产生的成本。如经纪费用、税金等。一般而言，现金的转换成本与现金转换次数有关。假设现金每次的转换成本是固定的，每次以有价证券转换回现金的金额越大，那么会展企业平时持有的现金量便越高，转换的次数便越少，一定时期内现金的转换成本就越低。

（四）短缺成本

短缺成本是指因缺乏必要的现金，不能应付业务开支的需要而使企业遭受的损失，如会展企业因不能按时支付采购款而造成的信用损失；不能按时缴纳税金而被征收的滞纳金等。现金的短缺成本随着现金持有量的增加而呈下降趋势。

零营运资金管理

三、最佳现金持有量的确定

为了降低持有现金的成本，会展企业需要控制好持有现金的规模。最佳现金持有量则是指使企业持有现金所花费的成本最小时的现金持有量，它的确定主要有成本分析模型和存货分析模型两种方法。

（一）成本分析模型

成本分析模型是通过分析企业持有现金的机会成本、管理成本和短缺成本来确定最佳现金持有量的。

$$持有现金的总成本 = 机会成本 + 管理成本 + 短缺成本$$

根据图 6.1 所示,成本分析模型中机会成本、管理成本和短缺成本之和最低点时对应的现金持有量即最佳现金持有量。

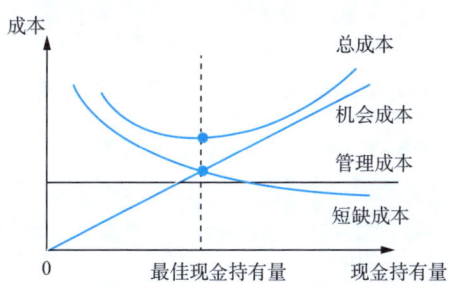

图 6.1　最佳现金持有量的成本分析模型

【例 6-1】某会展企业有四种现金持有量方案,各方案的机会成本率、管理成本和短缺成本如表 6-1 所示:

表6-1　各方案现金持有量　　　　　　　　　　　单位:元

项目＼方案	甲	乙	丙	丁
平均现金持有量	150 000	180 000	216 000	259 200
机会成本率	10%	10%	10%	10%
管理成本	10 000	10 000	10 000	10 000
短缺成本	12 000	6 250	2 250	0

要求:计算该会展企业的最佳现金持有量。

【解析】这四种方案的总成本计算结果如表 6-2 所示。

表6-2　各方案现金持有量　　　　　　　　　　　单位:元

项目＼方案	甲	乙	丙	丁
平均现金持有量	150 000	180 000	216 000	259 200
机会成本	15 000	18 000	21 600	25 920
管理成本	10 000	10 000	10 000	10 000
短缺成本	12 000	6 250	2 250	0
总成本	37 000	34 250	33 850	35 920

将表 6-2 各方案的总成本比较可知,丙方案的总成本最低,即该会展企业年平均现金持有量维持在 216 000 元时,持有现金的总成本最低为 33 850 元,故 216 000 元是该会展企业的最佳现金持有量。

在实务工作中,成本分析模型的适用范围广泛,但是持有现金的短缺成本较难精准预测。

某会展企业采用成本模型确定其最佳现金持有量,相关资料如下:

表6-3　某会展企业现金持有量方案　　　　　　　　单位:元

方案 项目	甲	乙	丙	丁
平均现金持有量	30 000	40 000	50 000	60 000
现金的机会成本率	8%	8%	8%	8%
管理成本	2 000	2 000	2 000	2 000
短缺成本	3 000	2 000	500	0

要求:比较甲、乙、丙、丁四个方案,选择该会展企业的最佳现金持有量。

(二)存货模型

如果会展企业平时只持有较少的现金,在有现金需求时通过出售有价证券换回现金,这样既能满足现金的需要,避免短缺成本,又能减少机会成本。因此,会展企业可以通过将现金和有价证券互相转换提高资金的使用效率。

存货模型,又称鲍莫尔模型,是1952年由美国学者鲍莫尔(W. J. Baumol)提出的将存货经济订货批量模型原理用于确定最佳现金持有量的一种方法。

存货模型假设在一定时期内企业的现金总需求量是可以预测的,并且企业每天的现金支出是均匀的,如图6.2所示。当现金余额为零时,可通过出售有价证券获取现金,使现金余额重新达到应有的水平。

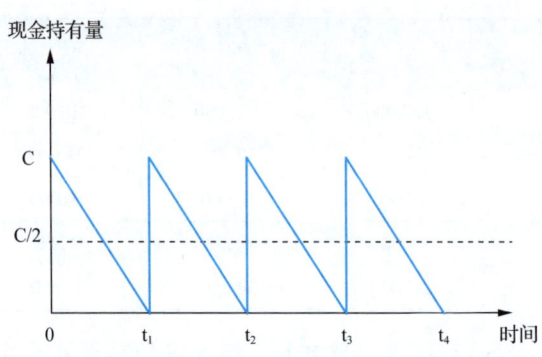

图6.2　企业一段时期内的现金持有量情况

在存货模型下,企业最高现金持有量为C,现金的支出在一段时间内是均匀发生的，当现金余额为 0 时，企业可以通过出售有价证券的方式使现金余额回到 C 元的水平。在此模型下，与现金持有量相关的成本主要包括两个方面，持有现金的机会成本和有价证券转换现金的转换成本。

持有现金的机会成本：即企业持有现金所放弃的收益，通常与平均现金持有量有关。现金持有量越大，机会成本越高，但可以减少现金转换为有价证券的转换交易成本。

有价证券转换现金的转换成本：如经纪人费用、税金及其他管理成本。假设这些成本只与交易次数有关，交易次数越多，转换成本越高。用公式表示为：

$$TC = 机会成本 + 交易成本 = \frac{C}{2}R + \frac{T}{C}F$$

式中，TC 表示持有现金的总成本；C 表示现金持有量；R 表示投资收益率；T 表示一定期间内现金总需求量；F 表示出售有价证券的单次交易成本。

持有现金的总成本、机会成本、转换成本的关系如图 6.3 所示，最佳现金持有量就是使持有现金的总成本最小时的现金持有量，即当机会成本与交易成本相等时，对应的现金持有量为最佳。

$$最佳现金持有量\ C^* = \sqrt{\frac{2TF}{R}}$$

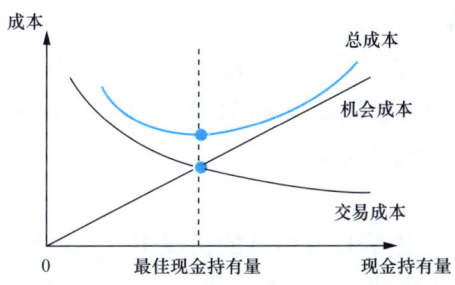

图 6.3 最佳现金持有量的存货模型

存货模型能够计算出最佳现金持有量，但它是以现金支出均匀发生为假设，当会展企业面对现金收支波动较大时，使用这种方法便受到了限制。

【例 6-2】某会展企业预计全年的现金需用量为 1 000 万元，每次有价证券转换为现金需要手续费 200 元，有价证券的收益率为 10%。请用存货模型计算最佳现金持有量。

$$最佳现金持有量 = \sqrt{\frac{2 \times 200 \times 10\ 000\ 000}{10\%}} = 200\ 000（元）$$

> **做中学**
>
> 假设某会展企业利用存货模型预测现金持有量，预计该企业全年现金需要量为 250 000 元，现金与有价证券交易成本为每次 500 元，有价证券年利率为 10%。
>
> 要求：
> （1）确定该企业的最佳现金持有量。
> （2）计算最佳现金持有量下的全年现金管理相关总成本，全年现金交易成本和全年现金持有机会成本。

四、现金收支的日常管理

为了提高现金的使用效率，除了维持最佳的现金持有量外，还可以采用如下方法控制现金的收入与支出。

1. 使用现金浮游量

现金浮游量是指从企业开出支票，收票人收到支票并存入银行，至银行将款项划出企业账户，中间存在的时间差。在会展企业开出支票，银行还未将款项划出之前，可以充分利用这部分现金，但应控制好使用时间。

2. 保持现金流量同步

如果会展企业能够尽可能地使它的现金流入与现金流出的时间趋于一致，就可以使其所持有的交易性现金余额降到最低水平。企业可以通过编制现金预算等方式尽量保持现金流量同步。

3. 推迟应付账款的支付

会展企业可以在不影响自身信誉的情况下，尽可能地推迟应付款的支付期，充分利用供应商提供的信用条件。如会展企业在租赁场馆时，出租方的付款条件是（2/10, 1/20, n/30），如果会展企业的资金宽裕，可以在 10 天内付款，享受 2% 的现金折扣；也可以在 20 天内付款，享受 1% 的现金折扣；如果会展企业的资金非常紧张，可以不享受现金折扣，选择在最长信用期第 30 天付款。

4. 加速收款速度

会展企业可以使用高效的收款系统，降低收款成本、缩短收款浮动期。会展企业通过与客户达成长期、友好的合作关系，可以有效降低收款成本；通过采取电子支付方式，可以有效缩短收款浮动期。

任务解析

1．根据本节的学习，我们知道会展企业持有现金可能会产生机会成本、管理成本、转换成本和短缺成本。为了提高资金的收益率，企业应尽量减少闲置现金的数量，确定最佳的现金持有量。

2．从自身而言，企业应力争使现金流入和现金流出的时间趋于一致，以降低交易性现金的持有量；从上游供应商处应尽可能推迟应付款的付款时间；从下游客户处应尽可能地加速收款速度；同时，合理利用银行的现金浮游量。多种措施并举，最终实现提高资金利用效率的目的。

任务6.2 会展应收账款管理

任务引入

广州市中级人民法院于2023年6月25日裁定受理了广州中创会展公司的破产清算案，该企业由于无法偿付到期债务导致资金链断裂。通过中创会展公司的报表可以看到，该公司账面资产2 000万元，其中货币资金200万元，占资产总额的10%；应收账款1 200万元，占资产总额的60%。广华会计师事务所在对广州中创会展公司进行审计的过程中根据获取的不同审计证据将该公司的应收账款分成了以下几类：①账龄长且原业务人员已经离职，该应收账款尚未交接导致账款催收存在困难，可收回金额难以判定的金额达到200万元；②账龄较长且收回有一定难度的应收账款达到500万元；③债务人已经出现资不抵债的情况或已经破产，但本公司尚未作相应账务处理的应收账款金额150万元；④处于信用期内未发现重大异常，但能否收回尚不确定的应收账款150万元。

讨论与思考：广州中创会展公司账面资产并不低，但为什么会破产？企业应收账款管理中存在哪些问题？企业应该如何加强应收账款管理？

知识准备

会展企业在经营过程中可能会产生应收账款。如向参展商出售展会，参展商在会展结束后一段时间内支付费用；又如会展企业为参展商提供额外的服务，如广告宣传、特殊搭建、物流服务等，服务完成后，款项未立即结清。上述经营活动都会形成应收账款。为加快应收账款的周转速度，提高资金使用效率，会展企业需要加强应收账款的管理。

一、应收账款的功能

1. 增加销售的功能

在激烈的市场竞争中，采取赊销、分期收款等方式可以扩大销售，获得利润。对于提供相似服务的会展企业，客户更倾向于能够提供较长信用期限的供应商。尤其是在市场疲软、资金匮乏的情况下，赊销的促销作用显而易见。

2. 开拓新市场或扩大市场占有率

会展企业业务的地域性明显，为了开拓新市场或者扩大某一区域的市场占有率，通常利用较宽松的信用条件招揽客户、促进销售，以提高企业的竞争力。

二、应收账款的成本

（一）机会成本

应收账款的机会成本，是指如果企业的资金不投放于应收账款，而用于其他投资可获得的收益，如投资于有价证券可获得的收入。这种因投放于应收账款而放弃的其他收入，即为应收账款的机会成本，一般按照有价证券的投资收益率计算。其计算公式为：

应收账款的机会成本 = 日赊销额 × 应收账款平均收现期 × 销售成本率 × 资本成本率

（二）管理成本

应收账款的管理成本是指企业对应收账款进行管理而耗费的开支，如对顾客资信的调查费用、催收账款的费用和收集各种信息的费用等。

（三）坏账成本

应收账款的坏账成本是指由于无法收回应收账款而造成的损失。坏账成本一般与应收账款的数额成正比。

三、应收账款的政策

应收账款的政策又称为"信用政策"，是会展企业财务政策的重要组成部分，主要包括信用标准、信用条件、收账政策三部分。

（一）信用标准

信用标准是指顾客享受企业的商业信用所应具备的条件。如果客户达不到信用标准，那么就不能享受或者只能享受较低的信用优惠。

在制定信用标准时，企业应该考虑，如果将信用标准制定得较为严格，那么只能给信誉很好、预计坏账损失率很低的顾客提供赊销，这样的信用标准能够减少坏账损失，减少应收账款的机会成本，但同时可能不利于扩大销售量，甚至会导致销量减少；反之，如果将信用标准制定得较为宽松，虽然能够增加销量，但同时会增加应收账款的机会成本和坏账损失。这就要求企业权衡利弊，选择适当的信用标准。

（二）信用条件

信用条件是指企业要求客户支付赊销款项的条件，包括折扣期限、现金折扣率和信用期限。信用条件的基本表达式为：2/10，1/20，n/30，意思是若客户在发票开出后 10 天内付款，可以享受 2% 的现金折扣，只需支付原价的 98%；如果 20 天内付款，可以享受 1% 的现金折扣，只需支付原价的 99%；如果放弃现金折扣，则全部款项必须在 30 天内支付。在该信用条件中，30 天为信用期限，10 天和 20 天为折扣期限，2% 和 1% 为折扣率。

1. 信用期限决策

信用期限是指企业为客户提供的最长的付款时间，即客户最长的赊账时间。企业在制定信用条件时，可以通过延长信用期限的方式放宽信用标准，以达到扩大销售的目的。但同时，过长的信用期限可能会给企业带来应收账款机会成本、坏账成本和管理成本的增加。因此，企业在信用期限决策时，可以通过比较信用期限增加带来的收益增幅与由此增加的成本费用，若增加的收益超过了增加的成本费用，则选择延长信用期限。

【例 6-3】某会展企业目前实行较为严格的信用条件，为扩大销售，降低收账费用，拟推行新的信用条件。现有甲、乙两个方案，有关数据如表 6-4 所示。

表6-4 某会展企业的信用条件

项目	现行信用条件	甲方案	乙方案
年销售额（元/年）	2 000 000	2 300 000	2 400 000
收账费用（元/年）	10 000	8 000	6 000
平均收账期（天）	60	90	120
坏账损失率	2%	3%	4%

已知该会展企业的销售毛利率为30%，变动成本率为70%，资本成本率为9%。假设不考虑所得税的影响。

要求：通过计算分析，判断该会展企业是否要改变信用条件？如果要改变，应该选择甲方案还是乙方案？

【解析】通过分析，某会展企业不同信用条件下的实际收益如表6-5所示。

表6-5 某会展企业的信用条件计算分析表   单位：元

项目	现行收账政策	甲方案	乙方案
年销售额	2 000 000	2 300 000	2 400 000
销售毛利	600 000	690 000	720 000
应收账款机会成本	21 000	36 225	50 400
坏账损失	40 000	69 000	96 000
收账费用	10 000	8 000	6 000
实际收益	529 000	576 775	567 600

销售毛利 = 年销售额 × 销售毛利率 = 2 000 000 × 30% = 600 000（元）

应收账款机会成本 = 应收账款占用资金 × 资本成本率
 = 应收账款平均余额 × 变动成本率 × 资本成本率
 = 日销售额 × 平均收账期 × 变动成本率 × 资本成本率
 = 2 000 000 ÷ 360 × 60 × 70% × 9%
 = 21 000（元）

坏账损失 = 年销售额 × 坏账损失率
 = 2 000 000 × 2%
 = 40 000（元）

实际收益 = 销售毛利 − 应收账款机会成本 − 坏账损失 − 收账费用
 = 600 000 − 21 000 − 40 000 − 10 000
 = 529 000（元）

甲方案与乙方案的计算方法与现行收账政策类似，可以得到甲方案的实际收益576 775元，乙方案的实际收益567 600元。因此该会展企业应该改变现行的收账政策，选择甲方案。

做中学

某会展企业预计下年度销售金额为1 800万元，应收账款周转天数为90天，变动成本率为60%，资本成本为10%。

要求：计算该会展企业应收账款的机会成本。

2. 现金折扣政策

现金折扣是企业为了鼓励客户尽早付款而给予的价格优惠。企业向客户提供现金折扣时，需要考虑折扣后所带来的收益是否大于提供现金折扣的成本。折扣后所带来的收益主要指提前收款而减少的应收账款的机会成本、管理成本和坏账成本。现金折扣成本是指在折扣期内为客户减免的折扣金额。

【例6-4】某会展企业现实行30天的信用期限，边际贡献率为30%，资本成本率为9%。为扩大销售、加速账款回收，该会展企业拟推行新的信用政策如表6-6所示。在新的信用政策下，预计将有30%的客户在20天内付款，有30%客户在30天内付款。要求：根据已知条件计算并说明该会展企业是否应该改变信用条件。

表6-6 某会展企业的信用条件

项目	现行信用条件	甲方案
年销售额（元/年）	2 000 000	2 300 000
信用条件	30	2/20,1/30,n/60
收账费用（元/年）	10 000	11 000
坏账损失率	2%	3%

【解析】该会展企业改变信用条件后增加的净损益计算如下。

（1）收益的增加 = 销售收入增加额 × 边际贡献率 =（2 300 000-2 000 000）× 30%=90 000（元）

（2）信用政策调整后的平均收账期 =20×30%+30×30%+60×40%=39（天）

资金年均占用额的变动 =2 300 000×（1-30%）÷360×39-2 000 000×（1-30%）÷360×30=57 750（元）

应计利息增加 = 57 750×9% = 5 197.5（元）

（3）收账费用增加 = 11 000-10 000=1 000（元）

（4）坏账损失增加 = 2 300 000×3%-2 000 000×2%=29 000（元）

（5）现金折扣成本增加 =2 300 000×30%×2%+2 300 000×30%×1%= 20 700（元）

（6）收益增加 - 成本费用增加 = 90 000-（5 197.5+1 000+29 000+20 700）= 34 102.5（元）

由于改变信用条件可以为该会展企业带来34 102.5元税前收益，因此应当放宽信用期并提供现金折扣。

> **做中学**
>
> 某会展企业资金成本率为10%，年销售收入为6 000 000元，边际贡献率为20%，最长信用期限为30天，收账费用和坏账损失均占销售收入的1%。公司为了加速账款回收和扩大销售收入，准备将信用政策调整为"2/20，n/40"，预计调整后的销售收入将增加5%，收账费用为1%，坏账损失为1.5%，有30%的客户在20天内付款，70%的客户在40天内付款。
>
> 要求：根据计算结果说明该会展企业是否应该改变信用政策。

（三）收账政策

收账政策是指当信用条件被违反时，企业所采取的收账策略。当客户超过信用期限而未支付账款时，为减少坏账损失，企业会采取一定的收账政策，但同时会增加企业的收账成本。一般而言，企业的收账费用支出越多，可能发生的坏账损失越少，但两者并不一定存在线性相关关系。如图6.4所示，实务中当企业花费少量收账费用时，应收账款的坏账损失仅有少量的下降；当收款费用持续大量投入时，应收账款和坏账损失明显下降；当收款费用的投入达到饱和点（Q点）时，应收账款和坏账损失的下降就不再显著了。会展企业在制定相关收账政策时，应平衡收账费用与减少的应收账款机会成本和坏账损失之间的关系。

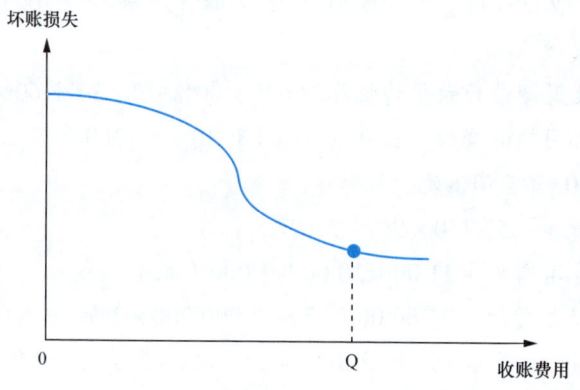

图6.4 收账费用与坏账损失关系图

四、应收账款的日常管理

一般而言，会展企业的应收账款金额较大，且在资产中占比较高，因此做好应收账款的日常管理至关重要。会展企业应根据制定的信用政策对客户做好信用调查和信用评价,当客户违反信用条件时做好账款的催收工作。

1. 客户的信用调查

在与客户签订合同之前,会展企业应当对客户的信用状况进行全面调查。这包括调查客户的财务状况、经营历史、行业声誉等。信息调查可以分为直接调查和间接调查。

直接调查是指调查人员直接与被调查单位接触,通过面对面访谈、询问等方式获取一手信用资料。直接调查的结果可靠性强,但信息收集成本较高,且难以获得被调查单位的全面配合。

间接调查是指以被调查单位以及其他单位的相关原始资料和会计核算记录为基础,通过加工整理得到所需信息的一种调查方法。这类资料主要包括被调查单位的财务报表、信用评估机构的评估报告、银行的征信报告等。

2. 客户的信用评价

根据收集的客户信用资料,会展企业要对这些资料进行分析,并对客户信用状况进行评估。常用的信用评估方法为"5C"评估法。所谓"5C"评估法是指从客户信用状况的五个方面进行评价,分别是品质(character)、能力(capacity)、资本(capital)、抵押(collateral)、条件(conditions)。

(1)品质是指客户履行偿债义务的可能性,即客户的信誉。通过客户过去的付款记录,企业可以了解其是否经常拖欠供应商货款,以及其与供应商的关系是否良好。客户的品质特征直接决定了账款的回收效率,是企业在客户信用评价时首要考虑的因素。

(2)能力是指客户的偿债能力。通过对客户企业资产负债表的评估,可以了解其流动资产的数量和质量以及与流动负债的比值,流动资产越多,质量越好,那么客户的偿债能力越强。

(3)资本是指客户的财务实力和财务状况,主要通过资产负债率、产权比率等财务指标来衡量。

(4)抵押是指客户拒付款项或无力支付款项时能被用作抵押的资产。这对于首次交易或信用状况有争议的客户尤为重要,一旦这些客户无法付款,可以用抵押品抵补。分析时要关注担保抵押手续是否齐备,抵押品的估值和出售是否存在问题,担保人的信誉是否可靠等。

(5)条件是指可能影响客户付款能力的经济环境,比如客户在困难时期的付款历史、在经济不景气情况下的付款可能,另外还包括客户自身的经营状况。

会展企业掌握客户以上五个方面的品质状况后,基本上可以对客户的信用品质进行综合评估。对综合评价高的客户可以适当放宽信用标准,而对综合评价低的客户就要严格信用标准,甚至可以拒绝提供信用以确保经营安全。这种信用评估方法被广泛应用于会展企业对客户的信用评价领域,有助于企业降低信用风险、提高会展企业的销售额,并为企业积累优质客户。

3. 应收账款的监控

应收账款发生后,会展企业应对应收账款的账期进行监控,随时掌握应收账款的回收情况。针对超过信用期限的款项,拖欠时间越长则收回的可能性越小,形成坏账的可能性越大。因此,会展企业可以通过编制账龄分析表监督应收账款的回收情况。

账龄分析表是一张能显示应收账款账龄情况的表格。账龄分析表反映了会展企业有多少应收账款尚在信用期内,有多少应收账款已经超过了信用期,超过时间的长短和各段时间中款项的占比。对不同拖欠时间的账款,会展企业应采取不同的收账方法,制定出切实可行的收账政策。对可能产生的坏账损失,采取计提坏账准备等措施,降低这一因素对会展企业带来的影响。

【例6-5】20×5年12月31日,A会展企业9~12月应收账款情况如表6-7所示,假设该会展企业的信用期为30天,不存在其他应收账款。请根据表6-7完成应收账款账龄分析。

表6-7　A会展企业应收账款明细表　　　　　　　　　　　单位:元

9月		10月		11月		12月	
日期	金额	日期	金额	日期	金额	日期	金额
9.1	20 000	10.3	59 800	11.5	55 200	12.6	36 000
9.20	50 000	10.12	25 720	11.7	13 700	12.18	180 000
9.28	78 000	10.21	16 000	11.15	125 500	12.26	83 000
		10.26	28 000	11.22	25 000	12.29	89 000
		10.28	56 000				
		10.31	58 000				
合计	148 000		243 520		219 400		388 000

【解析】根据表6-7可知,A会展企业的应收账款账龄分析如表6-8所示。

表6-8　A会展企业应收账款账龄分析表　　　　　　　　　单位:元

应收账款账龄	金额	占比(%)
信用期内	388 000	38.84
超过信用期1~20天	150 500	15.07
超过信用期21~40天	210 900	21.11
超过信用期41~60天	101 520	10.16

续表

应收账款账龄	金额	占比（%）
超过信用期 61～80 天	128 000	12.81
超过信用期 81～100 天	20 000	2.00
合计	998 920	100.00

根据表 6-8 所示，A 会展企业的应收账款中有 388 000 元在信用期内占全部应收账款的 38.84%。虽然这些账款未到偿付期，但能否收回尚未可知，需要及时监督其回款情况。

A 会展企业的应收账款中有 610 920 元已超过了信用期，占应收账款总额的 61.16%。逾期金额占比较大，应及时采取催收措施。

4．逾期账款的催收

逾期的应收账款，拖欠时间越长，收回的难度越大，企业应针对拖欠时间长短的不同采取不同的收账政策，逾期账款的催收方式主要包括以下几种：

（1）电话催收：这是最常见和直接的方式。催收人员通过电话与欠款客户沟通，提醒其还款义务，并了解逾期原因。例如，催收人员在电话中清晰地说明欠款金额、逾期天数和可能产生的后果，同时询问客户是否遇到了特殊困难导致逾期。

（2）信函催收：以正式的书面形式向客户发送催收通知。例如，发出措辞严肃、条理清晰的催收函，详细说明逾期情况，并要求客户在指定日期内还款。

（3）上门催收：催收人员亲自前往客户的经营场所或住所进行催收。这种方式更具威慑力，但要注意合法合规和安全。例如，催收人员在上门时保持礼貌但坚定的态度，与客户当面沟通还款事宜。

（4）委托第三方催收机构：专业的催收机构通常具有更丰富的经验和手段。但需要选择合法合规、信誉良好的机构。例如，一些知名的催收机构会根据客户的情况制定个性化的催收方案。

（5）法律手段：当其他催收方式无效时，可以通过法律途径来追讨欠款。比如向法院提起诉讼，申请财产保全、强制执行等。

（6）减免政策诱导：针对有还款意愿但暂时困难的客户，提供一定的减免政策。例如，减免部分逾期利息或滞纳金，以鼓励客户尽快还款。

任务解析

通过本节的学习，我们知道虽然广州中创会展公司账面资产不低，但是由于其现金持有量不足以偿付到期债务，且大量应收账款难以收回，导致该会展企业资金链断裂而申请破产。该会展企业应收账款的日常管理中存在以下问题：

1．该企业未制定详细的信用政策，未根据客户的资信情况分别制定信用标准和信用条件，导致授信过度，应收账款难以收回。

2．该企业未明确应收账款的责任部门和责任人，没有建立相应的应收账款管理办法，导致员工离职后应收账款未交接、大量逾期应收账款难以收回等情况。

3．该企业没有对难以收回的应收账款计提坏账准备，导致企业报表中总资产虚高，存在误导管理层做出经营决策的可能性。

针对以上问题，广州中创会展公司可以采取以下措施加强应收账款管理。

1．加强客户信息管理，建立健全信用政策。通过本节的学习，我们了解了企业持有应收账款会产生一定的机会成本、管理成本和坏账成本，因此企业应平衡各项成本之间的关系，同时加强客户信息管理，为不同信用等级的客户提供差异化信用政策。

2．明确应收账款责任部门，健全岗位责任制度。企业应贯彻落实不相容职务相分离的原则，建立健全岗位责任制，完善应收账款的交接与收款流程。

3．加强应收账款的财务核算监督，建立应收账款的账龄分析制度和逾期催收制度，定期核对往来款项，对难以收回的应收账款及时计提坏账准备。

任务 6.3　会展存货管理

任务引入

零库存计划是一种先进的库存管理策略，能够最大限度地减少企业库存持有量，甚至实现库存为零的目标。零库存计划能够显著降低库存成本，包括仓储成本、资金占用成本以及库存损耗等，从而提高存货的周转效率。当企业的资金不被积压在库存中，而是能够更灵活地用于核心业务发展、研发创新或市场拓展时，企业对市场变化的响应能力便会增强。

实施零库存计划也面临一些挑战。它对供应链的协同和管理要求极高。供应商需要能够及时、准确地提供货物，任何环节的延误都可能导致项目中断。同时，对需求预测的准确性要求也很高。如果预测出现偏差，可能会出现缺货的情况，影响客户满意度。

讨论与思考：会展企业的存货通常包括哪些？会展企业是否可以引入存货的"零库存计划"？

 知识准备

一、存货的概述

存货是指企业在日常活动中持有以备出售的产成品或商品、处在生产过程中的在产品、在生产过程或提供劳务过程中耗用的材料和物料等。

存货具有以下几个特点：

（1）存货的持有目的主要是为了出售、生产或提供服务。

（2）存货属于流动资产。存货通常在一年以内或一个营业周期内被消耗、出售或转化为其他资产。

（3）存货是有形资产。

会展企业的服务内容主要包括展览策划与设计、参展服务、观众招募与推广、会议组织与策划、商务拓展与合作洽谈等，因此会展企业存货的金额一般不大，存货的内容具有明显的行业特征，主要包括：

（1）展览用品：展示架、展板、展柜等用于展示产品或信息的设备，如定制的具有特定品牌标识和设计的展示架。

（2）装饰和布置材料：地毯、幕布、灯光设备等用于营造展览氛围的物品。花卉、绿植等用于装饰展台和展览区域的植物，如不同颜色和质地的地毯以适应不同主题的会展。

（3）办公用品：纸张、笔、文件夹等常用的办公文具。

（4）后勤保障物资：饮用水、食品等供工作人员和参观者使用的物资。清洁用品，如扫帚、拖把、清洁剂等。

（5）礼品和赠品：如为吸引客户准备的小礼品，印有企业标志的钥匙链、笔记本等。

需要注意的是，不同类型和规模的会展企业，其存货的具体内容和分类可能会有所差异。

二、存货的控制

(一) 存货的持有成本

会展企业存货的成本包括采购成本、储存成本和缺货成本。

存货的采购成本包括存货的购置成本和存货的订货成本。其中购置成本是指存货本身的价值,而订货成本是指取得订单的成本,如办公费、差旅费、邮资等。

存货的储存成本是指为保存存货而发生的成本,包括仓储费、保险费、存货破损变质的损失、资金占用成本等。

存货的缺货成本是指由于存货供应中断造成的损失,包括停工损失、由于存货短缺造成的违约损失等。

(二) 存货的经济订货批量模型

经济订货批量是指一定时期内,使企业存货的储存成本和订货成本之和最低的采购批量。从存货的成本构成中可知,储存成本和订货成本与订货量之间成反比,如图6.5所示。会展企业采购存货时,每批次的订货量越大,那么订货的次数越少,订货成本越低,但同时企业储存的平均存货量也相应增多,储存成本增加;如果每批次的订货量越小,那么订货的次数越多,订货成本越高,但同时企业储存的平均存货量也相应较少,储存成本较低。由此可见,随着订货批量的变化,存货的订货成本和储存成本相互作用,此消彼长。要维持较低的存货成本,就要找到存货的经济订货批量(Q^*点)。

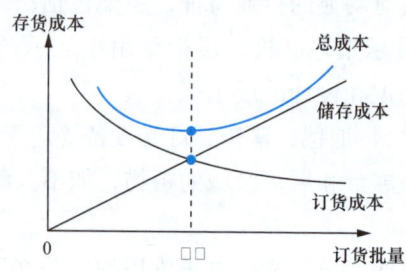

图6.5 存货经济订货批量模型

存货的经济订货批量模型通常基于以下假设。

(1) 需求稳定且已知:假定存货的需求是均匀且恒定的,并且在每一个时间段内的需求量可以准确预测。

(2) 订货提前期固定:从发出订单到货物到达所经历的时间是固定不变的。

(3) 货物一次到货:每次订购的货物会一次性全部到达,不存在陆续到货的情况。

（4）不允许缺货：假设企业在存货用完之前总能及时补充存货，不会出现缺货导致生产中断或销售损失的情况。

（5）采购成本不变：每次采购存货的单价固定，不受采购数量的影响。

（6）单位存储成本固定：存货的单位存储成本在整个期间内保持不变，且不存在固定订货成本和固定储存成本。

（7）只考虑一种存货：模型通常只针对单一品种的存货进行分析，不考虑多种存货之间的相互关系。

基于上述假设，与存货的订货批量、订货批次相关的只有订货成本和储存成本两项。

设全年需求量为D，每批订货量为Q，每次订货的变动订货成本为K，存货年单位变动储存成本为K_C，则可以得到：

$$存货相关总成本 T_C = 订货成本 + 储存成本 = \frac{D}{Q} \cdot K + \frac{Q}{2} K_C$$

求存货相关总成本T_C的最小值，可以用微分方法对T_C求导数，把Q看成自变量，把K、D、K_C看成常量，令T_C的导数为0，则可以得到：

$$经济订货批量 Q^* = \sqrt{\frac{2DK}{K_C}}$$

$$最小相关总成本 T_C = \sqrt{2DKK_C}$$

【例6-6】某会展企业全年需用甲材料12 000件，每次订货的成本为4 000元，每件存货的年储存成本为6元，请计算该会展企业的经济订货批量和相关总成本。

【解析】该会展企业的经济订货批量和相关总成本计算如下：

$$经济订货批量 Q^* = \sqrt{\frac{2 \times 12\,000 \times 4\,000}{6}} = 4\,000（件）$$

$$最小相关总成本 T_C = \sqrt{2 \times 12\,000 \times 4\,000 \times 6} = 24\,000（元）$$

做中学

某会展企业每年需要耗用A材料45 000件，单位材料年变动储存成本20元，每次订货费用为180元，A材料全年平均单价为240元。假定不存在数量折扣，不会出现陆续到货和缺货现象。

要求：
（1）计算 A 材料的经济订货批量。
（2）计算 A 材料的年度最佳订货次数。
（3）计算 A 材料的变动订货成本。
（4）计算 A 材料的变动储存成本。
（5）计算 A 材料的存货相关总成本。

三、存货的日常管理

（一）确定最佳库存水平

确定会展企业存货的最佳库存水平，需要综合考虑多个因素：

1. 存货的需求预测

会展企业可以通过分析历史销售数据和参展人数等信息，预测不同类型会展活动对各类存货的需求。同时，考虑市场趋势、行业动态以及潜在客户的兴趣变化等因素，对需求进行修正和调整，提高需求预测的准确性，使存货保持最佳库存水平。如过去的汽车展览会中某种宣传资料需求量较大，且有新的热门车型推出，可能需要增加相关宣传资料的库存。

2. 存货的经济订货批量

会展企业在经营过程中，如大量采购某类装饰材料可能会获得较低的单价，降低采购成本，但同时会增加储存成本，可能并不划算。因此，会展企业需要综合考虑各类成本，运用经济订货批量模型，找到最优订货批量实施采购，使存货成本维持在尽可能低的水平。

3. 供应链的稳定性

会展企业需要了解供应商的交货能力和可靠性，考虑供应链可能出现的中断风险，如运输延误、原材料短缺等。若供应商经常出现延迟交货的情况，可能需要适当提高库存水平以应对不确定性。建立良好的供应商关系，争取有利的采购条款，如灵活的交货时间、批量折扣等。探讨与供应商共同管理库存的可能性。

（二）存货的 ABC 分类管理方法

会展企业的存货类型虽然与工业企业有所不同，但在组成结构上仍存在品种繁多、单价高低悬殊等特点。因此，不同类型的存货占用企业资金的数额不同，可以采用 ABC 存货分类管理方法。

ABC 存货分类管理方法是指将所有的存货按照品种数量的多少、价值的大小，按照一定的标准分析后依次划分为 A、B、C 三类，针对不同类别的存货分主次、有区别地进行管理和控制的方法。

1．ABC 存货分类管理方法的划分标准

A 类：品种数量约占全部存货品种数量的 5%～10%，实物价值约占全部存货总价值的 70%～80%。

B 类：品种数量约占全部存货品种数量的 15%～25%，实物价值约占全部存货总价值的 15%～20%。

C 类：品种数量约占全部存货品种数量的 65%～80%，实物价值约占全部存货总价值的 5%～10%。

2．对三类存货的控制方法

根据上述存货分类标准，对 A、B、C 三类存货进行有效控制，根据其具体情况分主次、抓重点地进行区别管理。

A 类存货品种数量虽然不多，但是价值较高，是存货日常控制的重点。尽量将库存压缩到最低，在保证安全库存的前提下，采用小批量、多批次的采购入库方式，建立科学完善的盘存制度，尽量能做到准时制管理，以提高资金周转率，降低库存管理费用，及时获得降价收益。同时注意季节储备和涨价前的储备。

B 类存货应进行次重点管理，每周进行盘点和检查。可按大类确定订购数量和储备金额，并根据不同情况灵活选用存货控制方法。

C 类存货品种数量较多，但价值较低，管理相对粗放。通常采用定量订货控制法，集中采购，并适当增大储备定额、保险储备量和每一次的订货批量，相应减少订货次数。

任务解析

1．通过本节的学习，我们了解了会展企业的存货通常包括展览用品、装饰和布置材料、办公用品、后勤保障物资、礼品和赠品等。

2．会展企业也可以引入存货的"零库存计划"。例如，可以与多家供应商建立紧密的合作关系或协商租赁、定制服务。在每次展会筹备前，与供应商详细沟通所需物品的规格、数量和交付时间，并签订严格的供应合同，确保器材能够准时送达展会现场并直接投入使用。

复习与思考

1. 什么是营运资金？
2. 会展企业为什么要持有现金？现金管理的措施包括哪些？
3. 会展企业为什么会产生应收账款？应收账款政策包括哪些主要内容？
4. 会展企业的存货主要包括哪些内容？存货的持有成本包括哪些？
5. 什么是存货的 ABC 分类管理方法？

职业能力测试

一、单项选择题

1. 在其他条件相同的情况下，下列各项中可以加速现金周转的是（   ）。
   A. 减少存货量   B. 减少应付账款
   C. 放宽赊销信用期   D. 利用供应商提供的现金折扣

2. 下列各项中不属于现金支出管理措施的是（   ）。
   A. 推迟支付应付款   B. 提高信用标准
   C. 以汇票代替支票   D. 争取现金收支同步

3. 根据经济订货批量的基本模型，下列各项中可能导致经济订货批量提高的是（   ）。
   A. 每期对存货的总需求降低   B. 每次订货费用降低
   C. 每期单位存货储存费用降低 D. 存货的采购单价降低

4. 企业在进行现金管理时，可利用的现金浮游量是指（   ）。
   A. 企业账户所记存款余额
   B. 银行账户所记企业存款余额
   C. 企业账户与银行账户所记存款余额之间的差额
   D. 企业实际现金余额超过最佳现金持有量之差

5. 某会展企业目前的信用政策为"2/15，N/30"，有占销售额60%的客户在折扣期内付款并享受公司提供的折扣；不享受折扣的应收账款中有80%可以在信用期内收回，另外20%在信用期满后平均12.5天收回。则该会展企业应收账款的平均收限期为（   ）天。
   A. 18   B. 21   C. 22   D. 41.5

二、多项选择题

1. 运用成本模型确定会展企业最佳现金持有量时，现金持有量与持有成本之间的关系表现为（　　）。

  A. 现金持有量越小，总成本越大

  B. 现金持有量越大，机会成本越大

  C. 现金持有量越小，短缺成本越大

  D. 现金持有量越大，管理总成本越大

2. 会展企业如果延长信用期限，可能导致的结果有（　　）。

  A. 扩大当期销售　　　　　　B. 延长平均收账期

  C. 增加坏账损失　　　　　　D. 增加收账费用

3. 下列各项中不属于存货储存成本的是（　　）。

  A. 存货仓储费用　　　　　　B. 存货破损和变质损失

  C. 存货储备不足而造成的损失　D. 存货占用资金的应计利息

4. 下列各项中属于企业应收账款成本内容的是（　　）。

  A. 机会成本　　B. 管理成本　　C. 短缺成本　　D. 坏账成本

5. 在确定经济订货批量时，下列表述中正确的有（　　）。

  A. 随每次订货批量的变化，相关订货成本和相关储存成本呈反方向变化

  B. 相关储存成本的高低与每次订货批量成正比

  C. 相关订货成本的高低与每次订货批量成反比

  D. 年相关储存成本与年相关订货成本相等时的采购批量，即为经济订货批量

三、判断题

1. 会展企业采用严格的信用标准，虽然会增加应收账款的机会成本，但能扩大销售额，从而给企业带来更多收益。（　　）

2. 存货管理的目标是在保证企业正常运营的前提下，最大限度地降低存货成本。（　　）

3. 现金折扣是企业为了鼓励客户多买商品而给予的价格优惠，每次购买的数量越多，价格也就越便宜。（　　）

4. 在存货的 ABC 控制法下，应当重点管理的是虽然品种数量较少，但金额较大的存货。（　　）

5. 持有过量现金，可能导致企业收益水平下降。（　　）

四、实务操作题

1. 某会展企业现金收支稳定，预计全年现金需要量为 300 000 元，现金与有价证券的转换成本为每次 200 元，有价证券年利率为 15%。

要求：

（1）确定该企业的最佳现金持有量。

（2）计算最佳现金持有量下的全年现金管理相关总成本，全年现金交易成本和全年现金持有机会成本。

2. 某会展企业预测20×5年度销售收入净额为45 000 000元，现销与赊销比例为1：4，应收账款平均收款天数为60天，变动成本率为50%，企业的资本成本率为10%。一年按360天计算。

要求：

（1）计算20×5年度的赊销额。

（2）计算20×5年度的应收账款平均余额。

（3）计算20×5年度应收账款占用资金。

（4）计算20×5年度应收账款的机会成本。

（5）若20×5年应收账款平均余额需要控制在4 000 000元，在其他因素不变的条件下，应收账款平均收账天数应调整为多少天。

3. 某会展企业采用赊销的方式，销售信用条件为N/60，变动成本率为60%。如果继续采用该信用条件，预计20×5年赊销收入净额为1 000万元，坏账损失为20万元，收账费用为12万元。

为了扩大销售量，该会展企业拟将信用条件变更为N/90。在其他条件不变的情况下，预计20×5年赊销收入金额为1 100万元，坏账损失为25万元，收账费用为15万元，假定投资报酬率为10%。一年按360天计算，所有客户均于信用期满付款。

要求：

（1）计算信用条件改变后，该企业收益的增加额。

（2）计算信用条件改变后，该企业应收账款成本增加额。

（3）该企业做出是否改变信用条件的决策，并说明理由。

4. 假设某会展企业每年需要采购原材料4 900千克，该原材料的单价为100元，单位变动储存成本为400元，一次订货成本5 000元。

要求：

（1）计算该存货的经济订货批量及最佳订货次数。

（2）计算最低存货成本。

参考答案

项目 7

会展成本管理

思维导图

```
                        ┌─ 成本的构成
          ┌─ 会展成本管理的内容 ─┼─ 成本管理的方法
          │                └─ 成本管理的作用和原则
          │
会展       │                ┌─ 成本管理环节
成本  ─────┼─ 会展成本管理的体系 ─┤
管理       │                └─ 成本管理的制度规范
          │
          │                ┌─ 会展项目成本管理流程
          └─ 会展项目成本管理 ─┼─ 会展项目成本估算
                           └─ 会展项目成本控制
```

学习目标

1. 了解会展企业成本的构成和分类。
2. 熟悉会展企业成本管理的方法、作用和原则。
3. 掌握会展企业不同环节成本管理的内容。
4. 了解会展企业成本管理的制度规范。
5. 掌握会展项目成本管理的流程。
6. 掌握会展项目成本控制的概念和流程。

任务 7.1　会展成本管理的内容

任务引入

2023 年，随着会展业外部环境持续向好，为行业发展奠定了坚实的基础。东浩兰生会展集团股份有限公司作为会展行业的龙头企业，深入实施"十四五"规划总体布局，在夯实会展基本盘的同时，全面推进"会展中国"和"数字会展"两大发展战略，持续加快资本赋能，以内生发展和外延并购双轮驱动，助力会展业高质量发展。2023 年，该公司共举办 13 场大型会议活动；主办承办 18 场展会，总规模超 110 万平方米，服务参展观众超 130 万人次；举办 8 场赛事项目，总参与人数超 7.7 万人；该公司运营的上海世博展览馆共承接 95 个项目，总租馆面积超 1 000 万平方米。东浩兰生会展集团股份有限公司是中国国际进口博览会的重要服务商。其服务内容包含招展招商、主场搭建、主场物流、特装展台设计搭建、会务服务等。

讨论与思考：通过互联网查阅东浩兰生会展集团股份有限公司年报和其他相关资料，了解其在服务中国国际进口博览会过程中产生了哪些成本费用？

知识准备

要研究会展企业的成本管理，首先要明确成本的范畴。企业管理中的成本是指为取得经营成果所发生的全部成本费用，包括全部生产成本和非生产成本。

一、成本的构成

会展企业属于现代服务业，它与传统生产销售企业的经营模式完全不同，因此成本的构成内容也有所不同。下面按照不同的成本分类方法进行阐述。

（一）按照成本性态分类

按照成本性态分类，会展企业的成本可以分为固定成本、变动成本和混合成本。

固定成本又称为不变成本，是指在一定时期和一定业务范围内不随业务量改变而变化的成本。会展企业的固定成本主要指管理人员工资、办公费用、以直线法计提的机器设备和房屋建筑物的折旧费等。这类成本总额不受业务量变动影响而保持不变，但是单位固定成本会随着业务量的增加而减少，呈现反方向变动。

变动成本是指在一定时期和一定业务量成本范围内，成本总额随着业务量的变化而按比例变化的成本。会展企业的变动成本主要指企业提供服务过程中发生的材料费、人工费和其他随业务量正比例变动的燃料动力费、物料用品费、按工作量法计提的固定资产折旧费、按销售量支付的销售佣金、运输费和包装费等都属于变动成本。这类成本总额随着业务量的变动而成正比例变动，但是从单位业务量来看，每单位业务量所负担的变动成本却是固定不变的，即单位变动成本不受业务量变动的影响而保持不变。

混合成本是介于固定成本和变动成本之间，其总额既随业务量变动而又不成正比例的那部分成本。如会展企业员工固定加提成形式的薪资、设备维护和修理费、公用事业服务费中的水、电、气、电话费等。

（二）按照计入服务成本的方法分类

按照计入服务成本的方法分类，会展企业的成本可以分为直接成本和间接成本。

直接成本是指能够明确且直接归属某个特定产品、服务或项目的成本。这些成本与特定的产出之间存在清晰、直接和易于追溯的关系，如与会展项目直接相关的费用：场地租金、展台装修费用、陈设家具租金、展示器材、灯光音响的购置费用。这些费用是直接用于某个特定会展项目的，因此需要被准确地归集至会展项目的直接成本。

间接成本是指投入成本与产品和服务难以形成直接量化关系的部分，如几个会展项目共同消耗的电费、水费、布展人员工资、广告宣传费用等。

（三）按照经济内容分类

会展企业在经营期间的成本费用按照经济内容的不同，主要表现为营业成本和期间费用两个部分。

1．营业成本

营业成本指企业所销售商品或提供劳务的成本。就会展企业而言，营业成本的核算对象是在会展活动中直接与提供服务相关的成本，一般按照不同的展会项目分别核算。

营业成本的内容主要包括展馆场地租赁成本、展览活动需用的舞台搭建和装饰成本、展品运输和仓储成本、现场服务成本、展览期间展馆的安保成本等。营业成本的特点是能够明确地对应到某个特定的会展项目或业务。例如，举办一场车展，用于租赁车展场地的费用属于营业成本的一部分；同时，搭建展示车辆展台所使用的材料和人工费用也属于营业成本。

2．期间费用

期间费用则是指企业在一定会计期间内，不能直接归属于某个特定业务活动，但对企业整体运营和管理产生影响的费用。期间费用一般与时间相关，无论企业的业务量多少，在特定的时间段内都会发生，且难以直接与具体业务挂钩。期间费用包括销售费用、管理费用和财务费用。

销售费用是指企业销售商品和材料、提供劳务的过程中发生的各种费用。会展企业的销售费用主要包括广告宣传费、业务招待费、销售人员薪酬和提成等。

管理费用是指企业行政管理部门为组织和管理生产经营活动而发生的各种费用。会展企业的管理费用主要包括管理人员薪酬、办公费用、管理人员差旅费和固定资产折旧费等。

财务费用是指企业为筹集生产经营所需资金等而发生的费用。会展企业的财务费用具体包括利息净支出、汇兑净损失、金融机构手续费以及筹集经营资金发生的其他费用等。

二、成本管理的方法

成本管理是所有企业经营中财务管理的核心内容之一，常用的成本管理的方法有目标成本法、标准成本法、定额成本法、变动成本法和作业成本法。

（一）目标成本法

会展企业的目标成本法是指在会展项目策划与筹备阶段，根据市场调研确定的目标价格以及企业期望达到的目标利润，倒推出会展项目的目标成本，然后将该目标成本层层分解并落实到项目的各个环节和部门，在项目实施过程中对成本进行严格控制和管理，确保最终成本不超过目标成本的一种成本控制方法。

（二）标准成本法

会展企业的标准成本法是指通过精确的调查、分析与技术测定，为会展项目的各项成本要素制定合理的标准成本，以此为基础，将实际成本与标准成本进行对比，核算和分析成本差异，进而采取措施对成本进行有效控制的一种方法。

（三）定额成本法

定额成本法是指在生产经营过程中，以事先制定的定额成本为标准，将实际发生的成本与定额成本进行比较，揭示成本差异，对成本差异进行分析和控制的一种成本管理方法。对于会展企业来说，根据会展项目的特点和要求，预先确定各项成本的定额标准，在项目实施过程中，将实际成本与定额成本进行对比，及时发现并解决成本偏差问题，以达到成本控制的目的。

（四）变动成本法

变动成本法是指在企业的成本计算过程中，以成本性态分析为前提条件，只将变动生产成本作为产品成本的构成内容，而将固定生产成本和非生产成本作为期间成本，并按贡献式损益确定程序计算损益的一种成本计算模式。对于会展企业而言，即将与会展项目直接相关且成本总额随业务量变动而成正比例变动的成本作为产品成本，其他成本作为期间成本。其中，变动生产成本一般指直接材料成本、直接人工成本和变动制造费用；期间成本一般指固定生产成本（如会展企业的场地长期租赁费用等）和非生产成本（如销售费用、管理费用和财务费用）。

$$会展项目成本 = 直接材料成本 + 直接人工成本 + 变动制造费用$$

（五）作业成本法

作业成本法是将间接成本和辅助费用更准确地分配到产品和服务中的一种成本计算方法。在作业成本法下，以"作业消耗资源、产品消耗作业"为基本理念，会展企业的各种成本首先是因执行各项作业而发生，这些作业消耗了资源，而会展项目等产品或服务又消耗了这些作业。通过对作业进行识别和分类，将资源成本准确地分配到作业，再将作业成本分配到成本对象，如具体的会展项目、客户等，从而更精确地计算成本。

会展企业的作业成本管理以改造作业和重组作业流程为重心，通过尽可能地消除"非增值作业"，改进"增值作业"，优化"作业链"和"价值链"，从而优化关键作业点，提升各项作业的成本效益。

三、成本管理的作用和原则

（一）成本管理的作用

1. 提高企业经济效益，实现企业利润目标

成本管理是提高企业经济效益、实现企业利润目标的有效途径。对会展企业而言，在提供服务期间对各项成本进行监督、控制，能够及时地找出实际支出与预算的偏差并予以纠正，使企业的实际成本费用控制在预算范围内，确保在不影响各展览项目实施的前提下，以最优的物质消耗和劳动力消耗获得最大的经济效益。例如，通过合理规划场地租赁和展台搭建成本，节省不必要的开支，直接提高展览项目的盈利水平。

2. 优化资源配置，增强市场竞争力

会展企业在提供展览服务的过程中，材料物资消耗的多少、劳动生产率的高低、设施设备是否高效利用等，都是成本管理的重要内容。通过成本管理措施优化企业资源配置，在保证服务质量的前提下降低成本，可以增强企业的市场竞争力，吸引更多客户。

3. 保障项目顺利进行，提升决策科学性

提前规划和控制成本，有助于预防因资金不足导致的展览项目中断或延误。避免出现展会进行到一半，因成本超支无法完成后续重要环节的情况。同时，准确的成本信息也为企业的决策提供了有力支持。当面临多个展会项目选择时，成本管理数据能帮助企业判断哪个项目更具可行性和盈利潜力，最终决定是否承接某个项目、选择何种方案等。

（二）成本管理的原则

1. 全面性原则

成本管理应涵盖会展企业的所有业务活动和环节，包括策划、筹备、执行、后续服务等。不能仅关注某个局部环节的成本，而忽视整体。例如，在策划阶段就要充分考虑到场地选择、设备租赁、人员安排等方面的成本，确保全面规划。不仅要考虑直接成本，如物资采购、人工费用，还要考虑间接成本，如办公费用、设备折旧等。

2. 效益性原则

成本管理的目的是提高企业的经济效益，不能为了降低成本而导致服务质量下降或影响展会效果。例如，不能为了节省场地布置费用而使用低质量的材料，影响参展者的体验。要在成本和效益之间找到最佳平衡点，以最小的成本投入获得最大的效益产出。

3. 目标性原则

会展企业通常会设定明确的成本管理目标，这些目标应具有可衡量性和可实现性。以目标为导向，制定相应的成本管理计划和措施，并定期评估目标的完成情况，如降低一定比例的总成本或提高某个项目的成本利润率。

4. 可控性原则

对成本进行分类管理，区分可控成本和不可控成本。重点关注可控成本，如人力成本、采购成本等，通过有效的管理手段加以控制。建立成本责任制度，将成本控制的责任落实到具体的部门和个人，使成本处于可控状态。

5. 前瞻性原则

在成本管理中，要有前瞻性思维，提前预测可能出现的成本风险和变化，并制定相应的预案。关注行业的发展趋势和新技术的应用，提前规划成本管理策略，以适应未来的发展需求。

任务解析

东浩兰生会展集团股份有限公司服务中国国际进口博览会的内容包含招展招商、主场搭建、主场物流、特装展台设计搭建、会务服务等，因此其成本费用主要包括以下内容：

1. 人力成本：包括参与招展招商、主场搭建、主场物流、特装展台设计搭建、会务服务、志愿者培训、翻译服务等工作人员的薪酬、福利等支出。

2. 物资与设备成本：主场搭建、特装展台设计搭建需要用到各种建筑材料、装饰材料以及相关设备的租赁或购置费用。

3. 运营与管理成本：在整个服务过程中，涉及项目的策划、组织、协调、管理等方面的费用，包括管理人员的薪酬、办公费用、交通费用等。

4. 物流成本：企业在提供主场物流服务过程中，会产生物流成本，包括物资的运输成本、仓储成本、装卸搬运成本等。

5. 市场推广与营销成本：为了更好地服务中国国际进口博览会，企业会进行一些市场推广活动，这也会产生相应的费用。

任务 7.2　会展成本管理的体系

任务引入

A会展企业是一家规模较大的会展服务企业，2019年，该公司承接了某重大汽车展览会的营销策划和执行。按照招投标书的要求，A企业为该展会制定的布展设计费用预算只有 100 万元。但是在实际执行中，主场的内中心展台的设计变更很多次，外聘的设计单位不断修改设计方案，导致设计费用不断增加。最后，A企业实际支付给设计公司的布展设计费用高达 180 万元，远超过预算。

在人力成本方面，A企业预算的该展会人力成本总额为 300 万元。然而实际人力成本支出达到了 400 万元，超支了 100 万元。导致这一情况的主要原因是A企业对工作量缺乏准确的预判，参与该展会的人力资源出现了超额配置，同时个别员工的工作效率较低，导致人力成本浪费。

讨论与思考： A会展企业在成本管理过程中存在哪些问题？应如何避免这些问题的发生？

知识准备

一、成本管理环节

（一）事前成本管理

1. 明确预算规划

在展前，会展企业首先需要制定详细且明确的预算规划，以确定各项费用的大致范围，如场地租赁、展位搭建、展品运输、宣传推广、人员薪酬等。会展企业通常根据以往经验和市场行情，预估场地租赁费用、展位搭建成本的费用区间。通过明确这些预算范围，可以为后续的成本控制提供基础和方向。

2. 优化场地选择

场地的选择对成本有着重要影响。要综合考虑场地的地理位置、面积大小、设施配备以及租赁价格等因素。例如，位于市中心的场地可能交通便利但价格较高，而偏远一些的场地价格相对便宜但可能会增加交通和物流成本。企业需要权衡利弊，选择性价比最高的场地。

3. 精心设计展位

展位设计要在满足展示需求的前提下，尽量控制成本。避免过度追求华丽和复杂的设计，可以采用模块化、可重复利用的搭建材料，降低搭建和拆除的费用。同时，提前与搭建商进行充分沟通，明确设计要求和预算限制，防止后期出现不必要的变更和费用增加。

在实际工作中，对于布展现场因各种突发情况导致的需要增加或减少标准展位数量的情况，需要会展企业在前期订立合同时确定突发单价。

4. 精准营销推广

在宣传推广方面，要制定精准的营销策略，避免盲目投入。利用数据分析，确定目标受众和有效的推广渠道，如社交媒体、电子邮件营销、行业网站等。例如，针对特定行业的展会，可以选择在相关行业论坛和网站上投放广告，提高推广效果的同时降低成本。

5. 合理安排人员

根据展会的规模和需求，合理配置工作人员。避免人员冗余导致的人力成本增加，可以提前进行培训，提高员工的工作效率和服务质量，减少因操作不当或服务不到位而产生的额外成本。

6. 严格采购管理

对于展品、宣传资料、办公用品等的采购，要进行严格的成本控制。通过多家供应商比价、批量采购等方式，获取最优价格。同时，注意采购的质量和交货时间，避免因质量问题或延误交货造成的损失。

7. 风险评估与预案制定

考虑可能出现的风险因素，如天气变化、政策调整等，制定相应的预案。这可以减少因突发情况导致的成本增加，如为户外展会购买天气保险，以防恶劣天气影响展会进行产生额外费用。

总之，会展企业要做好展前成本管理，需要从多个方面入手，精细规划、严格控制，以确保在有限的预算内实现最大效益。

（二）事中成本管理

1. 实时监控费用支出

在展会进行期间，设立专门的财务人员或团队，实时监控各项费用的支出情况。例如，每隔一段时间就会对展位运营成本、餐饮服务成本、设备租赁成本等进行统计和分析。一旦发现某项费用接近或超出预算，立即采取措施进行调整。

2. 能源与资源节约

合理控制灯光和空调的使用时间和强度，避免不必要的能源浪费。例如，根据展会现场的人流量和光线情况，适时调整灯光亮度；对水资源的使用进行管理，确保没有漏水现象，并且提醒工作人员节约用水。

3. 优化人员调度

避免出现人员闲置或工作分配不均的情况。根据展会不同时间段的人流量和工作需求，灵活调整工作人员的岗位和工作时间。对于临时增加的工作任务，优先从内部调配人员，尽量减少临时雇用额外人员的费用支出。

4. 加强展品管理

加强对展品的保护和管理，减少展品的损坏和丢失。例如，设置专门的展品存放区域，并安排专人负责看管。对于需要现场演示的展品，合理安排演示时间和次数，以降低展品的损耗和维修成本。

5. 餐饮服务成本控制

准确预估参展人员和工作人员的餐饮需求，避免过度采购导致食物浪费。与餐饮供应商协商合理的价格和服务条款，确保在保证食品质量的前提下控制成本。

6. 设备租赁管理

对于租赁的设备，如音响、投影仪等，确保在使用期间得到正确的操作和维护，避免因人为损坏而产生额外的维修费用。合理规划设备的使用时间，在不需要使用时及时归还，减少租赁时长。

7. 应急成本管理

提前制定应对突发事件的成本预案，如设备故障、人员受伤等。明确在紧急情况下可以调用的资金和资源，以及相应的处理流程。尽量通过购买保险等方式，将部分潜在的风险成本转移给保险公司。

通过以上这些策略的综合运用，会展企业能够在展会进行期间有效地管理成本，提高展会的经济效益。

（三）事后成本管理

1. 物资清理与盘点

展会结束后，立即对所有物资进行清理和盘点，包括剩余的展品、宣传资料、搭建材料、设备等。明确哪些物资可以回收利用，哪些需要报废处理。例如，对于还有价值的剩余展品，可以考虑在后续活动中继续展示或销售；而对于损坏无法使用的搭建材料，则及时进行报废处理。

2. 设备归还与维护

及时归还租赁的设备，避免因延迟归还而产生额外的租赁费用。在归还前，对设备进行检查，确保设备完好无损，以免承担赔偿责任。对于自有设备，进行全面的维护和保养。记录设备在展会期间的使用情况,针对出现的问题进行维修,延长设备的使用寿命,降低未来的设备采购成本。

3．数据统计与分析

收集展会期间的各项成本数据,包括直接成本(如场地租赁、搭建、展品运输等)和间接成本(如人员差旅费、水电费等)。对这些数据进行深入分析,找出成本超支的环节和原因。例如,如果发现人员差旅费超出预算,进一步分析是因为差旅安排不合理还是行程变更导致的额外费用。

4．客户反馈评估

通过客户的反馈,评估展会的效果和成本效益。如果客户对某些方面的展示或服务不满意,分析是否是因为在这些方面投入的成本不足导致的,以便在未来的展会中进行调整。

5．人员费用结算

准确核算工作人员的加班费用、补贴等,确保人工成本的准确计算和支付。对工作人员在展会期间的工作表现进行评估,为未来的人员安排和薪酬调整提供参考。

6．经验总结与改进

召开总结会议,让各个部门分享展会期间成本相关的经验和教训。基于总结的结果,制定改进措施和优化方案,为下一次展会的成本管理提供指导。例如,发现展会期间的餐饮成本过高,下次可以提前与供应商重新协商价格或者调整餐饮供应方式。

总之,展后成本管理是会展企业全面成本控制的重要环节,通过有效的管理和总结,可以为未来的展会活动降低成本、提高效益打下坚实的基础。

二、成本管理的制度规范

(一)建立定额管理制度

会展企业的主要产品是服务,其成本定额的制定可以运用经验统计法,即根据统计资料,综合企业以往经验、战略目标和行业标准制定各项成本费用定额,如人工工时定额、能源消耗定额、材料消耗定额等。建立完善的定额管理制度,是会展企业进行成本控制的基础。

(二)建立物资管理制度

会展企业要准确计算成本,就必须建立物资管理制度,完善物资的验收、计量、领用、归还和清查流程。设置专职管理人员,定期对各项物资进行盘点,保证其账实相符；设置专职质检人员，对企业的物资进行质量检测，做到不符合质量要求的物资不入库、不发货。

（三）建立成本责任制度

会展企业应根据企业的总体成本目标，将其分解为各个部门和岗位的具体成本责任目标，确定内部各个部门和岗位在成本管理中的职责和权限，为每个成本责任主体制定详细的成本控制、成本考核、成本评价标准。对于跨部门的成本项目，明确牵头部门和协同部门，确保责任无遗漏、无重叠。

> **任务解析**
>
> 在项目实施过程中，A企业由于对成本控制不足，导致该展会的实际成本严重超出预算，直接影响了公司的经营业绩。
>
> 1. 该展会的前期成本预算主要问题在于缺乏对市场价格的充分调研和对历史数据的分析，导致对布展设计费用的预算严重偏低。如果A企业在招标阶段对布展设计的市场价格进行过更充分的调研，并在执行过程中严格控制设计变更，也许就能给出更合理的预算。
>
> 2. 该项目人力成本出现了严重超支，主要问题在于展前缺乏对工作量的合理预判和展中忽视对员工工作效率的控制，导致人力资源出现了超额配置。如果A企业能采取更科学的人力资源预算方法，严格培养员工的成本意识，也许人力成本的超支就能够避免。
>
> 通过这个案例可以看出，A企业在承接该重要展览项目时，成本控制存在着前期预算不准、过程管控不严格等问题。这直接导致了本次展览项目的严重亏损。A企业应当汲取这次教训，学习其他会展企业成熟的成本控制方法，在未来的项目管理中注重提前对复杂项目成本进行充分预判，建立健全项目的成本监测和控制机制，杜绝超支现象的发生，保证企业的持续健康发展。

任务 7.3　会展项目成本管理

任务引入

A会展场馆成立于1998年，是南京会展行业的主要服务平台，主要承接国内外大中型展会和会议,提供场地租赁等其他配套展会服务,每年承接250多场展览和会议。展会对于会展场馆来说就是一个个"产品",每场展会的摊位搭建、特装嫁接、广告发布、餐饮配套及现场服务并不相同,因此,成本控制是运营场馆的一大难题。近年来,A 会展场馆由于本身资产总量较大,人员数量较多,折旧和人员成本等固定运营成本居高不下,收入成本管理粗放,年年入不敷出。

讨论与思考:A 会展场馆为改变粗放的财务核算方式,借鉴工业企业定额成本管理的办法,应如何进行成本管理?

 知识准备

一、会展项目成本管理流程

由于会展企业属于现代服务业,它与传统生产销售企业的经营模式不同,会展企业主要以项目为单位开展业务活动和财务核算,因此本书针对会展行业特点,以项目为单位阐述会展企业成本管理流程。

项目成本管理的流程具体包括成本估算、成本预算、成本计划、成本核算、成本控制、成本分析以及成本考核。

(一)项目成本估算

项目成本估算是指对完成项目所需资源成本进行的预测和估算。准确的会展项目成本估算对于后期的项目决策、预算编制、资源分配和项目的成功实施都至关重要。如果成本估算过低,可能导致会展项目资金不足,无法按计划完成;而估算过高,则可能浪费资源或使会展项目失去竞争力。

(二)项目成本预算

项目成本预算是指在完成项目成本估算的基础上,为项目的各项活动确定具体的预算额度,并将这些预算分配到项目的各个阶段和工作内容中。项目成本预算的主要内容包括分配预算、确定成本定额、规定应急费用金额及其使用规则、制定活动总预算等。

通过制定会展项目成本预算,能够明确项目在特定时间段内所需的资金总量和资金的分配情况。同时,为会展项目的成本控制提供了基准和依据,有助于监控项目的费用支出,及时发现偏差并采取纠正措施,确保项目在预算范围内顺利完成。

（三）项目成本计划

项目成本计划是在项目成本估算和预算完成之后，为保证目标成本的实现而制定的全局性计划。项目成本计划旨在将计划期内的各项成本预算以书面文件的形式下达给各部门和执行单位等成本责任中心，并作为项目执行、分析和考核的依据。

（四）项目成本核算

项目成本核算是针对项目在筹备和实施过程中所发生的各种成本费用进行归集、计算和分配的过程。会展项目成本核算旨在准确确定会展项目的总成本和单位成本，为成本控制、绩效评估和决策提供数据支持。

项目成本核算能够帮助会展企业清晰了解各项费用的支出情况，发现成本控制的关键点和潜在的成本节约空间，从而提高会展项目的经济效益和管理水平。

（五）项目成本控制

项目成本控制是贯穿于项目的整个生命周期的管理活动，在项目成本管理中具有重要作用。会展企业的项目成本控制旨在对整个项目实施存续期间的各项成本费用的支出进行引导和限制，使其能够按照预定的目标和计划进行的一种管理措施。项目成本控制的重点在于采取有效措施对影响项目成本的各因素加以严格控制，将实际发生的项目成本控制在预算的目标成本范围内。

（六）项目成本分析

项目成本分析是指利用项目成本核算资料与成本计划、成本预算目标进行对比，分析成本控制结果。会展项目成本分析旨在了解项目成本构成及变动情况，检查成本计划的合理性，揭示成本变动的规律；同时，分析成本计划中各成本责任中心的计划完成情况，为成本考核提供依据，并进一步挖掘降低成本的途径。

（七）项目成本考核

项目成本考核一般是在项目完成后进行的，主要是以成本责任中心和具体责任人为考核对象，按照成本预算和计划内容，将实际支出与计划成本目标进行对比，评定项目成本计划的完成情况，并以此为依据给予奖励和处罚。会展项目成本考核旨在做到奖惩分明，充分地调动员工完成成本计划的积极性，为实现会展项目成本目标共同努力。

会展企业的项目成本管理是庞大且复杂的管理体系，由于篇幅有限难以面面俱到，下文将就其中的成本估算和成本控制环节作深入分析。

二、会展项目成本估算

项目成本估算是对完成项目各项活动所需资源成本的估计。会展企业在制定项目建议书期间需要估算会展项目的成本，但这时的成本估算并不详细，通常需要对多个备选方案进行整体的、相对粗略的估算，以便进行项目决策。

（一）目标成本预测

目标成本是指在确保实现目标利润的前提下，会展项目在成本方面应达到的目标。进行目标成本预测是为了控制会展项目在组织和实施过程中的人力资源消耗和物质消耗，降低产品与服务的成本，确保实现目标利润。通常采用两种方法进行目标成本预测：

第一种，是以某一先进的成本水平作为目标成本。先进的成本水平可以是本企业类似会展项目历史最低成本水平或国内外同类会展项目的先进成本水平，也可以是标准成本或定额成本。

第二种，是根据事先制定的目标利润和销售预测的结果，充分考虑价格因素，按照预计的销售收入扣除目标利润后的金额作为目标成本。其计算公式如下：

$$某会展项目目标成本 = 预计单价 \times 预计销售量 - 目标利润$$
$$= 预计销售收入 - 目标利润$$

【例7-1】20×5年，A会展企业举办工业设备展预计展位销售量为300个，单位售价为20 000元，目标利润为4 350 000元。

要求：估算A会展企业举办工业设备展的目标成本。

$$目标成本 = 预计单价 \times 预计销售量 - 目标利润$$
$$= 300 \times 20\ 000 - 4\ 350\ 000$$
$$= 1\ 650\ 000（元）$$

目标成本在确定时要考虑到先进性和可行性，它可以作为衡量会展项目成本、费用支出的标准，有助于及时监督和分析项目在实施过程中脱离目标成本的偏差，同时有利于充分调动各方的积极性，从而保证目标利润的实现。

（二）定额成本估算

定额成本估算是利用既有会展项目的各种消耗定额及成本水平等资料，对新项目未来生产成本进行估算。不同的会展项目成本构成有所不同，会展企业可以根据业务类型将其成本项目进行细分，制定出每一成本项目的消耗定额。下面就以会展企业常见的展览项目、会议项目和活动项目为例进行定额成本估算。

1. 展览项目成本估算

会展企业在承办大中型展览项目时，主要成本包括展览场地费、展位搭建费、宣传推广费、招商招展费、人工费等，表7-1为A会展企业根据定额编制的展览项目成本估算表。下面就以会展企业常见的展览项目、会议项目和活动项目为例进行定额成本估算。

表7-1　A会展企业展览项目成本估算表

序号	项目	单价定额（元）	消耗定额	时长（天）	定额成本（元）	内容
1	展览场地费	40	10 000平方米	5	2 000 000	租赁展览场馆以及由此产生的各种费用，包括展场地租金、展览空调费等。展馆通常提供布展支架、视听设备、多媒体设备、装饰用品、小型搬运工具等
2	展位搭建费	1 800	360个	–	648 000	
3	电检、消检	10 000	1次	–	10 000	
4	消防人工费	300	4人	5	6 000	
5	安保人工费	200	20人	5	20 000	
6	安检人工费	300	4人	5	6 000	
7	安检设备租赁费	5 000	2台	3	30 000	
8	临时人工费	200	50人	5	50 000	
9	车位费	6 000	–	5	30 000	
10	其他服务费	20 000	–	5	100 000	
11	人工费	3 000	15人	3	135 000	指展会从筹备到举办过程中专职人员的费用，包括如策划、文案、设计、项目经理、招展、招商人员、临时人员等
12	办公场地费	4 000	1间	5	20 000	办公场地租赁费、水电费等
13	交通食宿费	500	175人次	–	87 500	主办方邀请并承担的与会者（包括特邀嘉宾）赴会的差旅费、参观游览所需的交通费、食宿费，展览期间所需用的生活用品、茶水、点心等

续表

序号	项目	单价定额（元）	消耗定额	时长（天）	定额成本（元）	内容
14	网站制作费	10 000	1次	—	10 000	
15	招展招商费	150 000	1次	—	150 000	
16	宣传推广费	100 000	1次	—	100 000	包括广告宣传费、展会资料设计和印刷费、资料邮寄费、新闻发布会的费用等
17	相关活动费	150 000	1次	—	150 000	包括技术交流会、研讨会、展会开幕式、嘉宾接待酒会、礼品、请展会临时工作人员的费用以及主持人费用等
18	现场布置与制作	100 000	1批	—	100 000	邀请函、展会宣传视频制作、纸质宣传资料打印复印费、宣传横幅、海报、嘉宾签到背景板、引导指示牌等
19	媒介邀请	10 000	5个	—	50 000	邀请媒体宣传、现场直播。
20	税收	50 000	—	—	50 000	
21	应急资金	30 000	—	—	30 000	
合计					3782500	

2．会议项目成本估算

会展企业在承办会议项目的过程中，主要成本包括组织费、接待费和其他费用等，表7-2为A会展企业根据定额编制的会议项目成本估算表。

表7-2　A会展企业会议项目成本估算表

序号	项目分类		支出内容	单价定额（元）	消耗定额	定额成本（元）
1	组织费	大会资料费用	会议手册	5	400份	2 000
2			会员手册	3	500份	1 500
3			会议签字笔、纸	2	300	600
4		会议材料费	理事、监事成员聘书	10	300份	3 000
5			会员单位证书	8	300份	2 400
6			资料袋（环保袋）	3	500个	1 500
7			会议嘉宾证、代表证、工作人员证	2	450个	900
8		会议场租费	大会场（300-400人）	7 000	1个	7 000
9			小会场（40-50人）	3 000	1个	3 000
10		会场布置费用	横幅、座位牌、主席台背板等	10 000	1套	10 000

续表

序号	项目分类		支出内容	单价定额（元）	消耗定额	定额成本（元）
11	接待费	嘉宾交通费	往返飞机票或高铁票（2-3名）	3 500	3名	10 500
12			会议接待专用车（借用各公司）	1 500	10次	15 000
13		餐饮费	会前午餐费（预计300人）	40	300人	12 000
14			大会晚宴约300人（25围餐）	150	300人	45 000
15			会后次日早餐（50人）	50	50人	2 500
16			会议用矿泉水	1.5	600瓶	900
17			晚宴用酒水（红酒等）	150	50瓶	7 500
18			会议休息茶歇：点心、咖啡、水果等	10	300份	3 000
19			领导嘉宾迎来送往接待用餐	500	20人	10 000
20		住宿费	领导嘉宾接待套房（20人×2晚）	500	40间	20 000
21			大会工作人员会议用标准房间	250	10间	2 500
22	其他费用	会议礼品	会议代表礼品	50	300份	15 000
			领导嘉宾礼品（定做）	1 000	20份	20 000
合计						195 800

3．活动项目成本估算

会展企业举办的活动项目形式多样，如音乐会、演出、赛事等，主要成本包括宣传费、舞台搭建费、奖励等，表7-3为A会展企业根据定额编制的赛事活动项目成本估算表。

表7-3　A会展企业赛事活动项目成本估算表

序号	分类	项目	单价定额（元）	消耗定额	定额成本（元）
1	前期宣传、初赛费用	宣传海报	30	160份	4 800
2		横幅	120	4条	480
3		报名表	0.5	3 000张	1 500
4		初赛小舞台搭建	3 000	1次	3 000
5		工作人工补贴	100	8人次	800
6		矿泉水	38	5箱	190
7		工作餐中餐	20	30份	600
8		工作餐晚餐	20	30份	600
9		交通费	350	10人次	3 500

续表

序号	分类	项目	单价定额（元）	消耗定额	定额成本（元）
10	决赛相关费用	舞台搭建	8 000	1 次	8 000
11		舞台设备租赁	3 800	1 次	3 800
12		舞台背景海报	2 000	1 份	2 000
13		决赛门票印制	5	500 张	2 500
14		选手决赛宣传衫	50	30 件	1 500
15		决赛主题服装租赁	30	150 套	4 500
16		决赛选手个人宣传海报	200	30 张	6 000
17		表演道具	2 500	1 套	2 500
18		迎宾礼仪	800	8 位	6 400
19		开场舞及服装	1 500	1 批	1 500
20		工作人员补贴	100	8 人次	800
21		矿泉水	38	21 箱	798
22		奖杯	800	4 个	3 200
23		荣誉证书	30	4 份	120
24		评委补贴	2 400	8 人	19 200
25		邀请嘉宾	3 000	1 人	3 000
26		应急资金	10 000	—	10 000
合计					91 288

（三）历史资料分析法

成本预测中的历史资料分析法是指在掌握有关项目历史资料的基础上，按照成本习性的原理，形成总成本模型：

$$y=a+bx$$

利用总成本模型预测出未来项目总成本和单位成本水平。其中 y 代表总成本，a 代表固定成本，b 代表单位变动成本，x 代表销售量的预测值。常用的方法包括高低点法、线性回归分析法、加权平均法等。其中，前两项分析方法在项目 4 已经学习，本节仅介绍加权平均法。

加权平均法是指根据若干期的固定成本总额和单位变动成本的历史资料，按照事先确定的权数进行加权，以计算加权平均的成本水平，从而建立成本预测模型。其计算公式如下：

$$y = \bar{a} + \bar{b}x = \frac{\sum aW}{\sum W} + \frac{\sum bW}{\sum W}x \quad (W\text{ 代表权数})$$

会展企业在举办相同或类似会展项目时，有详细的项目固定成本与单位变动成本历史资料，可以运用加权平均法估算成本。

【例7-2】A会展企业20×1—20×5年举办展览项目的成本资料如表7-4所示。

表7-4 A会展企业20×1—20×5年举办展览项目的成本　　单位：元

年份	固定成本（a）	单位变动成本（b）
20×1	300 000	900
20×2	350 000	1 200
20×3	310 000	1 000
20×4	280 000	700
20×5	290 000	800

要求：用自然权数加权平均法预测20×6年展览项目1 500个展位的总成本和单位成本。

∑aW=300 000×1+350 000×2+310 000×3+280 000×4+290 000×5=4 500 000（元）

∑bW =900×1+1 200×2+1 000×3+700×4+800×5=13 100（元）

∑W =1+2+3+4+5=15（元）

$$y = \bar{a} + \bar{b}x = \frac{\sum aW}{\sum W} + \frac{\sum bW}{\sum W} x = \frac{4\,500\,000}{15} + \frac{13\,100}{15} \times 1\,500 = 1\,610\,000（元）$$

单位成本＝1 610 000÷1 500＝1 073.33（元）

因此，A会展企业20×6年展览项目的总成本为1 610 000元，单位成本为1 073.33元。

三、会展项目成本控制

（一）项目成本控制的概念

会展企业项目成本控制是指在成本的形成过程中，对各成本活动进行有效监控，及时发现、纠正偏差以确保项目成本在预算范围内，并尽可能降低成本，实现项目效益最大化的过程。

会展企业项目成本控制涵盖项目的整个生命周期，从项目启动、规划、执行到收尾阶段都需要进行成本控制。不仅关注实施阶段的成本，在项目前期的策划和设计阶段，通过合理规划就能对成本产生重要影响。随着项目的推进，成本控制的重点和策略会不断变化。需要及时根据项目实际情况的变化，调整成本控制措施。

会展企业项目成本控制涉及项目的各个方面和各个环节，包括人力、物力、财力等资源的投入和使用。需要综合考虑项目的质量、进度、风险等因素与成本之间的相互关系，实现整体最优。这不仅是项目经理或财务人员的职责，而且是项目团队所有成员共同参与的工作。每个成员都应树立成本控制意识，在自己的工作中注重成本的节约和控制。

（二）项目成本控制的流程

1. 控制成本形成过程

根据前期已经形成的成本估算、成本预算和成本计划，在不同的项目实施环节控制成本形成过程。在项目的准备阶段，针对物资采购成本、人力成本、场地租赁成本、筹资成本等方面进行控制；在项目的营销阶段，针对营销费用、广告费用进行控制；在项目的举办阶段，针对接待费用、交通费用、餐饮费用和住宿费用等成本进行控制。

2. 分析成本差异

会展企业在项目实施过程中，及时核算项目发生的实际成本，将成本预算和实际成本进行比较，查找出现偏差的原因，重点区分可控成本与不可控成本。

项目成本差异产生的原因，在排除核算错误的可能性后可以大致分为三类：一是成本目标的不合理导致实际成本的超支或节约，主要是由于预算制定时成本目标过高或过低，不符合实际情况；二是执行人原因导致实际成本的超支或节约，包括执行过程中由于缺乏经验、技术不足或责任心差导致发生错误等；三是特殊事件导致的实际成本的超支或节约。

3. 及时纠正偏差

会展企业在发现成本差异原因后，对人为的、不恰当的成本支出，应及时找到成本责任人，提出成本优化建议。针对前述第一类成本差异，应及时调整成本目标，使其符合当前实际情况；针对第二类成本差异，应对责任人加强培训，自上而下地落实好成本责任；针对第三类成本差异，应及时分析特殊事件带来的影响，分析其驱动因素，完善意外成本支出的应对措施。

（三）标准成本控制

1. 标准成本控制的概念

标准成本控制是成本控制的主要方法。其基本思路首先建立标准成本，即确定一定的资源消耗标准，再将实际发生的成本与标准成本进行比较，分析差异产生原因，以达到降低成本提高企业经济效益的目的。其中，标准成本是指在标准条件下，以最优项目设计方案为基础，组织和实施会展项目应发生的单位产品成本。需要区别的是，标准成本是单位成本范畴，而预算成本属于总成本范畴。

2. 标准成本的制定

会展企业制定标准成本，通常先确定直接材料和直接人工的标准成本，其次确定其他费用的标准成本，最后确定单位产品的标准成本。

单位产品标准成本＝直接材料标准成本＋直接人工标准成本＋其他费用标准成本

其中，某一项标准成本＝该项成本的用量标准 × 该项成本的价格标准

用量标准：单位产品材料消耗量，单位产品直接人工工时消耗量等。

价格标准：原材料价格、小时工资率等。

（1）直接材料标准成本：材料的用量标准是指在现有条件下材料的标准消耗量，其中包括必不可少的消耗量和一部分难以避免的损失。材料的价格标准是指在现有条件下材料的单位采购价格，包括材料的采购价格、运输费、检验费和正常损耗等成本，是取得材料的完全成本。

（2）直接人工标准成本：人工的用量标准即单位产品标准工时，是指在现有条件下生产单位产品的所需时间，包括完成单位产品必不可少的工时以及必要的间歇和停工等。人工的价格标准即标准工资率，是指在现有条件下正常的工资水平。

（3）其他费用的标准成本：会展企业的业务类型不同，其他费用标准成本的内涵也有所不同，通常按照一定的标准对其他费用进行分配。

单位产品其他费用标准成本＝其他费用总成本 ÷ 其他费用分配标准

3. 成本差异分析与处理

标准成本是会展企业项目组织和实施过程中的目标成本，当项目实际成本与标准成本不符时就会产生差异。实际成本的高低取决于实际用量和实际价格，标准成本的高低取决于标准用量和标准价格，因此成本差异可以归结为实际价格偏离标准价格造成的价格差异和实际用量偏离标准用量造成的数量差异。

成本差异＝实际产量下的实际成本－实际产量下的标准成本＝价格差异＋数量差异

（1）直接材料成本差异：直接材料成本差异是指一定数量产品的直接材料实际成本与标准成本之间的差额。

直接材料成本差异＝实际成本－标准成本＝价格差异＋用量差异

材料价格差异＝（实际价格－标准价格）× 实际产量

材料数量差异＝（材料单位实际用量－材料单位标准用量）× 标准价格

其中，材料价格差异是在材料采购过程中形成的差异，因此应由采购部门对差异产生的原因作出说明，通常只需对可控部分负责。差异形成的原因可能是供应商价格变动、未按经济订货批量进行采购、未能及时订货造成紧急采购、合同违约造成被罚款、采购途中损耗超过标准、采购舍近求远造成运费增加等。

材料数量差异是材料在耗用过程中形成的，它反映了材料消耗部门对成本控制的业绩。材料数量差异产生的原因多样，主要由材料消耗部门负责，但其他部门有时也有一定的责任。差异形成的原因可能是材料消耗部门员工操作疏忽导致材料报废或不适用、项目设计临时变更导致材料的超支或节约、技术改造而节约的材料等。

【例7-3】A会展企业在布展过程中300个展位实际耗用甲材料和乙材料分别为10 500千克和2 700千克，甲材料和乙材料的单价分别为780元/千克和1 210元/千克。

要求：计算A会展企业该项目300个展位的直接材料成本差异。

表7-5　A会展企业直接材料成本差异分析表

项目	价格标准（元/千克）	用量标准（千克/个）	标准成本（元/个）
甲材料	800	30	24 000
乙材料	1 200	10	12 000

甲材料成本差异＝10 500×780－800×30×300＝990 000（元）

其中，价格差异＝（780－800）×10 500＝－210 000（元）

用量差异＝（10 500－300×30）×800＝1 200 000（元）

乙材料成本差异＝2 700×1 210－1 200×10×300＝－333 000（元）

其中，价格差异＝（1 210－1 200）×2 700＝27 000（元）

用量差异＝（2 700－300×10）×1 200＝－360 000（元）

该项目300个展位的直接材料成本差异＝990 000－333 000＝657 000（元）

通过上述计算可知，A会展企业直接材料超支657 000元。其中，甲材料发生了990 000元的有利差异，乙材料发生了333 000元的不利差异。前者是甲材料的实际价格下降而节约了210 000元和耗用量增加而导致1 200 000元的超支差异共同作用的结果；后者是乙材料达到实际价格上升而超支了27 000元和耗用量减少而导致的节约差异360 000元共同作用的结果。

（2）直接人工成本差异

直接人工成本差异是指一定数量产品的直接人工实际成本与标准成本之间的差额。

直接人工成本差异＝实际成本－标准成本＝价格差异＋效率差异

直接人工工资率差异（价格差异）＝（实际工资率－标准工资率）× 实际工时

直接人工工时耗用差异（效率差异）＝（实际工时－标准工时）× 标准工资率

直接人工效率差异的影响因素有很多，主要包括工作人员的技术水平和熟练程度、原材料的及时供应、机器设备的及时到位等，应分清效率差异责任，控制差异形成途径。

【例7-4】A会展企业在布展过程中300个展位实际耗费舞台搭建人工和工作人员人工小时分别为1 800小时和4 500小时，实际发生直接人工成本分别为216 000元和810 000元。要求计算A会展企业该项目300个展位的直接人工成本差异。

表7-6　直接人工差异分析表

项目	价格标准（元/小时）	用量标准（小时/个）	标准成本（元/个）
舞台搭建人工费	100	8	800
工作人员费用	200	12	2 400

舞台搭建人工实际价格＝216 000÷1 800＝120（元/小时）

工作人员人工实际价格＝810 000÷4 500＝180（元/小时）

舞台搭建人工成本差异＝216 000-100×8×300＝-24 000（元）

　　其中：人工价格差异＝（120-100）×1 800＝36 000（元）

　　　　　效率差异＝100×（1 800-300×8）＝-60 000（元）

工作人员人工成本差异＝810 000-200×12×300＝90 000（元）

　　其中：人工价格差异＝（180-200）×4 500＝-90 000（元）

　　　　　效率差异＝200×（4 500-300×12）＝180 000（元）

该项目300个展位的直接人工成本差异＝-24 000+90 000＝66 000（元）

通过上述计算可知，A会展企业直接人工成本超支66 000元，是舞台搭建人工成本节约了24 000元，工作人员人工成本超支了90 000元共同导致的结果。前者是舞台搭建人工价格提高而超支了36 000元而实际耗用工时减少，节约成本60 000元；后者是工作人员人工价格下降而节约的成本90 000元和耗用工时增加超支达到180 000元。

（3）其他费用成本差异

其他费用成本差异是指项目的其他费用实际成本与标准成本之间的差额。

其他费用成本差异＝实际成本－标准成本＝价格差异＋用量差异

由于会展企业业务的复杂性，其他费用包含的内容多样，其影响因素也有很多，如展览项目中每个展位应负担的展馆租赁成本与展馆的租金总额相关。

> **做中学**
>
> 材料成本差异的基本构成包括消耗数量差异和（　　）。
> A．效率差异　　B．耗费差异　　C．价格差异　　D．闲置能量差异

> **任务解析**
>
> A会展场馆可以运用定额成本法做好成本管理。
>
> 1．仔细梳理目前所有的成本项目，将所有成本项目分解细化至最末级单元，形成标准成本项目（如楣板制作、喷绘制作、摊位嫁接等），确保所有展会的成本项目犹如"搭积木"一样由这些成本项目组成，使得成本项目支出标准可追溯。同时，派专人对展会工程量进行确认，包括对每场展会的成本情况进行工作量审核和鉴证，现场采集租赁面积、摊位搭建数量、电源接驳服务数量、广告位数量等重要非财务数据，并与合同约定数、业务部门申报数进行比对，及时发现问题，强化现场财务管控作用，确保成本项目真实发生。
>
> 2．展会结束后，财务管理部应仔细审核所有成本项目支出的合理性，并与收入项目相匹配，依据合同单价和现场工作量统计表及时进行展会的收入和成本测算，填制展会收入成本决算表，与业务部门的展会决算数据进行交叉核对后进行账务处理和收支结算，对比实际成本与定额成本的差异，进行成本控制。

复习与思考

1．会展企业的成本主要由哪些内容构成？
2．如何区分会展企业的营业成本和期间费用？
3．会展企业如何做好事前、事中和事后的成本管理？
4．会展企业如何做好成本管理的制度规范？
5．会展项目成本管理的流程包括哪些？
6．会展项目成本控制的流程包括哪些？

在华举办国际会议经费管理办法

职业能力测试

一、单项选择题

1. （　　）是在项目初期进行的，对多个备选方案进行整体的、相对粗略的成本估计，以此进行项目决策。
   A. 项目成本估算　　　　　　B. 项目成本控制
   C. 项目成本分析　　　　　　D. 项目成本核算

2. 企业在一定会计期间内，不能直接归属于某个特定业务活动，但对企业整体运营和管理产生影响的费用是（　　）。
   A. 期间费用　　B. 营业成本　　C. 固定成本　　D. 变动成本

3. 下列属于用量标准的是（　　）。
   A. 材料消耗量　B. 原材料价格　C. 小时工资率　D. 工作人员工资

4. 通常应对不利的材料价格差异负责的部门是（　　）。
   A. 质量控制部门　B. 采购部门　C. 生产部门　D. 工程设计部门

5. 工资成本中人工效率差异产生的原因是（　　）。
   A. 预算工时与标准工时的差异　　B. 实际工时与标准工时的差异
   C. 实际工时与定额工时的差异　　D. 实际工资率与标准工资率的差异

二、多项选择题

1. 会展项目成本管理的流程包括（　　）。
   A. 项目成本控制　　　　　　B. 项目成本估算
   C. 项目成本预算　　　　　　D. 项目成本分析

2. 以下各项中属于期间费用的是（　　）。
   A. 管理费用　　B. 营业成本　　C. 销售费用　　D. 财务费用

3. A会展企业在举办书展过程中，以下各项成本中属于直接成本的是（　　）。
   A. 书展展馆租金　　　　　　B. 展台装修费用
   C. 行政管理人员工资　　　　D. 书展招展费用

三、实务操作题

20×5年12月，A会展企业承办了某大型会议，按照成本管理流程，该会展企业制定了成本预算，对该项目的预算和实际支出情况汇总如表7-7所示。请分析该会展企业应如何做好成本控制。

表7-7　A会展企业承办大型会议成本分析表

类别	项目	预算支出（元）	实际支出（元）	差异额（元）	差异率（%）	差异原因
场地租赁费用		200 000	200 000	0	0.00	
设备和技术支持成本		20 000	28 000	8 000	40.00	租赁设备在归还时发现损坏需要赔偿
参会人员费用	餐费	20 000	25 000	5 000	25.00	套餐中酒水不够，单点酒水超支
	住宿费	450 000	459 000	9 000	2.00	增加2个单人间
	交通费	10 000	10800	800	8.00	增加了过路费
	参观费	60 000	56 400	−3 600	−6.00	12人未参与
特邀嘉宾演讲费		30 000	30 000	0	0.00	
工作人员费用	餐费	21 600	21 000	−600	−2.78	酒店的优惠活动
	劳务费	24 000	25 500	1 500	6.25	工作人员加班费
	住宿费	54 000	54 000	0	0.00	
	志愿者误餐补贴	3 600	3 840	240	6.67	增加2名志愿者
其他费用	资料印刷费	2 500	3 200	700	28.00	由于保管不善，部分资料毁损重新打印
	制证费	1 000	1 000	0	0.00	
	办公用品费	1 200	1 500	300	25.00	办公用品采购批量小，导致采购次数增加
合计		897 900	919 240	21 340	2.38	

参考答案

项目 8

会展收入及分配管理

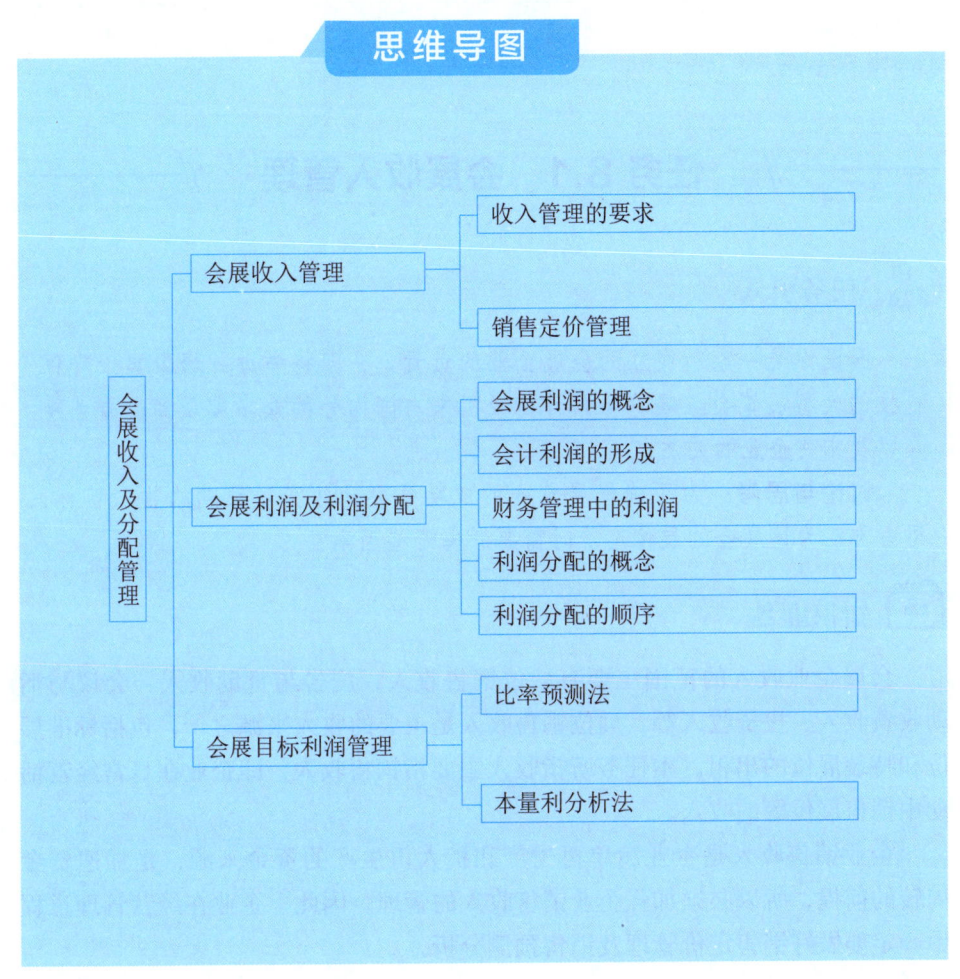

> **学习目标**
>
> 1. 了解收入管理的要求、销售定价的方法。
> 2. 了解利润的概念、作用及其形成。
> 3. 理解会计的利润和财务管理中的利润的区别。
> 4. 了解利润分配的概念。
> 5. 掌握利润分配的顺序。
> 6. 掌握目标利润管理的两种方法。

任务 8.1　会展收入管理

任务引入

假设你是一家新成立的会展企业的负责人,即将举办一场聚焦于环保科技的大型展览会。展览会预计将吸引来自国内外的众多参展商、专业观众以及相关企业的关注。

讨论与思考:为了确保展览会的成功举办,并实现预期的收入目标,思考你在为该展会的展位定价时需要考虑哪些因素?

知识准备

会展企业收入的范围主要有展位销售收入、广告与赞助收入、会议与活动收费收入、投资收入等,展位销售收入是主要的收入来源之一,包括标准展位和特装展位的出租。本任务所指收入主要指销售收入,即企业在日常经营活动中销售展位等的收入。

企业销售收入是企业简单再生产和扩大再生产的资金来源,是加速资金周转的前提,所以必须加强企业销售收入的管理。因此,企业在经营管理过程中一定要做好销售定价管理及销售预测分析。

一、收入管理的要求

会展企业的收入管理通常有以下要求:

（1）精确的预算规划：对所有可能的收入来源进行详细预测，包括展位销售、门票销售、广告赞助、增值服务等；考虑各种成本支出，如场地租赁、设备采购、人员薪酬、营销费用等，以制定准确的收支预算。

（2）细致的价格策略：基于市场调研和竞争分析，确定合理的展位价格、门票价格和其他服务价格；针对不同的客户群体、展位位置、展会时段等因素，实行差异化定价。

（3）有效的销售与营销：培养专业的销售团队，确保他们熟悉展会的价值和卖点，能够有效地与潜在客户沟通；制定全面的营销计划，利用多种渠道进行推广，提高展会的知名度和吸引力。

（4）严格的合同管理：与参展商、赞助商、广告商等签订清晰明确的合同，规定双方的权利和义务；对合同执行情况进行严格监督，确保款项按时足额支付。

（5）实时的收入监控：建立完善的财务管理系统，实时跟踪收入情况；及时发现收入波动和异常，分析原因并采取相应措施。

（6）风险管理：评估可能影响收入的风险因素，如市场变化、竞争对手活动、自然灾害等，制定应对风险的预案，降低潜在损失。

（7）客户关系维护：提供优质的服务，提高客户满意度，促进客户的重复参与和口碑传播；与重要客户建立长期稳定的合作关系，确保稳定的收入来源。

（8）税务合规：熟悉相关的税收政策，确保企业的收入管理符合法律法规要求；合理进行税务筹划，降低税务成本。

二、销售定价管理

（一）销售定价的含义

会展企业销售定价指的是会展企业为其提供的展位、门票、广告位、赞助机会以及其他相关服务和产品确定价格的过程。

具体来说，它包含以下几个重要方面的含义：

首先，是对会展所创造价值的货币体现。会展企业通过精心策划、组织和运营展会，为参展商、观众以及赞助商等各方创造了展示、交流、推广和合作的机会，定价要反映出这些机会和服务的价值。

其次，是一种市场策略。合理的定价有助于会展企业在竞争激烈的市场中吸引目标客户，与竞争对手区分开来，从而占据有利的市场地位。例如，通过制定相对较低的初始价格来吸引新客户，或者通过较高的定价来塑造高端、专业的品牌形象。

最后，影响着企业的盈利能力和财务可持续性。价格过高可能导致客户流失，影响销售业绩；价格过低则可能无法覆盖成本，影响企业的利润和长期发展。

（二）影响产品价格的因素

会展企业在为其产品定价时，通常需要考虑以下多个因素：

（1）成本因素：产品定价时首先要考虑成本因素，会展企业的成本主要包括场地租赁费用、展位搭建成本、展品运输和仓储费用、设备租赁费用、工作人员薪酬等直接成本；办公费用、营销推广成本、保险费用、水电费等间接成本，当然定价时还要考虑预期的利润。

（2）市场需求因素：产品定价时需要考虑目标客户群体的规模和消费能力，例如，如果目标客户具有较高的支付能力和强烈的需求，定价可以相对较高；考虑市场对会展产品的需求程度和紧迫性，如对于热门、稀缺或时效性强的会展，客户可能愿意支付更高的价格，定价可以相对较高。

（3）竞争因素：产品定价时需要了解竞争对手的定价策略以及竞争对手的优势和劣势，比如，如果自身会展产品具有独特的卖点或优势，可以适当提高价格。

（4）展会质量和价值因素：产品定价时需要考虑展会的规模和影响力，比如规模大、影响力广的展会通常可以定较高的价格，考虑提供的服务和体验，比如高质量的展位布置、专业的服务团队、丰富的配套活动等，都可以支持较高的定价。

（5）地理位置因素：产品定价时需要考虑举办地的经济水平和消费水平，如在经济发达、消费水平高的地区，定价可能相对较高；考虑举办地的交通便利性和吸引力，比如交通便利、旅游资源丰富的地方，定价的空间可能更大。

（6）时间因素：产品定价时也需要考虑展会举办的季节和时间段，例如，旺季或节假日期间，需求旺盛，定价可以适当提高；考虑展会的持续时间，如较长时间的展会可能需要更高的定价来覆盖成本。

（7）政策和法规因素：产品定价时需要考虑当地政府对会展行业的政策支持或限制，可能影响定价策略；税收政策等也会对最终定价产生影响。

（8）品牌形象因素：产品定价时需要考虑企业的品牌知名度和声誉，比如知名品牌举办的会展往往可以定较高的价格；考虑客户对品牌的忠诚度和信任度。

（三）产品的定价方法

1．全部成本费用加成定价法

全部成本费用加成定价法就是在全部成本费用的基础上，加合理利润来定价。其基本表达式为：

产品售价＝单位产品制造成本＋单位产品应负担的期间费用＋单位产品目标利润

在定价时，产品应负担的期间费用通常按照销售收入的一定比率计算：

单位产品应负担的期间费用＝产品售价×期间费用率

单位产品的目标利润也可用销售收入利润率来计算：

产品售价＝单位产品制造成本＋产品售价×期间费用率＋产品售价×销售收入利润率

$$产品售价 = \frac{单位产品制造成本}{1-（期间费用率+销售收入利润率）}$$

【例8-1】A产品的单位成本为100元，期间费用率为8%，销售收入利润率为15%，则A产品的单位售价为：

$$产品售价 = \frac{100}{1-（8\%+15\%）} = 129.87（元）$$

2．保本点定价法

保本点定价法的基本原理，是按照刚好能够保本的原理来制定产品销售价格。即能够保持既不盈利也不亏损的销售价格水平，采用这一方法确定的价格是最低销售价格。其计算公式为：

产品售价＝单位完全成本＝单位固定成本＋单位变动成本

【例8-2】某展位本期计划销售量为1 000件，应负担的固定成本总额为20 000元，单位变动成本为60元，则A产品的单位售价为：

产品售价＝20 000/1 000+60=80（元）

做中学

某会展企业销售一种展位产品，单位变动成本为50元，固定成本总额为100 000元，预计销售量为5 000件。若公司期望达到保本状态，计算产品的保本价格。

3．目标利润定价法

目标利润是指企业在某一特定时期内预期获得的利润。目标利润定价法是根据预期目标利润、产品销售量和成本等因素确定产品销售价格的方法。

其计算公式为：

$$产品售价 = 单位完全成本 + 单位目标利润$$

【例 8-3】某展位本期计划销售量为 1 000 件，目标利润总额为 20 000 元，完全成本总额为 60 000 元，则 A 产品售价为：

产品售价 =（20 000+60 000）/1 000=80（元）

4．变动成本定价法

变动成本定价法是指企业只在生产额外数量的产品时负担变动成本，而不考虑固定成本。在确定价格时，产品成本仅以变动成本计算，包括变动制造成本和变动期间费用。其计算公式为：

$$产品售价 = 单位变动成本 + 单位目标利润$$

5．新产品定价的基本方法

全部成本费用加成定价法通常适用于市场上已成熟的标准产品，但对于市场上从未出现过的新产品，情况就大不相同了。新产品具有较多不确定性，例如：什么样的价格能被消费者接受？销售量能达到多少？销量、价格及利润之间的关系如何？在这些情况下，企业可以采用撇脂定价法和渗透定价法。

撇脂定价法是一种高价策略，即在新产品刚进入市场的阶段，利用消费者追求新奇产品的消费心理，制定较高的价格，使企业在短期内赚取较多的利润。

渗透定价法是一种低价策略，与撇脂定价法刚好相反，是指企业在推出新产品时，利用消费者追求廉价产品的消费心理，制定较低的价格，保证保本微利，考虑企业的长远利益。

（四）价格运用策略

企业之间的竞争主要取决于企业产品的市场竞争能力。除了提升产品质量外，在不同情况运用不同的价格策略，可以有效提高产品的市场竞争能力。价格运用策略主要有以下几种：

1．折让定价策略

折让定价策略是指在特定条件下，通过降低产品售价来吸引消费者，以提高产品销量为目的。价格的折让形式包括现金折扣、数量折扣、团购折扣、预购折扣和季节折扣等。现金折扣是指企业为了让债务人提早付款而给予的折扣。数量折扣是针对大宗和集中采购客户的优惠，购买量越大折扣越多。团购折扣是指通过团购集合足够人数，可以在第三方平台购买商品或服务享受优惠价格。预购折扣是对预先支付预购款的客户进行折扣。季节折扣是指企业给予购买非季节性热销产品的客户一定折扣。

2．心理定价策略

心理定价策略是指根据购买者的心理特点而制定的一种定价策略，包括声望定价、尾数定价和双位定价。声望定价是根据产品在市场上的知名度和消费者的信任程度来确定价格的方法，声望越高，价格越高。尾数定价是指将产品价格设定为接近整数的小数，例如 99.9 元。双位定价是指在向市场以挂牌价格销售时，采用两种不同的标价来促销的一种定价方法。

3．组合定价策略

组合定价策略是指针对相关产品组合所采取的一种方法。根据相关产品在市场竞争中的不同情况，使互补产品价格有高有低，或在组合销售时提供更优惠的价格。组合定价策略可以提高销售量、节约销售费用，有利于企业整体效益的提高。

4．寿命周期定价策略

寿命周期定价策略是根据产品从进入市场到退出市场的寿命周期，分阶段确定不同价格的定价策略。产品在市场中的寿命周期一般分为推广期、成长期、成熟期和衰退期。推广期产品需要获得消费者的认同，快速抢占市场，应采用低价促销策略；成长期的产品有了一定的知名度，销售量稳步上升，可以采用中等价格；成熟期的产品市场知名度最佳，可以采用高价促销；衰退期的产品市场竞争力下降，销售量下滑，应该降价促销。

任务解析

运用产品价格影响因素的相关知识对【任务引入】进行解析如下：
在为该展会的展位定价时需要考虑下列因素：
1．成本因素：
（1）场地租赁成本：包括整体场地的租金、按展位面积分摊的费用等。
（2）搭建和装修成本：为展位提供的基本搭建和装修服务的费用。
（3）设施和设备配备成本：如电力供应、网络接入等设施的成本。
2．展位位置和视野：展位周边的景观和视野是否开阔，也会影响定价，比如靠近主通道、入口或显眼位置的展位，因其曝光度高，定价可以高一些。
3．展位面积和布局：展位的布局是否方便展示和观众移动，也会在定价中有所体现，比如较大面积的展位由于能提供更宽敞的展示空间，定价可以定得相对高一些。
4．市场需求和竞争：了解同类型环保展会的展位定价情况，保持竞争力的同时尽量提高定价；考虑参展商对环保科技领域展位需求的旺盛程度，如果市场需求大，价格可适当提高。

5．参展商类型和规模：大型知名企业可能更愿意为优质展位支付高价，定价可相应提高，而对于初创企业或中小企业可能对价格较为敏感，需要提供更具性价比的选择。

6．展会的影响力和声誉：如果是首届展会，可能需要相对优惠的价格吸引参展商；若展会具有一定的品牌影响力或行业认可度，定价可适当提高。

7．增值服务和配套设施：为展位提供额外的增值服务，如有相应的广告宣传、媒体曝光、专属洽谈区等，可适当提高定价。

8．未来合作潜力：对于有长期合作潜力或可能成为重要合作伙伴的参展商，可在定价上给予一定优惠。

任务 8.2　会展利润及利润分配

任务引入

讨论与思考：如果一家会展企业当年实现净利润500万元，前两年累计亏损100万元，那么针对该会展企业当年实现的净利润企业应如何分配？

知识准备

一、会展利润的概念

利润是指企业在一定会计期间的经营成果。利润包括收入减去费用后的净额和直接计入当期利润的利得与损失等，因此当期利润总额取决于该期间收入和费用以及直接计入当期利润的利得与损失的金额大小。

会展利润是指会展企业在举办会展活动过程中，通过展位销售、门票收入、广告赞助、增值服务等各项业务所获得的收入，扣除掉各项成本（如场地租赁、人员费用、设备采购、营销推广等）以及税费后的剩余部分。

二、会计利润的形成

根据自 2007 年 1 月 1 日起正式施行的《企业会计准则——应用指南》中关于企业利润表列报的相关规定,上市公司至少应列报包括营业利润、利润总额和净利润三大类关于利润的指标。

(一)营业利润

营业利润的主体是企业在一定时期从主要生产经营活动中获得的利润。

计算公式为:营业利润 = 营业收入 - 营业成本 - 税金及附加 - 销售费用 - 管理费用 - 研发费用 - 财务费用 - 资产减值损失 - 信用减值损失 + 其他收益 + 投资收益(- 投资损失) + 净敞口套期收益 + 公允价值变动收益(- 公允价值变动损失) + 资产处置收益(- 资产处置损失)

(二)利润总额

利润总额是指企业在一定时期所有活动所取得的经营成果。

计算公式为:利润总额 = 营业利润 + 营业外收入 - 营业外支出

其中,营业外收入是指企业发生的与其主要生产经营活动无直接关系的各项收入;营业外支出是指企业发生的与其主要生产经营活动无直接关系的各项支出。

(三)净利润

净利润是指企业利润总额减去所得税费用后的金额。

净利润的计算公式为:净利润 = 利润总额 - 所得税费用

其中,所得税费用是指企业根据《中华人民共和国企业所得税法》(简称《企业所得税法》)确认的应从当期利润总额中扣除的所得税费用。

三、财务管理中的利润

在企业的财务管理活动中,利润根据其构成不同,还可以表述为以下不同的层次:息税前利润、税前利润和税后利润。

(一)息税前利润

息税前利润是指企业支付利息和缴纳所得税之前的利润,计算公式如下:

$$息税前利润 = 利润总额 + 利息费用 = 净利润 + 所得税 + 利息费用$$

可见，息税前利润是对应企业总资本的利润，其中净利润和所得税分别归属于投资人和国家，利息费用则归属于债权人。在计算财务杠杆系数、分析财务报表时都要用到息税前利润。

（二）税前利润

税前利润是指企业的息税前利润扣除利息费用后的余额，是计算企业所得税的重要依据，也称为利润总额。计算公式如下：

$$税前利润 = 息税前利润 - 利息费用 = 净利润 + 所得税$$

可见，税前利润是企业投资者的投资和国家提供行政管理服务相对应的利润，其中净利润归属于投资人，所得税归属于国家。

（三）税后利润

税后利润也称为净利润，它是与投资者权益资本相对应，归属于投资者的利润。计算公式如下：

$$税后利润 = 税前利润 - 所得税$$

财务管理活动中的利润分配包括息税前利润分配、税前利润分配和税后利润分配。息税前利润分配是根据契约规定向债权人支付利息，而税前利润分配是根据税法要求缴纳所得税。最后，税后利润分配则根据法律法规提取法定盈余公积，并根据企业发展需求和投资者偏好确定对内留存和对外分配的比例。

四、利润分配的概念

企业的收益分配包括广义和狭义两种概念。广义的收益分配涵盖了对企业收入和净利润的分配，而狭义的收益分配仅指对企业净利润的分配。

本节的利润分配是收益分配的第二层次内容，即狭义的收益分配。利润是指收入扣除成本费用后的余额。根据成本费用的不同内容和形式，利润的表现也有所不同。利润分配中的成本费用包括利息和所得税，即利润指净利润，则利润分配是指将企业实现的税后利润在各权益者之间进行分配的过程。

五、利润分配的顺序

根据我国公司法的规定，公司进行利润分配涉及的项目包括盈余公积和股利两部分。

公司税后利润分配的顺序是：

（1）弥补亏损。企业发生的亏损，可以用下一年的盈利弥补。如果下一年度的盈利不足以弥补，可以用 5 年内的税前利润弥补，超过 5 年的亏损只能用税后利润弥补。

（2）提取法定盈余公积。根据《中华人民共和国公司法》规定，公司应当按照当年净利润（抵减年初累计亏损后）的 10% 提取法定盈余公积。提取的法定盈余公积累计额超过注册资本 50% 以上的，可以不再提取。

（3）提取任意盈余公积。在提取法定盈余公积后，经股东会或股东大会决议，还可以从净利润中提取任意盈余公积，其目的是控制向投资者分配利润的水平以及调整各年利润的波动，通过这种方法对投资者分利加以限制和调节。

（4）向投资者分配利润或股利。企业可供分配的利润扣除提取的盈余公积后，形成可供投资者分配的利润。企业可采用现金股利、股票股利和财产股利等形式向投资者分配利润。

根据公司法的规定，股东会、股东大会或者董事会违反相关规定，在公司弥补亏损和提取法定公积金之前向股东分配利润的，股东必须将违反规定分配的利润退还给公司。

任务解析

运用利润分配顺序的相关知识对【任务引入】进行解析如下：

首先，用当年的净利润弥补以前年度亏损，剩余 400 万元；然后，按弥补以前年度亏损以后的净利润的 10% 提取 40 万元法定盈余公积，若企业决定提取 20 万元任意盈余公积，此时还剩下 340 万元。如果企业发行了优先股，优先股股利为 30 万元，则支付后剩余的 310 万元可以向普通股股东分配利润。

任务 8.3　会展目标利润管理

任务引入

假设一家会展公司计划举办一场为期三天的大型商业展会。其中固定成本：场地租赁费用 100 000 元，展会布置和设备租赁费用 80 000 元，广告和宣传费用50 000元。单位变动成本：每个展位的搭建和物料成本2 000元，每位工作人员的日工资500元，假设雇用50名工作人员。每个展位售价10 000元。如果公司希望获得300 000元的利润。

讨论与思考：测算该会展公司需要销售多少个展位才可以实现目标利润。

 知识准备

会展目标利润管理是会展企业管理的重要组成部分，旨在通过设定明确的利润目标，并围绕这一目标进行规划、控制和决策，以实现企业的盈利和可持续发展。目标利润预测是指企业在运用定量预测分析的基础上，通过分析和研究销售量、销售单价和产品成本以及其他对利润产生影响的因素，对企业在未来某一时期可以实现的利润的预计和测算。目标利润预测的方法主要有比例预测法和本量利分析法。

一、比率预测法

（一）根据销售收入利润率预测

计算公式为：

$$销售利润总额 = 预计销售收入 \times 销售收入利润率$$

【例8-4】某会展企业近几年销售利润率较稳定，基本为20%，根据下年度的销售预测，预计下年度销售额可达500万元，故下年度该公司销售利润额预测值为：销售利润总额=500×20%=100（万元）。

（二）根据销售成本利润率预测

计算公式为：

$$销售利润总额 = 预计销售成本 \times 销售成本利润率$$

【例8-5】某会展企业近几年销售成本利润率基本稳定在45%，根据成本预测，预计下年度销售成本额为1 000万元，故下年度该公司销售利润额预测值为：销售利润总额=1 000×45%=450（万元）。

 做中学

甲公司去年的销售成本为200万元，实现的销售收入为350万元。今年销售成本提高到250万元，销售收入达到420万元。分别计算甲公司去年和今年的销售成本利润率，并比较其变化情况。

二、本量利分析法

确定目标利润最常用的方法是本量利分析预测法。

本量利分析预测法是一种利用销售量、销售额、固定成本、变动成本与利润之间的变动规律，对目标利润进行预测的方法。运用本量利分析预测法应建立在对市场进行充分调查研究的基础上，通过对市场的调查分析，首先对销售量或销售额进行科学预测，其次分析预测企业的固定成本、变动成本、贡献毛利率等，最后确定目标利润。

下面利用本量利分析的基本公式预测目标利润：

$$F=(p-b)x-a$$

式中，F 为利润额；p 为销售单价；b 为单位变动成本；x 为销售量；a 为固定成本。

【例 8-6】假设某会展企业销售收入主要是展位销售，预计下年度的销售量达 500 个，如果单个展位的均价为 2 000 元，单位变动成本为 1 200 元，固定成本总额为 3 500 000 元。

要求：(1) 计算公司下年度的目标利润；(2) 分析下年度各因素上升 5% 时对目标利润的影响程度。

【解析】

(1) 下年度的目标利润为：

　F=（p-b）x-a=（2 000-1 200）×5 000-3 500 000=500 000（元）

(2) 销售单价上升 5% 时：

变动后的利润 =[2 000×（1+5%）-1 200]×5 000-3 500 000=1 000 000（元）

单价上升对利润的影响程度 =（1 000 000-500 000）/500 000×100%=100%

销售量上升 5% 时：

变动后的利润 =（2 000-1 200）×5 000×（1+5%）-3 500 000=700 000（元）

销售量上升对利润的影响程度 =（700 000-500 000）/500 000×100%=40%

单位变动成本上升 5% 时：

变动后的利润 =[2 000-1 200×（1+5%）]×5 000-3 500 000=200 000（元）

销售量上升对利润的影响程度 =（200 000-500 000）/500 000×100% = -60%

固定成本上升 5% 时：

变动后的利润 =（2 000-1 200）×5 000-3 500 000×（1+5%）=325 000（元）

销售量上升对利润的影响程度 =（325 000-500 000）/500 000×100%= -35%

由此可见，当销售单价上升 5% 时，利润将增加 100%；当销售量上升 5% 时，利润将增加 40%；当单位变动成本上升 5% 时，利润将减少 60%；当固定成本上升 5% 时，利润将减少 35%。由此可见销售单价和销售量与利润成正比例变动，单位变动成本与固定成本成反比例变动。

> **任务解析**
>
> 运用目标利润的相关知识对【任务引入】进行解析如下：
> 固定成本总计 =100 000+80 000+50 000+50×500×3=305 000（元）
> 单位变动成本为每个展位的搭建和物料成本 2 000 元。
> 设需要销售 x 个展位才能实现 300 000 元的利润。
> 则总收入 = 每个展位售价 × 销售的展位数量 =10 000x（元）
> 总成本 = 固定成本 + 单位变动成本 × 销售的展位数量 =305 000+2 000x（元）
> 根据目标利润，可列方程：
> 10 000x-（305 000+2 000x）=300 000
> 通过上述方程的求解可得：x=75.625
> 因设置的展位数需要是一个整数，因此该会展企业需要销售 76 个展位才能实现目标利润 300 000 元。

复习与思考

1. 如何利用各销售定价方法进行定价？
2. 什么是利润？以及利润的作用是什么？
3. 会计中的利润和财务管理中的利润分别有哪里利润概念？
4. 什么是利润分配？利润分配的顺序是什么？
5. 什么是目标利润？企业应如何测算目标利润？
6. 本量利分析法如何确定企业的保本点和保利点？

职业能力测试

一、单项选择题

1. 下列净利润分配事项中，根据相关法律法规和制度，应当最后进行的是（   ）。
   A. 向股东分配股利   B. 提取任意公积金
   C. 提取法定公积金   D. 弥补以前年度亏损

2. 下列关于提取任意公积金的表述中，不正确的是（　　）。
   A. 应从税后利润中提取 B. 应经股东大会决议
   C. 满足公司经营管理的需要 D. 达到注册资本的 50% 不再提取
3. 某企业生产 A 产品，预计单位产品的制造成本为 300 万元，单位产品的期间费用为 150 元，销售利润率不能低于 25%，该产品适用的消费税税率为 5%，那么，运用销售利润率定价法，该企业的单位产品价格为（　　）元。
   A. 621.13 B. 642.86 C. 635.67 D. 653.12
4. 企业按照其产品在市场上的知名度和顾客信任度来制定产品价格的方法，属于（　　）。
   A. 渗透定价 B. 尾数定价 C. 招徕定价 D. 声望定价
5. 在定价策略中，利用消费者数字认知的某种心理，尽可能在价格数字上不进位，保留零头的方法被称为（　　）。
   A. 整数定价 B. 尾数定价 C. 声望定价 D. 招徕定价
6. 某企业利用本量利分析预测目标利润，若其他因素不变，当单位变动成本降低时，目标利润将会（　　）。
   A. 降低 B. 升高 C. 不变 D. 无法确定

二、多项选择题

1. 下列各项中，影响产品价格的因素有（　　）。
   A. 政策法规因素 B. 竞争因素
   C. 市场供求因素 D. 成本因素
2. 在本量利分析中，影响利润的因素有（　　）。
   A. 单价 B. 单位变动成本 C. 销售量 D. 固定成本
3. 在本量利分析中，以下关于预测目标利润的表述正确的有（　　）。
   A. 目标利润=（单价-单位变动成本）×销售量-固定成本
   B. 当销售量增加时，目标利润可能增加
   C. 当固定成本降低时，目标利润可能增加
   D. 当单价提高时，目标利润一定增加
4. 采用本量利分析法预测目标利润时，固定成本变动会对目标利润产生影响，以下说法正确的是（　　）。
   A. 固定成本增加，目标利润减少
   B. 固定成本减少，目标利润增加
   C. 固定成本变动额与目标利润变动额相同
   D. 固定成本变动额与目标利润变动额不一定相同

三、实务操作题

某会展企业开始经营的前6年中实现的税前利润（发生亏损以"-"表示），如下表所示：

年份	1	2	3	4	5	6
利润	−150	60	70	−50	60	150

假设除弥补亏损外无其他纳税调整事项，该公司的所得税税率为25%。该会展企业可以用五年内的税前利润弥补亏损，按税后利润的10%提取法定盈余公积，不提取任意盈余公积。

要求：

（1）计算该公司第6年应缴纳的企业所得税，并计算净利润的金额。
（2）计算该公司第6年应提取的法定盈余公积金。
（3）该公司第6年可分配给投资者的利润最多能达到多少？

参考答案

项目 9

会展财务分析

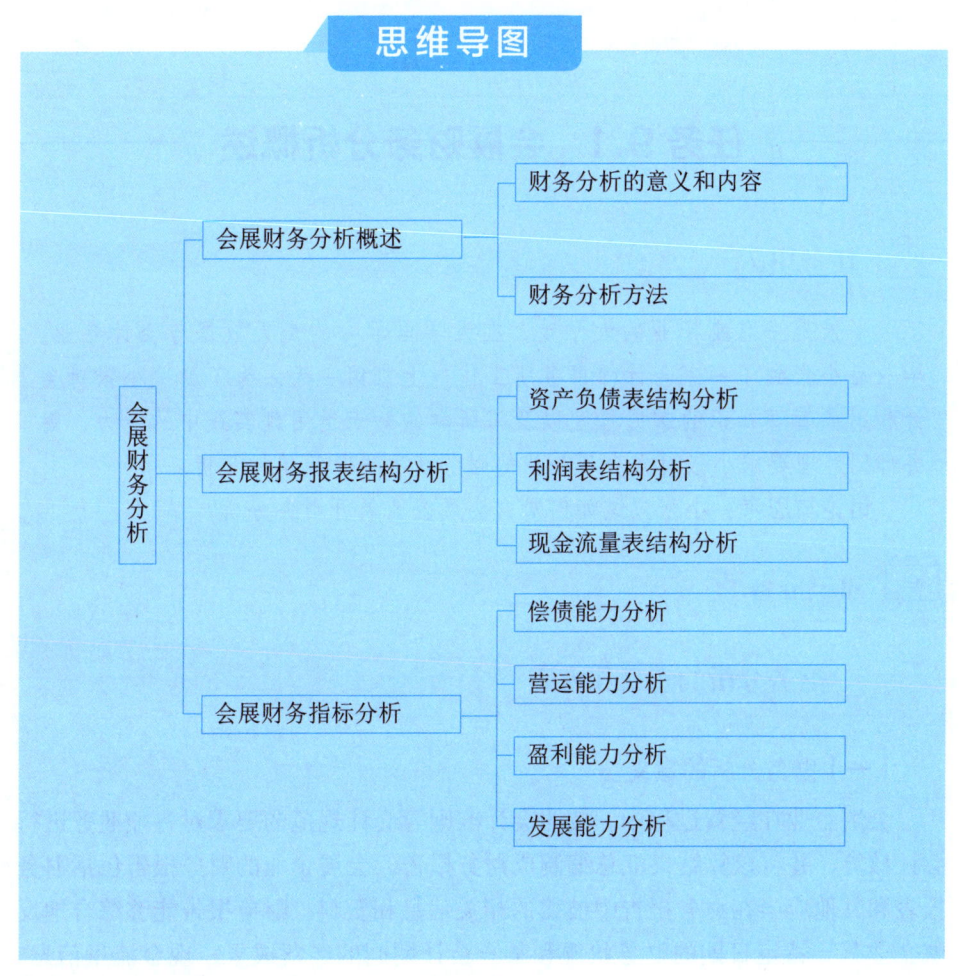

> 🎯 **学习目标**
>
> 1. 了解会展企业财务分析的意义和内容。
> 2. 熟悉会展企业财务分析的方法。
> 3. 掌握会展企业财务报表的概念、分类和结构。
> 4. 掌握会展企业偿债能力分析、营运能力分析、盈利能力分析、发展能力分析方法。

任务 9.1　会展财务分析概述

📋 任务引入

小张是一名刚毕业的大学生,在大学里学习的是大数据与会计专业。毕业后小张到了一家会计师事务所工作。上班第一天,为了测试小张对会计和财务管理知识的掌握程度以及将所学的知识运用到实践中的能力,财务部门经理要求小张对 A 会展企业的财务状况进行简单的分析。

讨论与思考:小张应该如何对 A 会展企业展开财务分析?

 知识准备

一、财务分析的意义和内容

(一)财务分析的意义

会展企业在经营过程中,按照会计准则等会计规范的要求对各项业务进行会计核算,并将核算结果汇总编制成财务报告。会展企业的财务报告包括财务报表和其他应当在财务报告中披露的相关信息和资料。财务报告能够综合地反映企业某一特定日期的财务状况和某一会计期间的经营成果、现金流量信息。但是财务报告无法深入地揭示企业各方面的财务能力,无法反映企业在一定时期内的发展变化趋势。因此,为了提高会计信息的利用程度,需要通过财务分析的方式对这些会计信息和资料做进一步的加工和处理。财务分析就是企业以财务报告和其他相关会计资料为基础,对企业的财务状况、经营成果和现金流量进行分析和评价的一种方法。对于不同的信息使用者而言，财务分析的意义是不同的。

对于债权人而言，无论企业的业绩多么优秀，债权人的报酬只有固定的利息，因此债权人关注的是企业按时还本付息的能力，这是债权人进行财务分析的主要目的。通过对企业财务报告的分析，债权人可以了解企业的资产结构和负债水平是否合理，从而判断企业的偿债能力、营运能力及盈利能力等，进而判断企业的财务实力。

对于股权投资者而言，将资金投入企业后便成为股东，享有对企业剩余收益的分配权，因此投资者更关注企业的盈利能力和风险状况。通过对企业财务报告的分析，股权投资者可以了解企业经营管理中存在的问题，并对投资的预期收益率做出评价，以此评估企业价值或股票价值，进行有效的投资决策。

对企业管理层而言，由于受托于企业的所有者而对企业的经营业绩负责，因此他们更关注企业现时的财务状况、盈利能力和营运能力。通过对企业财务报告的分析，管理层可以监控企业的经营活动和财务状况变化，及时发现经营过程中存在的问题，并采取应对措施。

对政府部门而言，通过企业财务报告的分析可以了解宏观经济的运行情况和企业经营活动的合法合理性，以便为其制定宏观经济政策提供决策依据。如税务部门需要了解企业的实际税负情况，为制定税务政策提供合理的依据。

（二）财务分析的内容

针对不同的信息使用者的需求，企业财务分析主要包括偿债能力分析、营运能力分析、盈利能力分析、发展能力分析和综合绩效分析等。

二、财务分析方法

（一）比较分析法

比较分析法是将同一企业不同时期的财务状况或不同企业的财务状况进行对比，确定其增减变动趋势的一种方法。比较分析法可以分为横向比较分析法和纵向比较分析法两种。

1. 横向比较分析法

横向比较分析法是将本企业的财务状况与其他企业的财务状况进行比较分析，并对其中存在的差异和差异原因进行分析，以了解本企业的竞争优势和劣势。

2. 纵向比较分析法

纵向比较分析法是指将同一企业不同时期的财务状况进行比较，确定其增减变动方向和数额的分析方法，通过纵向比较可以发现企业财务状况的发展变化趋势，并为预测其未来的变化提供依据。

（二）比率分析法

比率分析法是指通过计算各种比率指标以确定企业财务活动变动情况的分析方法。财务比率主要包括构成比率、效率比率和相关比率三类。

1. 构成比率

构成比率又称为结构比率，是指企业某个财务指标的各个组成部分与总体之间关系的财务比率，反映了部分与总体的关系。其计算公式为：

$$构成比率 = \frac{某个组成部分数值}{总体数值} \times 100\%$$

通过构成比率，可以了解企业某个指标中各个部分的构成是否合理，如企业资产中流动资产、非流动资产占资产总额的比重，企业负债中流动负债和非流动负债占负债总额的比重等。

2. 效率比率

效率比率是指企业某项经济活动中投入与产出之间的比率关系，如销售利润率、资产净利率等。通过效率指标可以考察企业经济活动效益，评价企业的盈利能力水平。

3. 相关比率

相关比率是指反映企业经济活动中几个相关项目比值的财务比率，如将流动资产与流动负债进行对比形成企业的流动比率，该指标可以判断企业的短期偿债能力等。通过相关比率可以考察企业各项经济活动之间的相互关系，深入分析企业财务状况。

> **任务解析**
>
> 根据部门经理的要求，小张可以按照以下步骤对 A 会展企业的财务状况进行分析：
>
> 第一步，收集财务分析相关的财务资料，主要包括各种原始单据、记账凭证、财务报告等资料。同时，小张需要收集同行业其他企业的财务数据以及宏观经济数据。
>
> 第二步，整理和审核财务数据，检查数据的准确性、完整性和一致性，对异常数据进行核实和调整。

第三步，综合运用比率分析、比较分析、趋势分析等方法，计算本企业和行业其他企业的各项财务指标。

第四步，通过横向对比和纵向对比，分析本企业和行业其他企业的各项财务指标之间的关系，并解释分析结果。

第五步，撰写财务分析报告。以清晰、简洁的方式呈现分析过程和结果，包括图表、数据和文字说明等。

任务9.2 会展财务报表结构分析

任务引入

A会展企业是会展行业中的龙头企业，也是会展行业中业务布局最完善的上市企业，其业务范围包含会展组织、会展配套服务、赛事活动和展馆运营服务等。通过利润表可以发现，2023年该企业与会展业务相关的主营业务收入达到了14.12亿元，遥遥领先于行业其他竞争对手。表9-1为该企业主营业务构成比例分析表。

表9-1　A会展企业主营业务构成比例分析表　　　　单位：万元

项目	营业收入	构成比率	营业成本	构成比率	毛利率（%）	营业收入比上年增减（%）	营业成本比上年增减（%）
会展组织	75 535.70		51 606.95			246.84	191.19
会展配套服务	21 909.07		16 615.15			-6.56	-5.23
赛事活动	15 571.60		9 947.98			58.87	82.58
展馆运营服务	27 064.05		17 509.00			1 007.75	1 639.01
其他	1 163.63		1 129.77			-94.01	-82.42
合计	141 244.05		96 808.85			—	—

讨论与思考：试计算A会展企业利润表中的营业收入、营业成本的构成比率和毛利率，分析该企业主营业务构成的合理性。

📁 **知识准备**

财务报表，又称为财务会计报表，是对企业财务状况、经营成果和现金流量的结构性表述。企业的财务报表应当至少包括"四表一注"：资产负债表、利润表、现金流量表、所有者权益变动表和附注。财务报表的这些组成部分在列报上具有同等的重要程度。其中附注是对在资产负债表、利润表、现金流量表和所有者权益变动表中列示项目的文字表述或详细说明，同时针对未能在这些报表中列示的项目加以说明。

财务报表可以按照不同的标准进行分类：

（1）按照编报期间的不同，可以分为中期财务报表和年度财务报表。中期财务报表是指以短于一个完整会计年度的报告期间为基础而编制的财务报表，主要包括月报、季报和半年报。

（2）按照编报主体的不同，可以分为个别财务报表和合并财务报表。个别财务报表是企业根据自身财务核算资料整理编报的财务报表，它主要反映的是企业自身的财务状况、经营成果和现金流量情况。而合并财务报表则是以母公司和子公司组成的企业集团为会计主体，综合母公司和所属子公司的财务资料，由母公司编制的能够综合反映企业集团整体财务状况、经营成果和现金流量情况的财务报表。下文以个别财务报表为例展开说明。

一、资产负债表结构分析

资产负债表是反映企业在某一特定日期的财务状况的报表。会展企业的资产负债表对其在特定日期的资产、负债和所有者权益的结构性表述，反映了会展企业在这一特定日期所拥有或控制的经济资源、所承担的现时义务和所有者对净资产的要求权。

资产负债表是以"资产＝负债＋所有者权益"这一平衡公式为基础编制的。我国会展企业资产负债表采用账户式结构，资产负债表的左侧反映企业的资产状况，按照资产项目的流动性强弱排列，上方为流动资产，下方为非流动资产；资产负债表的右侧反映了企业的负债与股东权益状况，即企业资金的来源情况，按照负债及所有者权益项目清偿期限长短的先后顺序排列。左侧资产各项目的合计数等于右侧负债和所有者权益各项目的合计数。A 会展企业 2023 年度的资产负债表如表 9-2 所示。

表9-2 资产负债表　　　　　　　　　　　　　　　　　　　　　　　　　单位：万元

项目	2023年12月31日	2022年12月31日	项目	2023年12月31日	2022年12月31日
流动资产：			流动负债：		
货币资金	142 345	163 538	短期借款	10 006	50 033
交易性金融资产	64 950	140 944	交易性金融负债	0	300
应收票据	8	54	应付票据	0	0
应收账款	12 809	12 612	应付账款	29 773	29 258
预付款项	5 719	2 069	预收款项	5 850	5 621
其他应收款	1 598	1 563	合同负债	11 217	20 769
存货	1 706	2 125	应付职工薪酬	7 614	6 698
合同资产	2	1 168	应缴税费	2 560	8 398
持有待售资产		263	其他应付款	19 210	44 867
一年内到期的非流动资产			一年内到期的非流动负债	8 733	8 633
其他流动资产	6 667	1 118	其他流动负债	1 105	1 326
流动资产合计	235 804	325 454	流动负债合计	96 068	175 903
非流动资产：			非流动负债：		
长期应收款			长期借款	19 600	0
长期股权投资	38 257	28 290	应付债券	0	0
其他权益工具投资	168 044	149 524	租赁负债	28 515	41 266
其他非流动金融资产	998	9 552	长期应付款	0	0
投资性房地产	129		预计负债	0	0
固定资产	53 666	1 987	递延收益	232	232
在建工程	1 739	0	递延所得税负债	11 206	0
使用权资产	34 604	47 563	其他非流动负债	0	0
无形资产	84	57	非流动负债合计	59 553	41 498
开发支出	0	0	负债合计	155 621	217 401
商誉	1 739	1 739	所有者权益（或股东权益）：		
长期待摊费用	2 066	1 622	实收资本（或股本）	62 656	59 953
递延所得税资产	15 554	10 276	资本公积	2 488	2 864
其他非流动资产	4	0	减：库存股	0	414
非流动资产合计	316 884	250 610	其他综合收益	7 621	−6 269
			盈余公积	26 302	25 844
			未分配利润	298 000	276 685
			所有者权益（或股东权益）合计	397 067	358 663
资产总计	552 688	576 064	负债和所有者（或股东权益）合计	552 688	576 064

资产负债表是会展企业进行财务分析的一张重要的财务报表,它向报表使用者提供了企业资产结构、资金来源、负债结构、负债水平、股东权益水平等财务信息。通过对资产负债表的分析,可以了解会展企业的偿债能力、营运能力等财务能力,为报表使用者的决策提供依据。

> **做中学**
>
> 通过互联网查找一家上市公司的年报,根据资产负债表数据计算资产、负债和所有者权益各具体项目的占比,并对资产负债表结构进行分析。

二、利润表结构分析

利润表也称为损益表,是反映企业在一定会计期间经营成果的财务报表。通过利润表的列报,报表使用者可以了解企业经营业绩的主要来源和构成,据此判断企业净利润的质量和风险,预测净利润的持续性和发展趋势。

我国的利润表采用多步式结构,即以"利润=收入-费用"的会计等式为基础,通过对当期的收入、费用、支出项目按性质进行归类,分步计算当期净损益,按利润形成的主要环节列示一些中间性利润指标,便于报表使用者了解企业经营成果的不同来源和构成情况。A会展企业2023年度的利润表如表9-3所示。

表9-3 A会展企业2023年度的利润表 单位:万元

项目	2023年12月31日	2022年12月31日
一、营业总收入	142 196	77 309
减:营业成本	96 831	48 143
税金及附加	841	473
销售费用	7 528	5 484
管理费用	17 525	14 823
研发费用	74	59
财务费用	1 633	1 772
加:其他收益	1 218	1 512
投资收益	15 369	11 868
净敞口套期收益		
公允价值变动收益	-3 981	-11 876
信用减值损失	692	-633
资产减值损失	14	-305
资产处置收益	5 337	268

续表

项目	2023年12月31日	2022年12月31日
二、营业利润	36 412	7 388
加：营业外收入	1 372	5 100
减：营业外支出	75	42
三、利润总额	37 709	12 446
减：所得税费用	6 185	1 488
四、净利润	31 524	10 958
五、其他综合收益的税后净额	13 890	−25 140
六、综合收益总额	45 414	−14 183
七、每股收益（元）	0.52	0.21

从表9-3可知，利润表可以反映会展企业一定会计期间收入的实现情况、费用的耗费情况以及经营活动的成果。报表使用者将利润表中的信息与资产负债表的信息相结合，可以为会展企业营运能力分析和盈利能力分析提供依据，便于报表使用者判断企业未来的发展趋势，做出正确的经济决策。

 做中学

> 通过互联网查找一家上市公司的年报，根据利润表数据绘制近几年利润变化趋势图，并结合行业环境因素和企业因素说一说利润变化的原因。

三、现金流量表结构分析

现金流量表是指反映企业在一定会计期间现金及现金等价物流入和流出情况的财务报表。

现金流量表中的现金是指企业的库存现金以及可以随时用于支付的存款，包括库存现金、银行存款和其他货币资金。但不能随时支取的存款不属于现金范畴，如定期存款等。

现金流量表中的现金等价物是指企业持有的期限较短、流动性强、易于转换为已知金额的现金、价值变动风险很小的投资。由于现金等价物的支付能力与现金差异不大，因此可视为现金，如3个月内到期的债券投资。但权益性投资因其变现金额的不确定性，不能确认为现金等价物。

现金流量表根据收付实现制原则编制，将权责发生制下的企业经营信息调整为收付实现制下的现金流量信息，便于报表使用者了解企业净利润的质量。A会展企业2023年的现金流量表如表9-4所示。

表9-4　A会展企业2023年的现金流量表　　　　　　　　　　单位：万元

项目	2023年12月31日	2022年12月31日
一、经营活动产生的现金流量		
销售商品、提供劳务收到的现金	149 973	75 500
收到的税费返还	0	152
收到其他与经营活动有关的现金	24 506	97 029
经营活动现金流入小计	174 479	172 681
购买商品、接受劳务支付的现金	102 507	46 363
支付给职工以及为职工支付的现金	16 629	14 056
支付的各项税费	14 460	4 382
支付其他与经营活动有关的现金	54 436	62 830
经营活动现金流出小计	188 032	127 631
经营活动产生的现金流量净额	−13 553	45 050
二、投资活动产生的现金流		
收回投资收到的现金	140 111	245 906
取得投资收益收到的现金	9 478	11 273
处置固定资产、无形资产和其他长期资产收回的现金净额	4 846	985
投资活动现金流入小计	154 435	258 164
购建固定资产、无形资产和其他长期资产支付的现金	59 577	861
投资支付的现金	108 046	292 009
支付其他与投资活动有关的现金	0	641
投资活动现金流出小计	167 622	293 511
投资活动产生的现金流量净额	−13 187	−35 347
三、筹资活动产生的现金流量		
吸收投资收到的现金	242	99
取得借款收到的现金	50 000	50 000
收到其他与筹资活动有关的现金	211	951
筹资活动现金流入小计	50 453	51 050
偿还债务支付的现金	70 200	0
分配股利、利润或偿付利息支付的现金	7 518	7 525
支付其他与筹资活动有关的现金	11 349	928
筹资活动现金流出小计	89 068	84 53
筹资活动产生的现金流量净额	−38 615	42 597
四、汇率变动对现金及现金等价物的影响	9	59
五、现金及现金等价物净增加额	−65 346	52 360
加：期初现金及现金等价物余额	160 994	108 634
六、期末现金及现金等价物余额	95 648	160 994

根据表 9-4 可知，现金流量表被分为经营活动、投资活动和筹资活动三个部分，从不同角度反映了企业业务活动的现金流入与流出情况。

经营活动是指企业投资活动和筹资活动以外的所有交易和事项。对于会展企业而言，经营活动主要包括提供展览、会议、节事活动等服务、购买商品、接受劳务、支付职工薪酬、支付税费等。值得注意的是，会展企业收到的政府补助、支付的短期租赁和低价值资产租赁等均在经营活动中列示。

投资活动是指企业长期资产的购建和不包括在现金等价物范围内的投资及其处置活动。既包括对固定资产、无形资产等实物资产的投资，也包括对金融资产的投资。

筹资活动是指导致企业资本及债务规模和构成发生变动的活动产生的现金流量。既包括实收资本（股本）、资本溢价（股本溢价），也包括向银行借款、发行债券以及偿还债务等活动。但是应付票据、应付账款等商业应付款属于经营活动，不属于筹资活动范畴。

通过现金流量表的分析，可以帮助报表使用者预测企业未来的现金流量，同时与资产负债表、利润表结合，评价企业的偿债能力、周转能力等，为决策提供依据。

任务解析

通过本节的学习，我们了解了资产负债表、利润表和现金流量表的构成。表 9-5 为 A 会展企业利润表中各项营业收入、营业成本的构成比率和毛利率计算表。

表9-5　A会展企业主营业务构成比例分析表　　　　单位：万元

项目	营业收入	构成比率（%）	营业成本	构成比率（%）	毛利率（%）	营业收入比上年增减（%）	营业成本比上年增减（%）
会展组织	75 535.70	53.48	51 606.95	53.31	31.68	246.84	191.19
会展配套服务	21 909.07	15.51	16 615.15	17.16	24.16	−6.56	−5.23
赛事活动	15 571.60	11.02	9 947.98	10.28	36.11	58.87	82.58
展馆运营服务	27 064.05	19.16	17 509.00	18.09	35.31	1 007.75	1 639.01
其他	1 163.63	0.82	1 129.77	1.17	2.91	−94.01	−82.42
合计	141 244.05	100.00	96 808.85	100.00	31.46	—	—

2023 年随着国内外会展行业的不断复苏，A 会展企业在行业中的竞争优势逐渐显现，营业收入和营业成本整体较上年有大幅增长。其中毛利率超过 30% 的会展组织业务、赛事活动业务和展馆运营服务业务占比达到 83.66%，各项营业成本占比与营业收入占比相匹配，体现了 A 会展企业合理的业务分布和资源配置。

任务 9.3　会展财务指标分析

任务引入

在任务 9.1 中，刚毕业的会计专业学生小张对财务分析的流程和方法进行了梳理。经过收集和整理，小张得到的 A 会展企业的部分财务报表数据如表 9-6 所示；通过查找互联网，小张得到了会展行业平均财务比率指标，如表 9-7 所示。

讨论与思考：计算 A 会展企业的各项财务指标，将计算结果与行业均值进行比较，分析 A 会展企业的财务状况。

表9-6　A会展企业财务报表部分数据　　　　　单位：万元

项目	年末金额	年初金额	项目	年末金额	年初金额
货币资金	500		短期借款	200	
交易性金融资产	300		应付账款	180	
应收票据	400	460	长期借款	600	
应收账款	566	500	负债合计	980	
存货	100	120	所有者权益合计	1 916	1 600
流动资产合计	1 866		负债及所有者权益合计	2 896	
固定资产	1 000	890	营业收入	3 000	
无形资产	30		营业成本	2 400	
资产总计	2 896		财务费用	20	
			利润总额	200	
			净利润	118	

表9-7　会展行业平均财务比率指标　　　　　单位：%

财务比率	行业均值
流动比率	2.5
速动比率	2.4
资产负债率	40
产权比率	0.56
应收账款周转率	20.1
存货周转率	15
销售净利率	11

 知识准备

一、偿债能力分析

偿债能力是指企业偿还到期债务的能力。企业的偿债能力分析是财务分析的重要内容，企业的管理者、债权人和投资者通过偿债能力分析结果可以了解企业可能的财务风险。企业的债务按照到期时间的不同一般分为短期债务和长期债务，因此偿债能力分析分为短期偿债能力分析和长期偿债能力分析两部分。

会展企业通常从两个方面衡量偿债能力：一方面，比较可供偿债的资产与债务的现存量，若资产存量超过债务存量较多，则认为企业的偿债能力较强；另一方面，比较经营活动现金流量与偿还债务所需要的资金，如果产生的现金显著超过了需要的现金，则认为企业的偿债能力较强。

（一）短期偿债能力分析

短期偿债能力是指企业及时足额偿还流动负债的能力。流动负债是指会展企业在一年或一个营业周期内需要偿还的债务，这部分债务对会展企业的财务风险影响较大，如果不能及时偿还，可能会使企业陷入财务危机，甚至导致企业破产倒闭。一般而言，流动负债需要以流动资产变现后偿还，因此评价短期偿债能力的财务指标主要有流动比率、速动比率和现金流量比率等。

1．流动比率

流动比率是企业流动负债与流动资产的比值。其计算公式为：

$$流动比率 = \frac{流动资产}{流动负债}$$

一般而言，流动比率越高，说明企业偿还流动负债的能力越强，流动负债得到偿还的保障越大。但是，过高的流动比率也并非好现象。因为流动比率过高，可能是企业在流动资产上占用的资金过多，如应收账款过多，未能对资金加以充分利用，可能会影响企业的盈利能力。根据表9-2可得，A会展企业的流动比率为：

$$流动比率 = \frac{235\ 804}{96\ 068} = 2.45$$

A会展企业的流动比率为2.45，表示A会展企业每1元的流动负债，就

有 2.45 元的流动资产作为安全保障。根据传统经验，流动比率保持在 2 左右是比较合适的，因为流动资产中变现能力最差的存货、预付款项约占流动资产总额的一半左右，扣除该部分后剩下的变现能力较强的流动资产至少要等于流动负债。但是会展企业属于服务行业，存货及预付款项占总资产的比重不高，因此会展行业的流动比率相较其他行业会更高一些。

2．速动比率

速动比率也称为酸性测试比率，是企业速动资产与流动负债的比值，其计算公式为：

$$速动比率 = \frac{速动资产}{流动负债}$$

$$速动资产 = 流动资产 - 存货 - 预付款项$$
$$= 一年内到期的非流动资产及其他流动资产$$

根据流动比率的分析可知，会展企业主要以提供服务获得收入，流动资产中的存货、预付款项等变现能力不强且金额不大，应当将其从流动负债中扣除，采用速动资产与流动负债的比值，即速动比率评价会展企业的短期偿债能力。根据表 9-2 可得，A 会展企业的速动比率为：

$$速动比率 = \frac{235\,804 - 1\,706 - 5\,719 - 6\,667}{96\,068} = 2.31$$

根据传统经验，速动比率一般为 1 时较为合适。A 会展企业的速动比率为 2.31，说明企业每 1 元的流动负债就有 2.31 元易于变现的速动资产来抵偿，短期偿债能力较强。进一步分析 A 会展企业的速动资产构成可以发现，货币资金占 64%，交易性金融资产占 29%，应收账款占 5.78%，说明速动资产中变现能力较强的资产占绝大多数，而不确定性较强的应收账款占较小的比例，短期偿债能力得到了更大的保障。但在实际工作中，应结合会展行业和企业特点进行分析，过高的速动比率会增加企业的机会成本，因此需要结合内外部条件综合评价企业的速动比率。

3．现金流量比率

现金流量比率是企业经营活动产生的现金流量净额与流动负债的比值。其计算公式为：

$$现金流量比率 = \frac{经营活动产生的现金流量净值}{流动负债}$$

流动比率和速动比率都是反映现存资源对到期债务的保障程度，是短期偿债能力的静态指标，而现金流量比率则是从动态的角度反映本期经营活动产生的现金流量净额对流动负债的偿付能力。根据表 9-2 和表 9-3 可得，A 会展企业的现金流量比率为：

$$现金流量比率 = \frac{-13\ 553}{96\ 068} = -0.14$$

A会展企业本年度经营活动现金净流量为负值，导致现金流量比率为负，说明A会展企业本年度虽然产生了利润，但是经营活动产生的现金流出量大于现金流入量，即现金净流量无法偿付到期债务，只能动用存量资金进行偿付，长此以往会给企业的偿债能力带来危机。

（二）长期偿债能力分析

长期偿债能力是指企业偿还长期负债的能力。会展企业的长期负债主要包括长期借款、应付债权、租赁负债、长期应付款、预计负债等。反映企业长期偿债能力的指标主要有资产负债率、产权比率、权益乘数和利息保障倍数等。

1．资产负债率

资产负债率是企业负债总额与资产总额的比值，该指标反映了企业资产总额中有多少比例是通过举债方式得到的。其计算公式为：

$$资产负债率 = \frac{负债总额}{资产总额} \times 100\%$$

资产负债率反映了企业偿还债务的综合能力，该指标越大，说明企业偿债能力越差，财务风险越大。根据表9-2可得，A会展企业的资产负债率为：

$$资产负债率 = \frac{155\ 621}{552\ 688} \times 100\% = 28.16\%$$

表9-8　A会展企业与其他会展企业资产负债率对比

财务指标	A会展企业	米奥会展	汉商集团
资产负债率（%）	28.16	21.77	50.5

A会展企业的资产负债率为28.16%，说明A会展企业的资产中仅有28.16%来源于举债，与同行业其他会展企业横向对比发现，A会展企业的资产负债率处于中等水平。但是，资产负债率的高低对于债权人和所有者具有不同的意义。

对于债权人而言，最关心的是企业是否能按期偿还贷款本金和利息。如果企业的资产负债率较高，说明资产中股东提供的资本较少，企业的财务风险主要由债权人承担，那么贷款的安全性就难以得到保障。因此，债权人总是希望资产负债率低一些。

对于所有者而言，最关心的是投资回报率的高低。由于企业所有者投入的资金与企业债权人投入的资金发挥着同样的作用，因此只要企业的总资产收益率高于借款的利息率，那么举债越多，对所有者而言投资收益越多。

2．产权比率

产权比率又称为负债股权比率，是企业负债总额与股东权益总额的比值。其计算公式为：

$$产权比率 = \frac{负债总额}{股东权益总额}$$

产权比率反映了债权人所提供的资金与股东所提供的资金的对比关系，揭示了股东权益对债务的保障程度。该指标越低，表明企业的长期偿债能力越强，债权人权益的保障程度越高，企业的财务风险越小。根据表9-2可得，A会展企业的产权比率为：

$$产权比率 = \frac{155\ 621}{397\ 067} = 0.39$$

A会展企业的产权比率为0.39，说明该企业长期财务状况良好，债权人的贷款安全性较高，企业财务风险较小。

3．权益乘数

权益乘数是企业资产总额与股东权益总额的比值。其计算公式为：

$$权益乘数 = \frac{资产总额}{股东权益总额}$$

权益乘数反映了企业财务杠杆的大小。该指标越大，说明股东权益占总资产的比重越小，债务融资比例越大，财务杠杆越大。根据表9-2可得，A会展企业的权益乘数为：

$$权益乘数 = \frac{552\ 688}{397\ 067} = 1.39$$

A会展企业的权益乘数为1.39，说明该企业资产总额是股东权益总额的1.39倍。

4．利息保障倍数

利息保障倍数又称为已获利息倍数，是企业息税前利润与利息费用的比值。其计算公式为：

$$利息保障倍数 = \frac{息税前利润}{利息费用} = \frac{税前利润 + 利息费用}{利息费用}$$

上式中，税前利润指缴纳企业所得税之前的利润；利息费用指本期发生的全部应付利息,不仅包括财务费用中的利息费用,还包括计入固定资产成本的资本化利息。如果利息保障倍数过低,说明企业的经营所得不足以支付债务利息。因此,利息保障倍数是企业进行举债决策的主要衡量指标,一般不能低于1,否则企业将难以偿付债务利息及本金。根据表9-3可得,A会展企业的利息保障倍数为:

$$利息保障倍数 = \frac{37\ 709 + 1\ 633}{1\ 633} = 24$$

A会展企业的利息保障倍数为24,说明A会展企业以经营所得偿还长期债务的能力较强。

二、营运能力分析

营运能力分析是指通过计算企业资金周转的相关指标,分析企业资产的利用效率,了解企业的营运状况和管理水平。营运能力分析的主要财务指标有应收账款周转率、总资产周转率等。

(一)应收账款周转率

应收账款周转率也称为应收账款周转次数,是一定时期内营业收入与应收账款平均余额的比值。其计算公式为:

$$应收账款周转率(次数) = \frac{营业收入}{应收账款平均余额}$$

$$应收账款天数 = \frac{360}{应收账款周转率}$$

应收账款周转率是评价应收账款变现速度和管理效率的重要指标,它反映了一个会计年度内应收账款周转的速度。该比率越高,说明应收账款周转速度越快,流动性越强,企业的短期偿债能力和盈利能力也会得到增强。但同时过高的应收账款也可能是由于严格的信用政策导致的,这会限制企业销售量的扩大,从而影响企业的盈利能力。如果该比率过低,说明企业收回应收账款的效率较低,或者由于信用政策过于宽松导致部分应收账款很难收回,这将增加应收账款的机会成本和坏账损失。

应收账款周转天数指应收账款周转一次所需的天数。周转天数越短,说明企业的应收账款周转速度越快,该指标与应收账款周转率成反比。根据表9-2和表9-3可得,A会展企业的应收账款周转率和应收账款周转天数为:

$$应收账款周转率 = \frac{142\,196}{\frac{12\,809 + 12\,612}{2}} = 11.19（次）$$

$$应收账款周转天数 = \frac{360}{11.19} = 32.17（天）$$

A 会展企业的应收账款周转率为 11.19 次，表明该企业一年内应收账款周转次数为 11.19 次；A 会展企业的应收账款周转天数为 32.17 天，表明该企业从应收账款的产生到收回的平均天数是 32.17 天。通过表 9-9 纵向对比发现，近几年 A 会展企业的应收账款周转率呈现先降后升的趋势，周转速度较快。

表9–9　A会展企业应收账款周转率

项目	2023 年 12 月 31 日	2022 年 12 月 31 日	2021 年 12 月 31 日	2020 年 12 月 31 日	2019 年 12 月 31 日
应收账款周转率（次数）	11.19	7.10	9.60	18.50	29.47

（二）存货周转率

存货周转率是企业一定时期内营业成本与存货平均余额的比值。其计算公式为：

$$存货周转率（次数）= \frac{营业成本}{存货平均余额}$$

存货周转率是反映企业的存货周转速度的一项指标。一般来说，会展企业的存货不多、价值不大，与工业企业的存货性质不同，会展企业的存货一般是低值易耗品、装修材料等。A 会展企业的存货周转率为：

$$存货周转率（次数）= \frac{96\,831}{\frac{1\,706 + 2\,125}{2}} = 50.55（次）$$

A 会展企业除了经营会展业务，还经营商贸往来业务，因此，A 会展企业存在大量存货，但存货周转率较高。

（三）总资产周转率

总资产周转率也称为总资产利用率，是企业销售收入与资产平均总额的比值。其计算公式为：

$$总资产周转率（次数）= \frac{营业收入}{资产平均总额}$$

总资产周转率反映了企业全部资产的使用效率。如果该指标过低，说明企业利用资产进行经营的效率较差，企业的盈利能力也将受到影响。根据表9-2和表9-3可得，A会展企业的总资产周转率为：

$$总资产周转率 = \frac{142\,196}{\frac{(552\,688 + 576\,064)}{2}} = 0.25（次）$$

表9-10　A会展企业与其他会展企业总资产周转率对比

财务指标	A会展企业	米奥会展	汉商集团
总资产周转率（次）	0.252	1.141	0.385

A会展企业的总资产周转率为0.252次，通过与同行业其他企业横向对比发现，A会展企业的总资产周转率不高，经营效率较低，可以采取处置多余资产、加强资产管理等措施提高企业资产的利用程度，加速总资产的周转效率。

三、盈利能力分析

盈利能力是指企业获取利润的能力。反映企业盈利能力的财务指标主要有销售净利率、资产净利率等。

（一）销售净利率

销售净利率是企业净利润与营业收入净额的比值。其计算公式为：

$$销售净利率 = \frac{净利润}{营业收入} \times 100\%$$

销售净利率指标说明了企业净利润占营业收入的比例，反映了企业通过销售赚取利润的能力。该指标越高，说明企业通过扩大销售获取报酬的能力越强，企业的市场竞争力越强，发展潜力越大。值得注意的是，企业的利润包括营业利润、利润总额和净利润三种不同的形式，因此实务中也经常使用销售利润率、销售毛利率等指标分析企业的盈利能力。

$$销售利润率 = \frac{营业利润}{营业收入} \times 100\%$$

$$销售毛利率 = \frac{营业收入 - 营业成本}{营业收入} \times 100\%$$

根据表9-3可得，A会展企业的销售净利润为：

$$销售净利率 = \frac{31\,524}{142\,196} \times 100\% = 22.17\%$$

A会展企业的销售净利润为22.17%，说明每100元的营业收入可以为A会展企业创造22.17元的净利润。通过纵向对比发现，近几年A会展企业的销售净利率取得了较大的突破，说明A会展企业的市场占有率在提升，行业话语权在增强，整体盈利能力较强。

表9-11　A会展企业销售净利率

项目	2023年12月31日	2022年12月31日	2021年12月31日	2020年12月31日	2019年12月31日
销售净利率（%）	22.17	14.17	13.91	4.85	6.16

（二）资产净利率

资产净利率是企业净利润与资产平均总额的比值。其计算公式为：

$$资产净利率 = \frac{净利润}{资产平均总额} \times 100\%$$

资产净利率反映企业利用资产赚取利润的能力。该指标越高，说明企业资产的利用效率越好，整个企业的盈利能力越强，企业的经营管理能力越高。根据表9-2和表9-3可得，A会展企业的资产净利率为：

$$资产净利率 = \frac{净利润}{资产平均总额} \times 100\% = 5.59\%$$

A会展企业的资产净利率为5.59%，说明该企业每100元资产可以为股东赚取5.59元的净利润，该指标越高，说明企业的盈利能力越强。通过表9-12纵向对比发现，该企业历年的资产净利率均偏低，说明该企业经营效率较低，资产管理存在问题，企业应加强经营管理，提高资产的利用效率，这与前文总资产周转率的分析结果一致。

表9-12　A会展企业资产净利率

项目	2023年12月31日	2022年12月31日	2021年12月31日	2020年12月31日	2019年12月31日
资产净利率（%）	5.59	2.00	2.63	2.84	6.90

四、发展能力分析

发展能力也称为成长能力，是指企业经营过程中，在企业规模、盈利水平、市场竞争力等方面表现出的增长能力。反映企业发展能力的财务指标主要有销售增长率、资产增长率、利润增长率等。

（一）销售增长率

销售增长率是企业本年营业收入增长额与上年营业收入总额的比值。其计算公式为：

$$销售增长率 = \frac{本年营业收入增长额}{上年营业收入总额} \times 100\%$$

销售增长率反映了企业营业收入的增减变动情况，是评价企业成长性和发展能力的重要指标，是衡量企业市场占有能力和经营业务拓展情况的重要标志。该指标大于0，说明企业本年营业收入增加，指标越高说明增长速度越快，市场前景看好；该指标小于0，说明企业本年营业收入减少，可能是企业经营方面存在问题导致的市场份额萎缩。根据表9-3可得，A会展企业的销售增长率为：

$$销售增长率 = \frac{142\,196 - 77\,309}{77\,309} \times 100\% = 83.93\%$$

A会展企业的销售增长率为83.93%，说明A会展企业本年营业收入较上年增长较多，发展能力较强。通过纵向对比可以看出，近年来该企业的销售增长率受环境影响出现了先降后大幅提升的态势，业绩不稳定，但总体趋势向好。

表9-13　A会展企业销售增长率

项目	2023年12月31日	2022年12月31日	2021年12月31日	2020年12月31日	2019年12月31日
销售增长率（%）	83.93	-16.42	-68.98	-44.52	62.59

（二）资产增长率

资产增长率是企业本年总资产增长额与年初资产总额的比值。其计算公式为：

$$资产增长率 = \frac{本年总资产增长额}{年初资产总额} \times 100\%$$

资产增长率指标反映了企业本年度总资产规模的增长情况，是从资产规模扩张的角度来衡量企业的发展能力。企业资产总量的大小对企业长期发展具有重要影响，一般而言，资产增长率越高，说明企业资产规模增长速度越快，企业的发展能力越强。但是当企业资产规模达到一定水平后会出现边际效用递减现象，需要结合企业实际情况进行分析。根据表9-2可得，A会展企业的资产增长率为：

$$资产增长率 = \frac{552\,688 - 576\,064}{576\,064} \times 100\% = -4\%$$

A会展企业的资产增长率为-4%，说明该企业的资产规模在本年度不仅没有增长反而减少了。根据前文的分析可知，A会展企业的总资产周转率和资产净利率均不高，说明该企业的资产利用效率并不理想，因此该企业本年度大量减持了货币资金、交易性金融资产、存货、合同资产等效益不高的资产。由此可见，资产增长率呈现负值对企业而言并不一定是坏事，需要结合企业实际情况进行综合分析。

（三）利润增长率

利润增长率是指企业本年利润增长额与上年利润总额的比值。其计算公式为：

$$利润增长率 = \frac{本年利润增长额}{上年利润总额} \times 100\%$$

利润增长率是从利润的角度反映企业的发展能力。该比率越高，说明企业的成长性越好，发展能力越强。根据表9-3可得，A会展企业的利润增长率为：

$$利润增长率 = \frac{37\,709 - 12\,446}{12\,446} \times 100\% = 202.98\%$$

A会展企业的利润增长率为202.98%，说明该企业的利润增长速度较快，企业的成长性较好，发展能力较强。通过纵向对比发现，受到宏观环境的影响，A会展企业近几年的利润增长率出现了先下降后大幅反弹的现象，本年度的利润增长尤其明显，发展趋势较好。

表9-14　A会展企业利润增长率

项目	2023年12月31日	2022年12月31日	2021年12月31日	2020年12月31日	2019年12月31日
利润增长率（%）	202.98	-11.78	-24.42	-56.66	41.05

> **任务解析**
>
> 根据表9-6，小张计算的A会展企业的财务指标如表9-15所示。

表9-15 A会展企业与行业平均指标对比   单位：%

财务比率	行业均值	A会展企业
流动比率	2.5	2.74
速动比率	2.4	2.60
资产负债率	40%	33.84%
产权比率	0.56	0.51
应收账款周转率（次）	20.1	5.63
存货周转率（次）	15	21.82
销售净利率	11%	9.33%

根据表9-15，小张将A会展企业指标数值与行业平均值对比分析结果如下：

1．从流动比率和速动比率来看，A会展企业的短期偿债能力略高于行业均值，资产的流动性较好。

2．从资产负债率和产权比率来看，A会展企业的指标数值低于行业均值，说明该企业的长期偿债能力也强于行业平均水平，揭示了企业财务风险较小。

3．从应收账款周转率来看，A会展企业的指标数值远低于行业均值，说明该企业的应收账款管理存在问题，表现在应收账款回收较慢、容易出现坏账损失，应引起企业的关注。

4．从存货周转率来看，A会展企业的指标数值远高于行业均值，由于A会展企业主要以会展服务为主营业务，存货数量较少且随项目周转较快，因此存货周转率较高。

5．从销售净利率来看，A会展企业的指标数值低于行业均值，说明该企业市场竞争力不足，盈利能力较低。

复习与思考

杜邦分析法

1．会展企业财务分析的方法有哪些？

2．会展企业资产负债表、利润表和现金流量表的结构是怎样的？

3．现金流量表的编制原则是什么？与利润表的编制原则有什么不同？

4．会展企业偿债能力分析、营运能力分析、盈利能力分析、发展能力分析指标分别有哪些？

5．会展企业的应收账款周转率过低可能是什么原因导致的？会给企业带来怎样的后果？

职业能力测试

一、单项选择题

1. 某会展企业库存现金2万元，银行存款68万元，交易性金融资产80万元，存货10万元，流动负债750万元，据此计算出该企业的速动比率为（　　）。
   A. 0.2　　　　　B. 0.09　　　　　C. 0.27　　　　　D. 0.28

2. 下列比率指标的不同类型中，流动比率属于（　　）。
   A. 构成比率　　　B. 动态比率　　　C. 相关比率　　　D. 效率比率

3. 产权比率越高，通常反映的信息是（　　）。
   A. 财务结构越稳健　　　　　　　B. 长期偿债能力越强
   C. 财务杠杆效应越强　　　　　　D. 股东权益的保障程度越高

4. 假定其他条件不变，下列各项经济业务中会导致公司总资产净利率上升的是（　　）。
   A. 收回应收账款　　　　　　　　B. 用资本公积转增股本
   C. 用银行存款购入生产设备　　　D. 用银行存款归还银行借款

5. 下列各项经济业务中，可能导致企业资产负债率变化的经济业务是（　　）。
   A. 收回应收账款　　　　　　　　B. 用现金购买债券
   C. 接受所有者投资转入的固定资产　D. 以固定资产对外投资按账面价值作价

二、多项选择题

1. 一般而言，存货周转次数增加，其所反映的信息有（　　）。
   A. 盈利能力下降　　　　　　　　B. 存货周转期延长
   C. 存货流动性增强　　　　　　　D. 资产管理效率提高

2. 下列各项影响因素中，影响企业偿债能力的有（　　）。
   A. 经营租赁　　　B. 或有事项　　　C. 资产质量　　　D. 授信额度

3. 一般而言，存货周转次数增加，反映的信息有（　　）。
   A. 盈利能力下降　　　　　　　　B. 存货周转延期
   C. 存货流动性增强　　　　　　　D. 资产管理效率提高

4. 在一定时期内应收账款周转次数多周转天数少表明（　　）。
   A. 收账速度快　　　　　　　　　B. 信用管理政策宽松
   C. 应收账款流动性强　　　　　　D. 应收账款管理效率高

5. 假设其他条件不变，下列各项中可以缩短经营周期的有（　　）。
   A. 存货周转率上升
   B. 应收账款余额减少

C. 提供给客户的现金折扣增加，对他们更具吸引力
D. 供应商提供的信用期缩短了，所以提前付款

三、判断题

1. 负债比率越高，则权益乘数越低，财务风险越大。（   ）
2. 从股东的立场看，在全部资本利润率高于借款利息率时，负债比例越小越好，否则反之。（   ）
3. 权益乘数的高低取决于企业的资本结构资产负债率越高，权益乘数越高，财务风险越大。（   ）
4. 若资产增加幅度低于销售收入净额增长幅度，则会引起资产周转率增大，表明企业的营运能力有所提高。（   ）
5. 销售净利率是收益质量分析的重要指标，一般而言销售净利率指数越小，表明企业收益质量越好。（   ）

四、实务操作题

1. 某会展企业20X5年有关报表数据如表9-16、9-17所示。

表9-16 某会展企业部分报表数据　　　　　　　　单位：万元

项目	年初数	年末数	本年数
存货	1 200	1 290	
流动负债	7 000	8 000	
总资产	16 000	18 000	
净利润			3 600

表9-17 某会展企业部分财务指标

指标	年初数	年末数
流动比率		1.2
速动比率	0.8	
产权比率		0.5
总资产周转率		2次

要求：

（1）计算该会展企业20×5年流动资产的年初余额、年末余额和平均余额。

（2）计算该会展企业20×5年营业收入。

（3）计算该会展企业20×5年销售净利率。

参考答案

附 录

资金时间价值系数表

附表 1 复利终值系数表

附表 2 复利现值系数表

附表 3 年金终值系数表

附表 4 年金现值系数表